Monika Sänger

ABITUR WISSEN

Praktische Philosophie
Ethik

Grundpositionen
der normativen Ethik

Ernst Klett Verlag
Stuttgart Düsseldorf Leipzig

 Gedruckt auf Papier, welches aus Altpapier hergestellt wurde.

Die Deutsche Bibliothek – CIP-Einheitsaufnahme
Sänger, Monika:
Abiturwissen praktische Philosophie – Ethik : Grundpositionen
der normativen Ethik / Monika Sänger. – 4. Aufl. – Stuttgart ;
Düsseldorf ; Leipzig : Klett, 1998
  (Abiturwissen Philosophie)
  ISBN 3-12-929534-8

4. Auflage 1998
Alle Rechte vorbehalten
Fotomechanische Wiedergabe nur mit Genehmigung des Verlages
© Ernst Klett Verlag für Wissen und Bildung GmbH, Stuttgart 1993
Internetadresse: http://www.klett.de
Satz: Steffen Hahn GmbH, Kornwestheim
Druck: Druckerei zu Altenburg, Altenburg. Printed in Germany.
Einbandgestaltung: Bayerl & Ost, Frankfurt/M.
ISBN 3-12-929534-8

Inhalt

Vorbemerkung zur Konzeption und Zielsetzung 7

Einleitung 9

1 Die Entwicklung des moralischen Bewußtseins......................... 9
2 Die Funktion der moralisch-praktischen Vernunft 11
3 Die philosophische Ethik 13

I DAS GUTE – Moralische Werte 17

1 **Grundbedeutungen von „gut"** 17
1.1 „gut" in außermoralischer Bedeutung 17
1.2 Die moralische Bedeutung von „gut" 19
1.3 Begründung moralischer Werturteile 19
1.3.1 Der Intuitionismus 19
1.3.2 Der Emotivismus 21
1.3.3 Der universelle Präskriptivismus 22

2 **Das moralisch Gute** 24
2.1 Die Idee des Guten 24
2.1.1 Die vorphilosophische Bedeutung des Guten 24
2.1.2 Tugend ist Wissen 26
2.1.3 Das Reich der Ideen 27
2.1.4 Die Erkenntnis des Guten 30
2.1.5 Der ideale Staat 32
2.2 Das Höchste Gut 34
2.2.1 Gott als Höchstes Gut 34
2.2.2 Ordo amoris 36
2.2.3 Das Höchste Gut als Postulat 38
2.2.4 Der moralische Gottesbeweis 40
2.3 Der normative Begriff des Guten 42
2.3.1 Das Gute als Erfahrungsbegriff 42
2.3.2 Das Gute als Verstandesbegriff 43
2.3.3 Der existentialistische Begriff des Guten 44

3	**Die Ethik des Guten**	45
3.1	Der Hedonismus	46
3.1.1	Tugend ist Genußfähigkeit	47
3.1.2	Seelenruhe als höchste Lust	48
3.1.3	Freiheit von Furcht	49
3.1.4	Lust als moralische Motivation	51
3.1.5	Glückswert der sozialen Triebe	53
3.1.6	Kritik des Hedonismus	54
3.2	Der Eudämonismus	55
3.2.1	Die aristotelische Ethik	57
3.2.2	Die Wertordnung der Stoa	68
3.2.3	Das Sein ist das Gute	73
3.2.4	Bonum commune	77
3.3	Die Wertethik	78
3.3.1	Die Materiale Wertethik	78
3.3.2	Teleologie der Werte	81
3.3.3	Umwertung der Werte	84
3.3.4	Relativität der Werte	88
II	**DAS SOLLEN – Moralische Normen**	92
1	**Grundbedeutung von „Sollen"**	92
1.1	Normative Grundbegriffe	92
1.2	Moralische Verpflichtungsurteile	95
2	**Die Ethik des Sollens**	98
2.1	Die Goldene Regel	98
2.1.1	Die geschichtliche Herkunft	99
2.1.2	Prinzip der natürlichen Sittlichkeit	101
2.1.3	Grundsatz des rationalen Egoismus'	102
2.1.4	Universeller Konsequentialismus	105
2.1.5	Das Prinzip der Umkehrbarkeit	108
2.2	Der Utilitarismus	110
2.2.1	Grundmerkmale des Utilitarismus	110
2.2.2	Das Nützlichkeitsprinzip	112
2.2.3	Der hedonistische Kalkül	115
2.2.4	Das größte Glück aller Betroffenen	118
2.2.5	Handlungs- und Regelutilitarismus	121
2.2.6	Idealer Regelutilitarismus	125
2.2.7	Prinzip der Verallgemeinerung	126

2.3	Die Pflichtethik	128
2.3.1	Deontologisches Argumentieren	130
2.3.2	Kant: Moralität als Autonomie	134
2.4	Die Kommunikationsethik	150
2.4.1	Der kritische Diskursbegriff	150
2.4.2	Das Transsubjektivitätsprinzip	152
2.4.3	Die Entwicklungslogik der Moral	154
2.4.4	Die ideale Kommunikationsgemeinschaft	157
2.4.5	Das Prinzip Fairneß	159

Schluß		164
1	Freiheit und Verantwortung	164
2	Die Verantwortungsethik im 20. Jahrhundert	168
Literaturverzeichnis		173
Personenverzeichnis		176
Stichwortverzeichnis		176
Abbildungsnachweis/Quellenverzeichnis		179

Vorbemerkung zur Konzeption und Zielsetzung

Dieses Kompendium will in übersichtlicher, konzentrierter Form die zentralen Themen und Probleme der Ethik, die in der Sekundarstufe II Gegenstand des Philosophie- bzw. Ethikunterrichts sind, vorstellen. Die Inhalte orientieren sich an den Lehrplänen der gymnasialen Oberstufe; behandelt werden die **Schwerpunkte**:
- Analyse und Bedeutung ethischer *Grundbegriffe*,
- Struktur ethischer Sätze und *Werturteile*,
- oberste *Normen und Werte* des Handelns,
- *Argumentationsweisen* der Ethik,
- Begründung und Rechtfertigung von *Moral*,
- *ethische Probleme* wie Freiheit, Verantwortung, Glück.

Der weitgehend zusammenhängende Textteil, der keine vollständige Darstellung der philosophischen Disziplin Ethik sein kann, orientiert sich an systematischen Gesichtspunkten, um eine übersichtliche und klare Darstellung des umfangreichen **Wissensstoffes** zu bieten. Er verfolgt unter den klassischen und heute noch nicht überholten **Grundfragen** der praktischen Philosophie: „Was ist das Gute?" und „Was sollen wir tun?" die Hauptlinien in der Geschichte der Ethik und bietet so zugleich einen zweimaligen philosophiegeschichtlichen Durchgang. Die Darstellung konzentriert sich dabei auf die grundlegenden **Argumentationsmuster** der normativen Ethik, so daß vor allem die materialen ethischen Positionen (Mitleidsethik, Existentialismus) und die Metaethik etwas an den Rand geraten.

Es gibt verschiedene Möglichkeiten, mit dem Kurswissen Praktische Philosophie/Ethik zu arbeiten: Wenn Sie das Buch von Anfang bis Ende durcharbeiten, dann kann es eine kurze Einführung in die praktische Philosophie geben. Hier dürfen Sie keine Vollständigkeit in der Darstellung der Geschichte der Ethik erwarten, aber auch nicht davon ausgehen, daß es sich um ein reines Faktenwissen handelt, denn philosophisches Wissen kann nur ein sich im Denken nachvollziehender Prozeß sein. Sie erhalten einen Einblick in die verschiedenen Positionen der normativen Ethik, lernen grundlegende ethische Argumentationsmuster kennen, werden mit Grundbegriffen vertraut gemacht, wobei ihnen die Querverweise die systematische Zuordnung erleichtern sollen. Diese finden sich vor allem in der **Marginalienspalte**, die Ihre Arbeit in vieler Hinsicht erleichtert und den Textteil entscheidend ergänzt. Neben philosophischen Grundbegriffen finden Sie hier auch sonstige zum Verständnis notwendige Termini, Ergänzungen zum fortlaufenden Text, Worterläuterungen, interessante Zusatzinformationen, zusätzliche – auch gegenteilige – Interpretationsmöglichkeiten, Quellen, Literaturverweise für ein weiteres Studium. Daneben bietet die Randspalte Kurzbiographien zu bedeutenden Philosophen und anderen relevanten Persönlichkeiten, wichtige systematische und historische Kompaktinformationen, philosophie-geschichtliche Zusammenhänge, ergänzendes Text- und Bildmaterial.

Darum eignet sich dieses Kompendium besonders zur Wiederholung und Ergänzung des schon Bekannten für Schüler der gymnasialen Oberstufe sowie Anfangssemester. Für Schüler von Grund- und Leistungskursen kann es sowohl zur Unterrichtsvorbereitung, zur ersten Orientierung bei der Erstellung von Referaten, zur Vorbereitung auf Klausuren und die Abiturprüfung im Fach Philosophie oder Ethik dienen.

Fachwissenschaftlich orientiert sich dieses Kompendium an den Klassikern der praktischen Philosophie; sie können durch den Personenindex schnell aufgefunden werden. Es stützt sich ferner auf vorliegende Darstellungen der Geschichte der Philosophie und der Geschichte der Ethik, so vor allem: Birnbacher/Hoerster, Texte zur Ethik (1978); Frankena, Analytische Ethik (1975); McIntyre, Geschichte der Ethik im Überblick (1984), Patzig, Ethik ohne Metaphysik (1971), Pieper, Einführung in die Ethik (1991), Reiner, Philosophische Ethik (1964); Mackie, Ethik (1983).

Die Marginalienspalten orientieren sich vor allem an der Begriffsbestimmung des Schüler-Duden, Die Philosophie (1985) und des Philosophischen Wörterbuchs (1969).

Übernahmen wurden soweit wie möglich gekennzeichnet.

Die Literaturliste konzentriert sich auf klassische Texte zur Praktischen Philosophie und zeitgenössische Literatur zur Ethik-Diskussion.

*Moral predigen ist leicht,
Moral begründen ist schwer.
Schopenhauer*

Einleitung

1 Die Entwicklung des moralischen Bewußtseins

Die Moral spielt in unserem Alltag eine große Rolle; moralische Fragen, Konflikte, Probleme sind nicht von Philosophen erfunden worden, sondern entstammen unserem alltäglichen Erfahrungsbereich. Wir beurteilen aufgrund unserer gewohnten moralischen Überzeugungen Handlungen als gut oder böse und beziehen uns dabei meist auf selbstverständliche Verhaltensweisen, die wir ablehnend oder zustimmend bewerten. Mit diesen Urteilen drücken wir aus, was wir für gut halten und gewöhnlich können wir auch Gründe für unsere moralischen Überzeugungen angeben. Dabei berufen wir uns meist auf selbstverständliche in der Gesellschaft geltende Verhaltensregeln und moralische Normen, die wir von den Eltern, Lehrern oder anderen Personen übernommen haben, die uns ein bestimmtes Verhalten vorgelebt und uns zu solchem Verhalten erzogen haben. Wir haben damit die **Grundregeln** und **Grundnormen** menschlichen Zusammenlebens gelernt, so wie wir unsere Muttersprache gelernt haben. Die zunächst bloß äußeren Gebote haben wir uns im Laufe des Heranwachsens mehr und mehr zu eigen gemacht und durch ihre Verinnerlichung eine Art Beurteilungsinstanz ausgebildet, die wir gewöhnlich **Gewissen** nennen.

Grundregeln der Alltagsmoral:
Du sollst nicht töten.
Du sollst nicht lügen.
Du sollst nicht betrügen.
Du sollst nicht stehlen.
Du sollst Mitleid haben.
Sei hilfsbereit.
Halte Deine Versprechen.
Verursache keine Schmerzen.

Mit zunehmendem Alter und beginnender geistiger Selbständigkeit jedoch werden die verinnerlichten moralischen Wertvorstellungen bewußt und auf ihre Berechtigung hin überprüft. Die Psychologen sehen hierin eine Entwicklung von einem unreflektierten Moralbewußtsein, einer **heteronomen Moral**, zu einer moralphilosophischen Reflexionsstufe, die die **autonome Moral** auszeichnet. Nach Jean Piaget gibt es drei Stufen in dieser kindlichen Moralentwicklung, die allerdings fließend ineinander übergehen:

1. Die erste Stufe der noch heteronomen Moral ist ein moralischer Realismus. Das Kind wächst hinein in ein System von Regeln, die als von außen, von Eltern oder anderen Autoritätspersonen kommende Forderungen („Du sollst nicht lügen.") verinnerlicht werden. Es

Autonomie (griech. *autos* „selbst" und *nomos* „Gesetz"): Unabhängigkeit, Selbstgesetzgebung.
Heteronomie (griech. *heteros* „der andere" und *nomos* „Gesetz"): Fremdgesetzlichkeit. Abhängigkeit von den Gesetzen anderer.

Jean Piaget (1896–1980), Professor für Experimentelle Psychologie und Genetische Epistemologie an der Universität Genf. Beschäftigte sich besonders mit der Entwicklung der frühkindlichen Wahrnehmung, der Bildung des Zeitbegriffs und der moralischen Urteilsentwicklung beim Kinde. Außer in der Entwicklungs- und Lernpsychologie hat P.s Werk auf die empirischen Moraltheorien starken Einfluß ausgeübt. Sein Werk *Das moralische Urteil beim Kinde*, 1954 (dt. 1973) untersucht die Entstehung und Entwicklung des moralischen Bewußtseins von 4–12jährigen Kindern und zeigt die Bedeutung, die in dieser Entwicklung den gegenseitigen Beziehungen, dem Solidaritäts- und Verantwortungsbewußtsein zukommt.

„Wenn denn nun gefragt wird: Leben wir jetzt in einem AUFGEKLÄRTEN Zeitalter? so ist die Antwort: Nein, aber wohl in einem Zeitalter der AUFKLÄRUNG. Daß die Menschen, wie die Sachen jetzt stehen, im Ganzen genommen, schon im Stande wären, oder darin auch nur gesetzt werden könnten, in Religionsdingen sich ihres eigenen Verstandes ohne Leitung eines Andern sicher und gut zu bedienen, daran fehlt noch sehr viel."
(Kant, Bd. VIII, S. 40)

wählt diese Regeln nicht selbst, sondern befolgt sie aus einem natürlichen Interesse heraus; es will seine Bedürfnisse befriedigen.

2. In einer Übergangsphase werden die Regeln selbst als Autorität anerkannt – unabhängig von den belohnenden oder strafenden Eltern. Die Achtung vor den Erwachsenen geht zurück zugunsten der Einsicht, daß die Regeln für gemeinsames Handeln, für Gleichheits- und Gegenseitigkeitsbeziehungen unentbehrlich sind.

3. Die Stufe der autonomen Moral ist erreicht, wenn der Heranwachsende aus eigener Überzeugung moralisch handelt, d. h. ein Bewußtsein der Regel nach einer freien Übernahme der Regel entwickelt und das verinnerlichte Regelsystem einer kritischen Prüfung unterzieht. Sie setzt die geistige Selbständigkeit voraus, nach der Begründung von Regeln zu fragen, die man aus anderen Gründen schon akzeptiert hat.

Diese letzte Stufe ist erst die des mündigen und verantwortlich handelnden Erwachsenen, die Immanuel Kant als „Ausgang des Menschen aus seiner selbst verschuldeten Unmündigkeit" bezeichnet. Die **Unmündigkeit**, nach Kant das „Unvermögen, sich seines Verstandes ohne Leitung eines anderen zu bedienen", ist bei einem Kind stets **unverschuldet**, da Verstand und moralische Einsichtsfähigkeit noch nicht genügend entwickelt sind. Bei einem erwachsenen Menschen dagegen ist sie **selbstverschuldet**, da „die Ursache derselben nicht am Mangel des Verstandes, sondern der Entschließung und des Mutes liegt, sich seiner ohne Leitung eines andern zu bedienen".

„Faulheit und Feigheit sind die Ursache, warum ein so großer Teil der Menschen, nachdem sie die Natur längst von fremder Leitung frei gesprochen, dennoch gerne zeitlebens unmündig bleiben; und warum es Andern so leicht wird, sich zu deren Vormündern aufzuwerfen. Es ist so bequem, unmündig zu sein. Habe ich ein Buch, das für mich Verstand hat, einen Seelsorger, der für mich Gewissen hat, einen Arzt, der für mich die Diät beurteilt, usw., so brauche ich mich ja nicht selbst zu bemühen. Ich habe nicht nötig zu denken, wenn ich nur bezahlen kann; andere werden das verdrießliche Geschäft schon für mich übernehmen." (Kant, Bd. VIII, S. 35)

Kant war der Meinung, daß die wenigsten Menschen die Stufe der Autonomie, der Mündigkeit erreicht haben, und eine Gesellschaft, die auf dieser hohen moralischen Stufe steht, sah er noch in weiter Ferne.

2 Die Funktion der moralisch-praktischen Vernunft

So wie man in der Entwicklung des einzelnen Menschen (ontogenetische Ebene) eine Entwicklung des moralischen Bewußtseins feststellen kann, so kann man analog auch eine Entwicklungslogik der Moral in der Geschichte der Menschheit (phylogenetische Ebene) mit ähnlichen Stufen ausmachen. In allen menschlichen Gemeinschaften gibt es moralische und rechtliche Normen, die im Unterschied zu den Naturgesetzen, etwa den Instinkten bei den Tieren, eine besondere Regulation menschlichen Verhaltens darstellen. Im Tierreich sorgen natürliche, festgelegte Verhaltensmuster für eine funktionierende Lebensgemeinschaft; diese lebenswichtigen Instinkte, die ein einigermaßen konfliktfreies Zusammenleben überhaupt erst ermöglichen, sind beim Menschen nur noch in ganz geringem Maße vorhanden. Die Anthropologen sprechen hier von einer **Instinktreduktion**. Der Mensch ist nach ihrer Ansicht ein **Mängelwesen**: er ist organisch schlecht ausgestattet, hat schwache Sinne, keine natürlichen Waffen, seine Instinkte sind verarmt und verunsichert. Ohne menschliche Hilfe kann er nicht heranwachsen, aber auch als Erwachsener ist er ein höchst gefährdetes Wesen, das nicht schon durch das biologische Reifen zum Überleben und zum Gut-Leben fähig wird.

Da die Instinkte menschliches Verhalten nicht mehr ausreichend steuern können, weil sie im Verhältnis zu den Tieren zurückgebildet sind, hat die **praktische Vernunft** in zunehmendem Maße die Verhaltenssteuerung übernommen. Sie hat sich, so meinen viele Anthropologen, herausgebildet als eine Instanz möglichen Ausgleichs unseres Instinktmangels, die sich nicht mehr automatisch durchsetzt, sondern unsere Freiheit und Einsicht für die Erstellung verhaltenssteuernder Regeln herausfordert. Voraussetzung dafür ist in der Menschheitsgeschichte die Entwicklung der **Vernunftbegabung** (Erkenntnisfähigkeit) und der **Sprachbegabung**, aufgrund derer die Mängelhaftigkeit kompensiert wird und die auch ganz neue Möglichkeiten und Chancen in der Evolution eröffnen. So steht dieser Mängelhaftigkeit positiv eine **Weltoffenheit** gegenüber, eine Plastizität, die den Menschen vor allen anderen Lebewesen auszeichnet.

In der Entwicklungsgeschichte kommt dem Menschen daher eine Sonderstellung zu, da er sein Verhalten durch praktische Vernunft, d. h. durch Freiheit und selbstgesetzte Regeln normieren und steuern kann. Die Vertreter einer **empirischen Ethik** sehen die Moral bzw. die kultu-

ontogenetisch (griech. *on* „Seiendes" und *genesis* „Entstehen") bezieht sich auf die individuelle Entwicklung der Lebewesen.
phylogenetisch (griech. *phylon* „Stamm" und *genesis* „Entstehen") bezieht sich auf die Stammesgeschichte der Lebewesen mit der Entstehung der Arten und der Menschheit im Laufe der Erdgeschichte.

Instinkt (lat. *instinguere* „anreizen, antreiben"): angeborene, zielgerichtete, artspezifische Verhaltensdisposition.

Anthropologie (griech. *anthropos* „Mensch" und *logos* u. a. „Lehre"): Wissenschaft vom Menschen.

Der Begriff „Mängelwesen" geht zurück auf Herders (1744–76) Abhandlung *Über den Ursprung der Sprache* (1772), die wichtige Erkenntnisse der modernen Anthropologie vorwegnimmt: die Weltoffenheit, die Organ- und Instinktmängel des Menschen, die Abhängigkeit seiner Sprachfähigkeit von der Mängelhaftigkeit und die Verwobenheit von Sprache und Denken.

Weltoffenheit: anthropologischer Grundbegriff bei Max Scheler, charakterisiert negativ die Nichtfestgelegtheit des Menschen auf eine bestimmte Umwelt hin, positiv seine Möglichkeit, sich der Welt zu öffnen und sie zum Gegenstand machen zu können.

Praktische Vernunft (griech. *prattein* „handeln" und *praktikos* „das Handeln betreffend"): nach Kant das Vermögen, das sich auf die Erkenntnis dessen richtet, was sein oder geschehen soll. Sie geht von der Frage aus: „Was soll ich tun?" Im Unterschied dazu geht die **theoretische Vernunft** auf die Erkenntnis dessen, was ist. Vgl. Kap. II.2.3.2. Kant: Moralität als Autonomie.

Begründungsweisen der Ethik

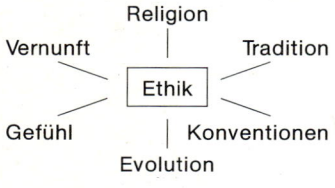

Ethik (griech. *ethos* „Gewohnheit, Herkommen, Sitte" und *ethos* „Charakter") geht als philosophische Disziplin auf Aristoteles zurück.

Moral (lat. *mos* „Sitte, Charakter"): im Deutschen Synonym für Sitte, wird unterschieden von Moralität (Sittlichkeit). Moral bezeichnet Ordnungsgebilde, Lebensformen; Moralität die Qualität des Handeln, den Charakter.

rellen Normen als Instinktersatz und beurteilen sie oft einseitig vom Mensch-Tier-Vergleich aus. Dagegen wenden sich besonders die Vertreter einer **Vernunftethik**, die eine moralisch-praktische Vernunft postulieren, welche die Ursache für Autonomie und Freiheit des moralischen Handelns und damit die Grundlage der Humanität des Menschen ist. Vor allem Immanuel Kant versucht, die Ethik allein aus der Idee der praktischen Vernunft des Menschen heraus zu begründen, ohne den Rückgriff auf Erfahrungstatsachen. Gegen die anthropologische These, daß die Moral ein „rein biologisch" aus der menschlichen Natur zu erklärendes Faktum sei, wendet sich vor allem die **religiöse Begründung** der Moral. So argumentieren die Theologen, daß hinter den moralischen Gesetzen der Wille Gottes stehe.

„Die Menschenrechte, die Würde der Person, das Gebot, den Nächsten zu lieben – das sind keine Naturfakta, sondern das sind Postulate, die entweder völlig in der Luft hängen und keinerlei Überzeugungskraft besitzen, oder aber in einem religiösen Verständnis des Menschen begründet sind. Hinter der Forderung der Menschenrechte und dem Prinzip der Personenwürde steht die Ehrfurcht vor etwas Höherem als Natur, die Ehrfurcht vor einer Instanz, die den Menschen eine Würde verleiht, ihnen Rechte anerschaffen hat und von uns die Nächstenliebe fordert." (Brunner, S. 145)

Während die Frage nach der Herkunft und Notwendigkeit der Moral weitgehend von den empirischen Wissenschaften beantwortet werden kann, treten wir mit der Frage nach der Rechtfertigung der obersten Prinzipien unseres Handelns in den Bereich der Ethik, der Moralphilosophie, ein.

Insofern müssen auch die Begriffe **Ethik** und **Moral** unterschieden werden, die in unserer Sprache oft synonym verwendet werden. Unter Moral verstehen wir häufig ein in einer Gesellschaft gültiges System von Regeln, Verhaltensnormen oder Werten, die mehr oder weniger verbindlich sind und durch Lob oder Tadel, Belohnung oder Strafe festlegen, welches Handeln gut ist.

„Der Begriff der Moral umfaßt alle teils naturwüchsig entstandenen, teils durch Konventionen vereinbarten, teils durch Tradition überlieferten, aus wechselseitigen Anerkennungsprozessen hervorgegangenen Ordnungs- und Sinngebilde (Regelsysteme), die in Form eines Katalogs materialer Normen und Wertvorstellungen einerseits die Bedürfnisbefriedigung einer menschlichen Handlungsgemeinschaft regeln und andererseits in dem, was von dieser allgemein als verbindlich (als Pflicht) erachtet wird, Auskunft über das jeweilige Freiheitsverständnis der Gemeinschaft geben." (Pieper, 1991, S. 42)

Die **Ethik** dagegen versucht, die letzten Begründungsprinzipien des moralisch Richtigen und Guten zu ermitteln, indem sie fragt, welche Möglichkeiten wir überhaupt haben, moralische Probleme zu lösen. Unter Ethik versteht man die philosophische oder theologische Untersuchung von Moral und Sittlichkeit: In diesem Sinne ist Ethik gleichbedeutend mit Moralphilosophie oder Moraltheologie.

Herkunft und Bedeutung des Wortes „Ethik"

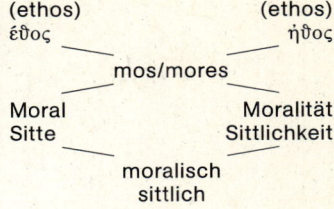

(Pieper, 1991, S. 27)

3 Die philosophische Ethik

Die Aufgabe der Ethik als einer philosophischen Disziplin besteht wesentlich darin, die Begriffe, Probleme und Theorien des Guten zu untersuchen und Konzeptionen des moralischen Handelns und guten Lebens vernünftig zu begründen. Ihr Zweck ist es, die herrschende Moral kritisch zu untersuchen und Grundsätze des guten und gerechten Handelns aufzustellen und zu rechtfertigen. Im strengen Sinne ist Ethik also eine Lehre, die tatsächliche oder mögliche Moralen zu ihrem Gegenstand hat.

Wir unterscheiden gemäß ihrer Grundfragen und Methoden drei Grundtypen ethischer Theorien:

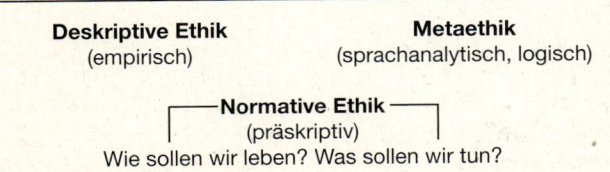

deskriptiv/präskriptiv/normativ (lat. *describere* „beschreiben", *praescribere* „vorschreiben" und *norma* „Richtschnur, Regel"): elementare Unterscheidungen zur Klassifizierung sprachlicher Äußerungen.

Die **normative Ethik** ist die eigentliche Disziplin der philosophischen Ethik; sie ist die Moralphilosophie herkömmlicher Art, die auf der Basis philosophischer Voraussetzungen die Grundsätze und Grundregeln des guten und richtigen Handelns begründet und beurteilt. Sie versucht weiter, die sittlichen Gebote und Verbote sowie die sittlichen Werturteile in einen systematischen Zusammenhang unter höchste, übergeordnete Moralprinzipien zu bringen. In diesen Urteilen finden sich die obersten Prinzipien des Guten und des Richtigen festgelegt; sie liefern Begründungsprinzipien und grundsätzliche Normen menschlichen Verhaltens.

Im Unterschied dazu ist es das Ziel einer **deskriptiven Ethik**, moralische Phänomene zu beschreiben und zu erklären und so eine Theorie menschlichen Verhaltens zu entwickeln, die für ethische Fragen von Belang ist. Ihre Methode ist empirisch; sie untersucht mit erfahrungswissenschaftlichen Mitteln reale moralische Erscheinungen, wie sie vor allem auch von empirischen Wissenschaften (Soziologie, Verhaltensforschung, Psychologie) erfaßt werden.

Metaethik: seit Beginn des 20. Jh. im anglo-amerikanischen Sprachraum entwickelte Forschungsrichtung, häufig auch als **analytische** oder **sprachanalytische** Ethik bezeichnet. Gegenstand der M. ist die philosophische Sprachanalyse ethischer Urteile. Ihre Neutralitätsthese besagt, daß sie keine inhaltlichen Aussagen über das sittlich Gute machen, sondern sich wertneutral und wissenschaftlich mit Fragen der Ethik beschäftigen will. Die Positionen der Metaethik werden im einzelnen dargestellt in Kap. I.1.2.

Seit Beginn des 20. Jh. entwickelt sich im Gegenzug zur traditionellen Ethik, der es vorwiegend um Analyse der Prinzipien geht, die das sittliche Sein und Sollen bestimmen, im Rahmen der sprachanalytischen Philosophie eine moralphilosophische Theorie, die sich als **Meta-Ethik**, d. h. als kritische Theorie über die sprachliche Form moralischer Aussagen begreift. Gegenstand der Metaethik ist die „Sprache der Moral", sie analysiert inhaltliche moralische Sätze, die Bedeutung und den Gebrauch praktischer Begriffe sowie formal-logisch Imperative und Sollenssätze.

Die metaethische Untersuchung gilt vor allem vier Standardproblemen (nach Frankena, 1975, S. 114 ff.):

1. der Bedeutung und Definition ethischer Begriffe wie richtig, falsch, gut, schlecht; der Bedeutung oder Funktion von Urteilen, in denen diese oder ähnliche Begriffe vorkommen, sowie den Verwendungsregeln für solche Begriffe und Urteile;
2. dem Unterschied der moralischen und außermoralischen Verwendung solcher Begriffe sowie der Bedeutung moralisch im Unterschied zu außermoralisch;
3. der Bedeutung verwandter Begriffe wie Handlung, Gewissen, freier Wille, Absicht, versprechen, entschuldigen, Motiv, Verantwortlichkeit, Grund usw.;
4. der Rechtfertigung und dem Geltungsanspruch ethischer Urteile und Werturteile sowie der Logik moralischen Argumentierens.

In der Metaethik haben sich verschiedene Positionen herausgebildet:

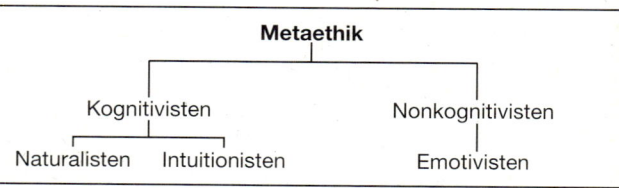

„Für die bisherige Entwicklung der Metaethik ist daher folgendes Grundmuster typisch: Eine jede Theorie behauptet von sich, daß sie *die* Bedeutung erfaßt habe, auf die es bei der Untersuchung der (moralischen) Sprache ankomme. Eine jede Theorie muß sich dann von einer späteren Theorie sagen lassen, daß es sich dabei bestenfalls um einen bestimmten *Aspekt* der Bedeutung handle." (Grewendorf/Meggle, S. 9)

In ihren Untersuchungen sind die sprachanalytischen Ethiker hinsichtlich der Bedeutung und Funktion moralischer Begriffe, Urteile und Argumentationen zu ganz unterschiedlichen Ergebnissen gekommen:
- Die **Kognitivisten** behaupten, die Sprache der Moral beziehe sich auf eine rationale, objektiv überprüfbare Tätigkeit des Menschen; sie sind je nach ihrer Begründung Naturalisten oder Intuitionisten;

- die **Nonkognitivisten** behaupten, moralische Aussagen brächten ein schlechthin irrationales, rein gefühlsmäßiges, objektiv nicht überprüfbares Verhalten des Menschen zum Ausdruck; sie sind überwiegend Emotivisten.

Die **Logiker** schließlich untersuchen nur die Norm, die logische Struktur moralischer Urteile, sie entwickeln eine **Normenlogik**, eine **deontische Logik**, die den Kriterien der formalen Logik genügen soll. Sie ist eine ethische Modallogik, insofern sie entsprechend der Logik der modalen Begriffe möglich, unmöglich, notwendig die Logik der deontischen Begriffe erlaubt, verboten, geboten konstruiert. Mit logischen Mitteln versucht sie, konsistente und widerspruchsfreie Zusammenhänge zwischen beliebigen normativen Sätzen aufzuweisen. Sie ist nur ein Hilfsmittel der wissenschaftlichen Ethik, vermittels dessen moralische Einsichten und Erkenntnisse nicht ursprünglich gewonnen, sondern nachträglich formalisiert werden. Die logische Methode sagt dann nicht direkt, wie gehandelt und was getan werden soll, sondern gibt an, wie man verfahren muß, um zu einem deontisch richtigen Urteil zu gelangen. (nach Pieper, 1991, S. 172–175)

deontische Logik (griech. *to deon* „das Erforderliche, die Pflicht") ist eine Disziplin der philosophischen Logik, die die logischen Beziehungen zwischen normativen Urteilen untersucht. Unter deontischer Logik verstehen wir das formale logische Studium normativer Begriffe.

Man unterscheidet zwei Arten normativer Begriffe:
deontische Begriffe: Gebot, Verbot, Pflicht
Wertbegriffe: gut, schlecht, böse

Allen metaethischen Theorien ist gemeinsam, daß sie aus begrifflicher Analyse bestehen und auf die Behandlung normativer Fragen und auf jede Form praktischer Anleitung verzichten: Sie machen keine Aussagen darüber, was wir tun sollen, was gut und was schlecht ist, ob eine gewisse Handlungsweise richtig oder falsch ist, worin das gute und glückliche Leben für den einzelnen und die Gemeinschaft besteht. Solche Fragen sprengen den Rahmen der Metaethik und leiten über zu den normativen Ethikmodellen.

Die Gliederung des Bandes steht unter den beiden Grundbegriffen der normativen Ethik: dem Grundbegriff **sollen** und dem Grundbegriff **gut**, auf die sich die verschiedenen ethischen Positionen zurückführen lassen.

„Wer die Frage ‚Was soll ich tun?' zur Grundlage seiner Ethik macht, der wird eine Ethik erhalten, die insgesamt ärmer und formaler sein wird als die konkurrierende Form, eine Ethik, die eher den Charakter einer Verbotsethik haben wird, in der es um strikte Einhaltung der gegebenen Grenzen geht und nicht so sehr um die optimale – auch kluge – Nutzung des Spielraums zwischen den Grenzen, nicht um ungezwungenes, spontanes sittliches Handeln, sondern um die Beachtung der Pflicht, des Gehorsams gegenüber dem Gesetz. Verbindlichkeit der Verpflichtungen ist hier das Zentrum.

Wird dagegen die konkurrierende Frage ‚Was will ich wirklich für ein Leben?' an den Anfang gesetzt, dann wird es in der Ethik statt um die Grenzen und die Verbote um die den Spielraum ausfüllenden, zu ergreifenden und nicht zu verpassenden positiven Möglichkeiten und Chancen gehen. Die Frage der Planung und Anlage eines lebenswerten Lebens, der Ausbildung und Kultivierung des Antriebspotentials wird in den Vordergrund treten. Das Problem der Begründung der Ethik verliert hier in dem Maße an Bedeutung, in dem an die Stelle der Nötigung durch Ge- oder Verbote die Attraktivität und Suggestionskraft der einleuchtend positiven Möglichkeiten treten." (FK, 7, S. 15)

Von der Antike bis zur Gegenwart strukturieren diese beiden klassischen Grundfragen: „Was sollen wir tun?" und „Was ist das Gute?" die Ethik, und es wird sich zeigen, daß sie in einer über zweitausendjährigen Tradition in unterschiedlicher Weise eine Antwort erfahren haben. Sie enthalten im wesentlichen das Programm der Ethik und begründen ethische Systeme: die **Sollens- oder Normenethik** und die **Ethik des Guten**. Beide ethischen Grundtypen sind eng ineinander verwoben, denn „was ich tun soll, kann ich nur ermessen, wenn ich ‚sehe', was überhaupt wertvoll ist im Leben. Und ‚sehen', was wertvoll ist, kann ich nur, wenn ich dieses Sehen selbst als wertvolles Verhalten, als Aufgabe, als inneres Tunsollen empfinde". (Hartmann, 1962, S. 18)

Daß die Frage nach dem Guten der Frage nach dem Sollen in dieser Darstellung vorhergeht, hat darum seinen Grund nicht darin, daß ihr der Vorrang gebührte, sondern darin, daß das Gute in der Geschichte der Ethik als die eigentliche Grundfrage zuerst auftritt und die philosophische Ethik lange beherrscht.

I DAS GUTE – Moralische Werte

In der Geschichte der Philosophie wird die Frage nach dem „Guten" unter ganz unterschiedlichen Aspekten erörtert. Für die praktische Philosophie sind im wesentlichen drei fundamentale Ansätze zu unterscheiden, die „das Gute" thematisieren und problematisieren:
1. Die **Metaethik** versucht, ansetzend am alltäglichen Sprachgebrauch, über eine **Bedeutungsanalyse** des Wortes „gut" etwas über „das Gute" in Erfahrung zu bringen.
2. Die **Metaphysik** entwirft eine **Idee des Guten**, die als höchstes und erstes Prinzip allem, was ist, zugrundeliegt und wiederum das **moralisch Gute** begründet.
3. Die **normative Ethik** versucht, das moralisch Gute als ein **unbedingt Gutes** im Rahmen einer **Ethik des Guten** zu begründen und zu entfalten.

1 Grundbedeutungen von „gut"

1.1 „gut" in außermoralischer Bedeutung

„Gut" gehört nicht nur zu den **moralischen Grundbegriffen**, sondern wir verwenden das Attribut „gut" auch sehr häufig im Alltag in moralischen und außermoralischen **Werturteilen**. So bezeichnen wir in ganz unterschiedlichen Kontexten ganz verschiedene **Gegenstände** (gute Autos, gute Erdbeeren), **Sachverhalte** (gutes Wetter, gute Erholung), **Personen** (gute Lehrer) als gut, ohne jedoch eine gemeinsame „gut-machende" Eigenschaft angeben oder „gut" in einer bestimmten Weise definieren zu können. Meint man nun jedesmal das gleiche, wenn man von einem beliebigen X sagt, es sei gut, oder bleibt in den verschiedenen Verwendungsweisen von gut der Bedeutungsgehalt offen?

Diesen Fragen sind vor allem die **sprachanalytischen Philosophen** nachgegangen; sie haben den Sprachgebrauch daraufhin untersucht, wie das Wort „gut" in der Alltagssprache verwendet wird.
1. Wir können über Gegenstände und Sachverhalte in zweierlei Hinsicht Aussagen machen: beschreibende und wertende. **Beschreibende Urteile** sind von der Art: „Das Auto ist rot, schnell, sparsam." „Erdbeeren sind

Das deutsche Wort „gut" hat in vielen Sprachen seine Entsprechungen, in denen wir dieselbe Bandbreite in seiner Verwendung sowohl in moralischen als auch in nicht-moralischen Kontexten feststellen.

Verwendungsweisen im Deutschen:
prädikativ:
„Versprechen zu halten ist gut."
adverbial:
„Eva sorgt gut für die Mutter."
attributiv:
„Hans ist ein guter Arzt."

süß, saftig, rot." In diesen Fällen übermitteln wir Informationen über den Gegenstand. Wenn wir ein sparsames Auto ein gutes Auto nennen und eine süße Erdbeere eine gute Erdbeere, dann fällen wir ein **wertendes Urteil** und müssen zu der Information noch einen Maßstab für die Güte angeben.

2. „Rot" und „gut" sind Eigenschaftswörter, die in unserer Sprache verschieden verwendet werden: „gut" ist im Unterschied zu rot in den meisten Fällen ein (logisch) **attributives Adjektiv**, während es sich bei „rot" um ein (logisch) prädikatives, nicht attributives Adjektiv handelt.

> Test zur Unterscheidung von attributiven und prädikativen Adjektiven:
> „Wenn ‚C' prädikativ und x zugleich ein A und ein B ist, dann muß x, wenn es ein CA ist, auch ein CB sein; doch wenn ‚C' attributiv und x zugleich ein A und ein B ist, dann kann x ein CA sein, ohne zugleich ein CB sein zu müssen." (Mackie, S. 63)

3. „Gut" ist ein **Folge-Attribut**, denn man kann immer, wenn man etwas gut genannt hat, zu Recht fragen: „Was ist gut daran?" Die Antwort gibt dann die Eigenschaft an, um derentwillen man den Gegenstand gut genannt hat. Attributive Adjektive bilden, aufbauend auf der Bedeutung jener Wörter, auf die sie bezogen sind, in systematischer Weise neue Beschreibungen. Daraus folgt, daß man die Bedeutung der Aussage „ein gutes x" nur im ganzen analysieren kann, wobei sie zum Teil durch das bestimmt wird, was man für x jeweils einsetzt.

> Ein guter Richter = ein gerechter, ein fairer usw. Richter.
> Ein gutes Auto = ein schnelles, sparsames, bequemes usw. Auto.
> Ein guter Wein = ein trockener, fruchtiger usw. Wein.
> (Vgl. hierzu den Exkurs in Kap. I.3.2.1 Die Kategorien des Guten.)

Eine elementare Verwendung von gut im nicht-moralischen Sinne findet sich in Zusammenhang mit **Funktionswörtern** (ein gutes Messer, ein guter Wagen): Um die Bedeutung eines solchen Wortes zu erklären, muß man angeben, zu welchem Zweck der Gegenstand, den das Wort bezeichnet, gebraucht wird. Gut besagt hier, daß der in Frage stehende Gegenstand solche Eigenschaften aufweist, die ihn zu der entsprechenden Funktion befähigen. Sobald man festgelegt hat, wozu ein A taugen soll, ist ein gutes A einfach ein solches, das zu diesem Zweck geeignet ist. „Gut" ist dann gleichbedeutend mit **geeignet**. Allen diesen Verwendungsweisen von gut ist gemeinsam, daß jeweils in irgendeiner Form eine Reihe von Erfordernissen, Wünschen oder Interessen vorausgesetzt wird und daß man von dem, was man gut nennt, behauptet, es würde diesen genügen. Daraus ergibt sich eine allgemeine Definition von gut: „Gut" bedeutet „etwas ist von der Art, daß es den in Frage stehenden Erfordernissen usw. genügt". (Mackie)

Die Kriterien dafür, etwas „ein gutes X" zu nennen, hängen somit vom **Wesen** des X ab. Indem wir den betreffenden Gegenstand oder die betreffende Person als gut bezeichnen, **empfehlen** wir sie gleichzeitig. In Verbindung mit Funktionswörtern sind die empfehlenswerten Eigenschaften jene, die den betreffenden Gegenstand für seine Funktion geeignet machen. So ist eine weitere

gemeinsame Bedeutung von gut „das Vorhandensein jener charakteristischen Merkmale (gleichgültig, um welche es sich handeln mag), die den betreffenden Gegenstand empfehlen." (Hare, 1983 a)
Der empfehlende Charakter hält die verschiedenen Verwendungsweisen von gut zusammen.

1.2 Die moralische Bedeutung von „gut"

Die philosophische Ethik befaßt sich nun nicht mit allen Bedeutungen von gut und den entsprechenden Arten des Guten, sondern ihr geht es vorrangig um das **moralisch Gute**, das sie als das bestimmt, was „um seiner selbst willen gut" ist. Im außermoralischen Sinn meint das Urteil „x ist gut" oft, daß das betreffende Ding im instrumentellen Sinn gut ist; es ist nicht gut für sich selbst, sondern um eines anderen willen gut; es ist **als Mittel** gut für etwas anderes. Im moralischen Sinn heißt gut dagegen stets etwas, das nicht im Hinblick auf etwas anderes oder um eines anderen willen, sondern in sich selbst gut ist: Es ist **als Zweck** gut.
Wenn moralische Werturteile etwas als an sich gut bewerten, dann charakterisieren sie das moralisch Gute allgemein dadurch, daß es ein **unbedingt Gutes** ist; hier liegt auch das Interesse einer philosophischen Ethik, die sich für das außermoralische Gute, das auch bedingt gut sein kann, nur insoweit interessiert, als es gut ist zur Beförderung und Durchsetzung des moralisch Guten.

Mittel: Begriff der Ethik und Handlungstheorie. Mittel sind Handlungen oder Handlungsweisen (ggf. auch Gegenstände), die geeignet sind, die verfolgten Zwecke herbeizuführen.

Zweck: vorgestellter und gewollter zukünftiger Zustand. Äußere Handlungszwecke sind meist durch Glücksstrebungen und subjektive Neigungen bedingte Zwecke; dagegen ist der Mensch als Vernunftwesen stets unbedingter, allgemeingültiger Zweck an sich, der nach dem Grundsatz der kantischen Ethik niemals nur als Mittel, als Objekt betrachtet werden darf.
Hierin sieht Kant den „Grund der Würde der menschlichen und jeder vernünftigen Natur". Vgl. Kap. II.2.3.2.9 Formeln des kategorischen Imperativs.

1.3 Begründung moralischer Werturteile

1.3.1 Der Intuitionismus

Vor allem die angelsächsischen Metaethiker versuchen, die moralische Bedeutung von „gut" ausgehend von einer Analyse der **Sprache der Moral** näher und präziser zu bestimmen. Sie fragen: Was meint man, wenn man dieses Wort in einer Aussage verwendet? Meint man, daß die bezeichnete Sache selbst gut ist, und wenn ja, mit welchem Recht wird ihr das Prädikat gut zugesprochen? Oder meint man, daß die Sache eine Empfindung im Subjekt auslöst, die es veranlaßt, diese Sache als gut zu bezeichnen?

Den Anfang macht um die Jahrhundertwende der englische Philosoph **George Edward Moore**, der das Problem des Guten in drei Grundfragen zusammenfaßt: „Was bedeutet gut?"

George Edward Moore (1873–1958), bedeutender engl. Philosoph. 1911–1939 Professor für Philosophie an der Universität Cambridge. Gastprofessor in den USA. Wichtigste Werke: *Principia Ethica.* 1903 (dt. 1970), *Ethics.* 1912 (dt. 1975).

> **Naturalismus:** empirische Position der Metaethik, die davon ausgeht, daß „gut" als empirischer Sachverhalt rational überprüft werden kann; die Suche nach der richtigen Moral wird zur Angelegenheit der empirischen Wissenschaften.

„Was für Dinge sind gut an sich und sollen deshalb um ihrer selbst willen existieren?"
„Was (für Handlungen als Mittel zum Guten) sollen wir tun?"
Seine Hauptfrage „Was ist gut?" zielt zunächst nicht darauf, welche Dinge gut sind, sondern wie „gut zu definieren" ist.

Moore wendet sich besonders gegen die **naturalistischen Theorien**, die behaupten, daß Werturteile von Tatsachenurteilen ableitbar sind. Sie vertreten die Auffassung, daß „das Gute" ein **natürlicher Gegenstand** ist, dessen Existenz in der Erfahrung gegeben ist. Danach ist dann gut etwa gleichbedeutend mit nützlich oder lustvoll und entweder selbst eine **empirische Eigenschaft**, oder es geht auf empirisch feststellbare Eigenschaften zurück.

> **Der Naturalistische Fehlschluß** ist ein Verstoß gegen das **Humesche Gesetz:** Aus dem Sein folgt niemals ein Sollen. Er liegt dann vor, wenn aus einer nichtmoralischen Tatsachenfeststellung ein moralischer Schluß gezogen wird. Vgl. Kap. I.3.1.6 Kritik des Hedonismus.

Diese ethischen Theorien beruhen nach Moore auf dem **naturalistischen Fehlschluß**, den jeder begeht, der das Adjektiv gut zu definieren versucht, indem er es als begehrenswert, erfreulich, angenehm oder nützlich bestimmt. Er verwechselt dann gut (als ethische Eigenschaft) mit einer empirischen (nicht-ethischen) Eigenschaft. Für Moore und die seinen Argumenten folgenden Intuitionisten gilt daher:

> „Wenn ich gefragt werde ‚Was ist gut', so lautet meine Antwort, daß gut gut ist und damit ist die Sache erledigt. Oder wenn man mich fragt ‚Wie ist gut zu definieren', so ist meine Antwort, daß es nicht definiert werden kann, und mehr ist darüber nicht zu sagen." (Moore, S. 36)

– gut ist eine nicht-natürliche, einfache und somit undefinierbare Qualität;
– gut kann weder analysiert noch beschrieben werden.

Moores Begründung ist so einfach wie seine Thesen: Gut gehört zu den **einfachen Begriffen**, aus denen sich Definitionen zusammensetzen und bei denen die Möglichkeit weiteren Definierens endet. Gut gehört zu den **letzten Begriffen**, mit denen alles, was definierbar ist, definiert werden muß.

Der Ausdruck „das Gute" dagegen bezieht sich auf einen komplexen Sachverhalt, nämlich auf „das, was gut ist", und kann daher analysiert und beschrieben werden. Das Gute ist definierbar, insofern es sich bei dem Substantiv um eine Relation handelt, bei der das Adjektiv gut auf etwas bezogen wird, das von diesem Adjektiv verschieden ist, und die darin von komplexer Struktur ist. So wissen wir nach Moore zwar nicht, was **gut** ist, aber wir wissen, **was** gut ist.

> **Intuition** (lat. „Schau"): unvermitteltes, vollständiges, umgreifendes Erfassen eines Gegenstandes, das keinen Zweifel zuläßt, d. h. evident ist.

Ob ein Ding diese Eigenschaft gut besitzt oder nicht, läßt sich, da es sich um keine empirische handelt, zwar nicht mit Hilfe unserer fünf Sinne wahrnehmen, wohl aber mit Hilfe eines sechsten, moralischen Sinns entscheiden. Gut als undefinierbare, nichtempirische Eigenschaft ist daher eine **subjektive Intuition**, die in einem intuitiven Akt unmittelbar eingesehen werden kann; diese moralische Intuition ist der einzige Weg zur Erkenntnis des Guten.

Insofern verstehen sich die Intuitionisten auch heute noch als **Kognitivisten**, da es sich bei der moralischen Intuition um eine bestimmte Form von Erkenntnis handelt, die nicht mit einem Gefühl verwechselt werden darf. Daß diese Intuition als unmittelbare Erkenntnis des Guten ein **rationales Vermögen** ist, beruht darauf, daß das intuitiv erkannte Gute in allgemeingültigen, für jedermann verbindlichen Urteilen formulierbar ist. Diese moralischen Urteile bedürfen jedoch keinerlei argumentativer Rechtfertigung, sei es logischer oder psychologischer Natur; ihre Geltung beruht auch nicht auf einer empirischen Beobachtung. Grundlegende moralische Urteile, ob konkret oder allgemein, sind in sich **evident** und daher objektiv gültig, da sie in der intuitiven Erfassung zugleich objektive Erkenntnisse sind.

Kritische Stellungnahmen: „Intuition ist eine unnötige Ausrede." (Wittgenstein) Strawson hält die Intuition für „die Erfindung einer mythischen Fähigkeit, durch die wir ethisches Wissen erlangen". Nach Frankena unterliegen die Intuitionisten einer „moralischen Halluzination, wenn sie glauben, an den Gegenständen, denen wir ethische Prädikate beilegen, einzigartige ethische Eigenschaften wahrzunehmen."

1.3.2 Der Emotivismus

Gegen den Anspruch, daß moralische Aussagen auf Rationalität beruhen, da sie objektive Eigenschaften zum Ausdruck bringen, wenden sich vor allem die **Nonkognivisten**. Sie leugnen auch, daß moralische und wertende Urteile irgendeiner rationalen oder objektiv gültigen Rechtfertigung zugänglich sind. Moralische Urteile sind Ausdrucksformen von **Emotionen** und daher willkürliche Festlegungen oder Entscheidungen. Die von den Intuitionisten behauptete objektive Erkenntnis des Guten wird vor allem von den Vertretern der emotiven Theorien nicht mehr als Ausdruck einer Intuition, sondern als eine Art subjektiver, emotionaler Erfahrung gedeutet. Demgemäß lautet die Grundthese des ethischen Emotivismus:

Emotion (lat. „Gefühl"): subjektive Befindlichkeit des Gemüts, die weder wahr noch falsch sein kann.

Das Urteil „x ist gut" hat nur eine emotive Bedeutung. Er spricht damit den moralischen Aussagen jegliche Rationalität ab und behauptet, daß sie nur subjektive Gefühle zum Ausdruck bringen. Nach **Alfred J. Ayer**, einem Begründer des Emotivismus, signalisieren moralische Urteile „x ist gut" und „Y ist schlecht" zunächst gewisse Gefühle der **Billigung** („Ich mag x.") oder der **Mißbilligung** („Ich verabscheue Y."), die objektiv nicht überprüfbar sind. Das Urteil „Es ist schlecht, daß Eva gelogen hat" bedeutet dann nichts anderes als „Eva hat gelogen, pfui!".

Alfred Jules Ayer (1910–1989), engl. Philosoph. Vertreter des logischen Positivismus. Seine Schrift: *Language, Truth and Logic*, 1936 (dt. 1970) gehört zu den einflußreichsten Werken der analytischen Philosophie.

Eine moralische Argumentation ist daher auch keine logische Ableitung, sondern stets eine sehr **persönliche Stellungnahme**, die sich auf positive oder negative Gefühle des Argumentierenden stützt. Moralische Urteile

„Aus der Tatsache, daß wir andere durch faktische Informationen zu einer Änderung ihrer Einstellungen bewegen können, folgt aber nicht, daß eine Begründung oder Kritik moralischer Urteile möglich ist, [...] Mit jedem solchen Urteil würden wir ja in seinem Sinn immer nur unsere Einstellungen ausdrücken, die seinen eigenen Einstellungen vorzuziehen niemand Anlaß hätte. Moralische Argumentationen würden also [...] zu Überredungsversuchen degenerieren, für die nicht die Ethik, sondern Rhetorik oder Psychologie zuständig sind."
(Kutschera, S. 97)

bringen dann positive oder negative **Einstellungen** gegenüber Handlungen zum Ausdruck und sind in gewisser Hinsicht **Appelle** an den anderen. Ihre Funktion besteht darin, beim Gegenüber die Gefühle hervorzurufen, die ihn dazu bringen, sich der Überzeugung des Sprechers anzuschließen. Der Satz „x ist gut" bedeutet demnach nichts anderes als „Ich schätze x, das solltest du auch tun". Dennoch geben sie auf die Fragen „Was soll ich tun?", „Welche Einstellung soll ich annehmen?" durchaus keine beliebigen Anweisungen. Denn daraus, daß moralische Urteile emotiver und nicht deskriptiver Natur sind, daß sie in appellativer Weise Einstellungen zum Ausdruck bringen, nicht Tatsachen, und daß sie infolgedessen weder wahr noch falsch sein können, folgt noch nicht, daß nichts gut oder schlecht ist oder daß es gleichgültig ist, wie wir handeln. „Zutreffend ist vielmehr, daß das, was man als eine moralische Einstellung bezeichnen kann, auf ein bestimmtes Verhaltensmuster hinausläuft und daß die Äußerung eines moralischen Urteils ein Element in einem solchen Verhaltensmuster darstellt." (Ayer, S. 60f.)

Für die späteren Emotivisten sind daher moralische Urteile, die nicht nur individuelle Gefühle, sondern auch Einstellungen oder Intentionen des Sprechers zum Ausdruck bringen, **Strategien der Überredung**. Indem sie überwiegend dazu dienen, den Adressaten zu beeinflussen, eine bestimmte Handlung zu vollziehen, sind sie Instrumente im komplizierten Wechselspiel unserer divergenten Interessen und Einstellungen. „Moralurteile sind **soziale Instrumente**. Von ihnen wird in einer Unternehmung Gebrauch gemacht, die gemeinsam betrieben wird und zu einer wechselseitigen Anpassung der menschlichen Einstellungen führt." (Stevenson, 1974, S. 137)

1.3.3 Der universelle Präskriptivismus

Richard Mervyn Hare (* 1919), gilt als einer der wichtigsten zeitgenössischen Moralphilosophen. Mitglied der Britischen Akademie, seit 1966 Professor für Moralphilosophie an der Universität Oxford. Er veröffentlichte Standardwerke der Analytischen Ethik.

Sprechakt (engl. *speach act*): von John L. Austin (1911–1960) eingeführter Terminus, mit dem der **Handlungscharakter** sprachlicher Äußerungen betont werden soll.

Das Problem der intuitionistischen und emotivistischen Theorien, das darin besteht, daß sie die **Objektivität** und **Allgemeingültigkeit** moralischer Werturteile nicht darlegen können, versucht **R. M. Hare** durch seinen universellen Präskriptivismus zu überwinden. Er geht wie Moore von der Analyse der Sprache aus, in der Wertungen und moralische Urteile gefällt werden. Aufgrund der Definition: „gut ist das allgemeinste Adjektiv des Empfehlens" und einer Untersuchung der Verwendungsweisen dieses Adjektivs kommt er zu dem Ergebnis, daß der, der „gut" verwendet, den **Sprechakt des Empfehlens** vollzieht. In moralischen Zusammenhängen werden durch die

Ausdrücke gut, gute Tat o. ä. stets direkt oder indirekt Personen empfohlen.

„Gut" in moralischen Urteilen hat stets eine **beschreibende** und eine **wertende** Bedeutung; die letztere ist für Hare die primäre. Für ihn besteht ein moralisches Urteil über einen Menschen aus einer Feststellung der **Eigenschaften** dieses Menschen (dem Untersatz oder der Tatsachenprämisse) und einer Angabe des **Maßstabes**, nach dem Menschen moralisch beurteilt werden (dem Obersatz). Wenn wir einen Menschen oder einen Sachverhalt aufgrund bestimmter Eigenschaften, die wir für gut halten, empfehlen, dann ist die beschreibende Bedeutung des Wortes „gut" gegenüber der wertenden Bedeutung sekundär. Wertende Prädikate haben die sprachlogische Eigenart, daß sie **universalisierbar** sind; denn wenn wir etwas als gut beurteilen, dann beurteilen wir implizit alle Personen, Sachverhalte, Taten gleicher Beschaffenheit als gut. „Angenommen wir sagen: ‚Der heilige Franz war ein guter Mensch'. Es ist logisch unmöglich, das zu sagen und gleichzeitig zu behaupten, daß es einen anderen Menschen – in genau denselben Umständen wie der heilige Franz – gegeben haben könnte, der sich jedoch von diesem in der einen Hinsicht unterschied, daß er kein guter Mensch war." (Hare, 1983 a, S. 182)

Moralurteile und **Werturteile** besitzen somit zwei logische Eigenschaften: sie sind **universalisierbar** und **präskriptiv**. Universalisierbarkeit heißt, daß jedes moralische Werturteil stets ausweitbar ist von einem Urteil über einzelnes zu einem universellen Urteil der Form: „Alle x, die sind wie dieses X1, sind gut." Präskriptiv ist ein Werturteil, wenn es zum Handeln anzuleiten vermag und zumindest implizit für bestimmte Entscheidungssituationen sagt, was zu tun sei.

Werturteile geben darum **Prinzipienentscheidungen** wieder, denn wenn man eine bestimmte Sache oder Handlung als gut beurteilt, so sind die Kriterien, nach denen sie beurteilt wird, in einem Prinzip gegeben, das man vertritt. Die besondere Bedeutsamkeit von „moralisch gut" liegt daher für Hare nicht in sprachlogischen Eigenheiten begründet, sondern vielmehr darin, daß „moralisch gut" Menschen zugesprochen wird. Die moralische Beurteilung des Handelns als gut steht für Hare in begrifflicher Abhängigkeit von der moralischen Beurteilung des Menschen. Daher sprechen wir, wenn wir von einer guten Handlung sprechen, stets von der Handlung als einem Hinweis auf die Güte eines Menschen. Hare nimmt einen Gedanken der antiken Ethik wieder auf, wenn er eine **gute Handlung** als eine Handlung bestimmt, die ein guter

---

Wenn ein Pastor meint, daß Eva ein gutes Mädchen sei, urteilt er nach Hare:
1. wertender Obersatz:
„Es ist gut, in die Kirche zu gehen."
2. beschreibende Tatsachenprämisse:
„Eva geht in die Kirche."
3. moralisches Urteil:
„Eva ist ein gutes Mädchen."

Universalität ist nicht gleichzusetzen mit Allgemeinheit.
Verallgemeinerbar ist ein Satz, wenn das in ihm Gesagte auf einen größeren Gegenstandsbereich ausdehnbar ist.
Universalisierbar ist ein Satz, wenn er, über das einzelne etwas sagend, das Gesagte zugleich für alles von derselben Art impliziert.

„Freilich hat die sittliche Einsicht als Gegenstand das, was für den Menschen gerecht, edel und wertvoll ist, aber es ist ja eben das Wesen des wertvollen Menschen, dies durch sein Handeln zu verwirklichen." (Aristoteles, NE, 1143b 23)

Nach den gleichen Kriterien unterscheidet man auch die **Legalität** und **Moralität** einer Handlung.
Legal ist eine Handlung, wenn sie gültigen Gesetzen entspricht; **moralisch**, wenn sie aus einem sittlichen Motiv heraus getan wird.
Vgl. Stoa: Kap. I.3.2.2.3 Pflichtenlehre, und Kant: Kap. II.2.3.2.8 Universalisierung

Mensch tun würde. Er unterscheidet sie von der **richtigen Handlung**, die unter dem pragmatischen Gesichtspunkt beurteilt wird, ob sie ihr Ziel erreicht hat oder nicht. Um moralisch gut zu sein, muß die Handlung aus einem **guten Motiv** heraus getan werden, während sie, um richtig zu sein, lediglich einem bestimmten Maßstab entsprechen muß – gleichgültig, aus welchem Motiv sie getan wurde. Daraus folgt, daß wir von guten Menschen und guten Handlungen stets in einem Zusammenhang von moralischer Erziehung und Charakterbildung sprechen und daß sittliches Gutsein dann von der Art wäre, daß es bestimmten inneren Erfordernissen (Motiven, Gesinnungen, Wille) genügt.

2 Das moralisch Gute

2.1 Die Idee des Guten

„*Denn die Idee des Guten ist die größte Einsicht, [...] durch welche erst das Gerechte und alles, was sonst Gebrauch von ihr macht, nützlich und heilsam wird. [...] Meinst du es helfe uns etwas, alle Habe zu haben, nur die gute nicht? Oder alles zu verstehen außer dem Guten, das Schöne und das Gute aber nicht zu verstehen?*" Platon (427–347 v. Chr.)

„Dank der Wissenschaft verstehen wir, dank der Technik besitzen wir viel. So verstehen wir uns z. B. auf die Spaltung von Atomkernen und wir besitzen Atomwaffen. Es sollte uns nicht allzu schwer sein, zu begreifen, daß die Platonische Frage nach dem Guten *unsere* Frage ist." (Kuhn, S. 677)

In der Frage nach dem Guten als dem **eigentlichen Gegenstand der Ethik** hat sich in den über zweitausend Jahren, die seit Platons Ausspruch vergangen sind, an Aktualität nicht viel geändert. Den spezifisch moralischen Bedeutungsgehalt „gut" zu erfassen und so das moralisch Gute inhaltlich zu bestimmen, ist das besondere Anliegen der Ethik des Guten sowie der Wert- und Tugendlehren.

2.1.1 Die vorphilosophische Bedeutung des Guten

Die griechischen und lateinischen Neutrumformen *to agathon* und *bonum* bedeuten sowohl „das Gute" als auch „das Gut".

Das altgriechische Wort „agathos", Vorfahre unseres „gut", bedeutet ursprünglich „der Bewunderung wert sein". **Bewunderungswürdig** ist etwas in seiner Beschaffenheit dann, wenn es sich als hervorragend **tauglich** zu etwas (gut zu...) darstellt. So verbindet der antike Begriff „gut" eine **Wertung**, die in einem Gefühl der Bewunderung zum Ausdruck kommt, mit einer **Sachbestimmtheit**, die etwas als hervorragend tauglich auszeichnet. Ausgesagt wird solches Tauglichsein von dinglichen Gegenständen, von Organen, von Tieren und von Menschen. Sie sind dann gut im Sinne von agathos, wenn sie ihrer Funktion entsprechen, die sich aus ihrer Wesensart ergibt: so ist ein Pferd gut, wenn es tauglich ist zum Rennen und zum Tragen eines Reiters, ein Auge, wenn es tauglich ist zum Sehen, ein Messer, wenn es tauglich ist zum Schneiden.

In der Anwendung auf den Menschen wird die Grundbedeutung „tauglich" zu **„tüchtig"**. Die Eigenschaft dieser spezifischen Tauglichkeit heißt **Tugend** (arete). Dieser Begriff bezeichnet ursprünglich die Eigenschaft, die einen Menschen befähigt, einer für die Gesellschaft brauchbaren und nützlichen Aufgabe nachzukommen. So ist jemand tüchtig zur „Kunstfertigkeit" (techne), zu den „Staatsgeschäften" (ta politika), zum „Kriegswesen" (ta polemika), wenn er das erforderliche Wissen und die Fertigkeit besitzt, die zur Bewältigung der gestellten Aufgaben in dem Lebensbereich notwendig sind. Die Tugend kann daher, bezogen auf **Funktion** oder **Rolle**, die von der Gesellschaft übertragen wird, sehr verschieden sein: die eines Königs liegt in seiner Fähigkeit zu befehlen, die eines Kriegers in seiner Tapferkeit. Zu dem allgemein spezifisch menschlichen Gutsein gehören die alte griechische Tugend der Tapferkeit, aber auch die Selbstbeherrschung, die Ausdauer, der Fleiß.

Die ersten Zeugnisse für diese Auffassung des Guten finden wir schon in altgriechischer Zeit in den Dichtungen **Homers**. Seine Heldenepen, die ältesten Dokumente europäischer Ethik, überliefern uns das Bild einer einheitlichen, mythisch begründeten Form gesellschaftlichen Lebens, in der die moralischen Begriffe noch eine klare Bedeutung im weltanschaulichen und sozialen Bezugsrahmen haben. Das Wort gut beschreibt bestimmte **gesellschaftliche Funktionen und Eigenschaften** des homerischen ritterlichen Ideals und bezeichnet neben moralischen Werten vorrangig den Adligen. Er ist der Repräsentant der griechischen Tugenden; er verkörpert die Tapferkeit verbunden mit einer umfassenden Trefflichkeit; er ist „verständig und gerecht", denn für ihn gelten die von den Göttern geforderten Tugenden der Einsicht und des Maßes.

Mit dem Wandel der homerischen Gesellschaft ändert sich auch die Bedeutung der wertenden Prädikate. Der Tugendbegriff bezeichnet nun bestimmte **menschliche Eigenschaften**, die von Funktionsgesichtspunkten, besonders von der gesellschaftlich definierten Rolle gänzlich abgetrennt werden können. Die Gutheit eines Menschen ist nun etwas, das als Teil seiner Person ihm selbst zugehört; sie entspricht jetzt viel eher dem, was in der Ethik der Neuzeit als **„moralische Eigenschaft"** gilt.

Tugend (griech. *arete*, lat. *virtus*) (etymologisch in Zusammenhang mit dem Verb „taugen") Grundbegriff der Ethik: Ideal der Selbsterziehung zu einer menschlich vortrefflichen Persönlichkeit; durch fortgesetzte Übung erworbene Lebenshaltung: die Disposition (Charakter) der emotionalen und kognitiven Fähigkeiten, das sittlich Gute zu verfolgen.

Homer
Idealporträt hellenistischer Zeit. Die erloschenen Augen sehen nichts Wirkliches mehr: aber der Blick ist wie im dichterischen Schauen nach oben gerichtet. Die Blindheit Homers gehört in den Bereich der Legende.

Homer lebte vermutlich im 8. Jh. v. Chr., über seine Person war schon im Altertum nichts Sicheres bekannt. Die ihm zugeschriebene Dichtung überliefert in Mythen eine große, Götter- und Menschenwelt umschließende Darstellung des Kosmos; sie umfaßt bedeutende Epen: *Ilias* Epos über die Kämpfe um Troja, *Odyssee* Epos über die Irrfahrten des Odysseus von Troja nach Ithaka.

> „Und den bislang gültigen Gebrauch der Namen für die Dinge vertauschten sie nach ihrer Willkür: unbedachtes Losstürmen galt nun als Tapferkeit und gute Kameradschaft, aber vordenkendes Zögern als aufgeschmückte Feigheit, Sittlichkeit als Deckmantel einer ängstlichen Natur, Klugheit bei jedem Ding als Schlaffheit zu jeder Tat." (Thukydides, Pel. Krieg, Buch III, 82)

Sophisten: Gruppe griech. Philosophen im 5./4. Jh. v. Chr. Professionelle Wanderlehrer, die gegen Entgelt eine höhere, zum politischen Handeln befähigende Bildung vermittelten. Ihre Lehren auf dem Gebiet der Rhetorik, Poetik, Ethik stellten den Menschen in den Mittelpunkt.

homo-mensura-Satz des Protagoras: „Aller Dinge Maß ist der Mensch, der seienden, wie sie sind, der nichtseienden, wie sie nicht sind."
Prinzipien der sophistischen Aufklärung sind
– Individualismus,
– Subjektivismus,
– Relativismus.

zur Person und Ethik des *Sokrates* vgl. ausführlicher Kap. II.2.3. Die Pflichtethik

Für die inhaltliche Bestimmung dieses Guten fehlt jedoch nach dem Zusammenbruch der durch die archaische Adelsherrschaft bestimmten Gesellschaftsordnung eine allgemein anerkannte Basis. Im Zusammenhang mit den großen Umwälzungen im politischen und gesellschaftlichen Leben Griechenlands vollzieht sich auch ein radikaler Wandel der moralischen Werte und Normen. Mit der neuen sozialen und politischen Ordnung, gekennzeichnet durch die demokratische Verfassung Athens im 5. Jh., setzt sich auch ein neues Verständnis des Guten durch, das jetzt in der **individuellen Glückseligkeit** gesehen wird. Da der Staat aus einer Mehrheit von Individuen besteht, die ein glückliches Leben erstreben, wird so das Glück des einzelnen Bürgers das Ziel des Staates.

Die Entwicklung der athenischen Demokratie ist eine wichtige Voraussetzung für eine Gruppe griechischer Philosophen, die **Sophisten**, die im 5. Jh. eine **Epoche der Aufklärung** einleiten. Sie stellen den Menschen in den Mittelpunkt ihrer philosophischen Bemühungen und fragen nach der Geltung der Normen des menschlichen Zusammenlebens, die sie nicht mehr aus Tradition und Konvention herleiten. Da die Ehrfurcht vor dem Überlieferten, in der das Gesetz Ausdruck einer göttlichen Ordnung ist, allgemein verloren ist, lösen sich auch die bisherigen Bindungen des einzelnen in Religion, Staat und Gesellschaft. Die religiösen Überlieferungen, sittlichen Vorschriften, Gesetze und politischen Einrichtungen werden nicht mehr einfach geglaubt und hingenommen, sondern dem Urteil der eigenen Vernunft und Einsicht unterworfen. Das denkende und handelnde Individuum wird der Mittelpunkt und der alleinige Maßstab für Erkenntnis und Wertsetzungen; nichts gilt mehr, was der menschliche Verstand nicht selbst geprüft hat; es gibt keine absolute Wahrheit, die unabhängig von der menschlichen Erfahrung erkannt werden kann, es gibt damit auch keine absolute, für alle verbindliche Ethik mehr. So unterscheidet sich auch die Bestimmung des Guten bei den Sophisten nach dem jeweiligen philosophischen System, das sie vertreten, und dem daraus folgenden Wertmaßstab. Das Gute kann einmal das **Lustvolle** sein, mit dem **Recht des Stärkeren** identifiziert werden, in dem **Naturhaften** begründet liegen oder einfach mit dem **Nützlichen** gleichgesetzt werden.

2.1.2 Tugend ist Wissen

In dieser Zeit der Verunsicherung, in der die allgemeinen Vorstellungen über das sittlich Gute und die Tugenden ins Wanken geraten, formuliert **Sokrates** die ersten

Grundsätze einer normativen Ethik. Indem er die moralphilosophische **Schlüsselfrage**: „Was ist das Gute?" stellt, will er durch eine Untersuchung der sittlichen Begriffe das **Wesen des moralisch Guten** ergründen und den Menschen das wahre Wissen von diesen Begriffen übermitteln.

Sokratische **Was-ist-Fragen**:
Was ist Tapferkeit?
Was ist Frömmigkeit?
Was ist Gerechtigkeit?
Was ist Tugend?

Sokrates untersucht zunächst die allgemeinen Anschauungen über das Gute, die zu seiner Zeit in der Alltagsmoral, wie sie von den Sophisten verbreitet wurde, vorherrschen. Seine Methode ist der **Dialog**, in den er die Gesprächspartner verwickelt, die behaupten, ein sicheres Wissen von dem Guten, der Tugend, der Gerechtigkeit, der Frömmigkeit usw. zu besitzen. Die im Gespräch durchgeführte Untersuchung entlarvt dieses vermeintliche Wissen als **Scheinwissen**, kommt aber letztlich zu keinem abschließenden Ergebnis. Die Gesprächspartner erkennen, daß sie um das Wesen des Guten „nichts wissen". Sokrates prüft mit der Frage nach den Definitionen der Tugenden auch die ihnen zugrundeliegenden Wertvorstellungen, die das Leben seines Gesprächspartners bestimmen, und er fordert ihn auf, sich kritisch mit ihnen auseinanderzusetzen. So ist es das Ziel der sokratischen Untersuchung, **Selbsterkenntnis** in der Form eines Bewußtseins des eigenen **Nicht-Wissens** zu erzeugen.

„Nun beschäftigte sich damals Sokrates mit den sittlichen Tugenden und suchte zuerst über sie allgemeine Begriffe aufzustellen." (Aristoteles, Met.b 1078).

Die Einsicht in das Nichtwissen ist aber zugleich tiefste Erkenntnis dessen, was wahrhaft gut ist; sie ist Einsicht in die Macht des **Logos**. Darum kann Sokrates auch sagen, daß die Tugend ein Wissen ist, das auf der richtigen Besinnung und Einsicht beruht, und behaupten, daß der, welcher das Gute erkennt, auch danach handelt und der, welcher das Schlechte kennt, sich auch davor in acht nimmt. Er vertraut auf die Kraft der Vernunft, die, als Einsicht in das Gute, zum Guten motivieren und zum rechten Handeln führen kann. Wenn auch das sokratische Gespräch den Menschen so vom vermeintlichen Guten zu dem in Wahrheit Guten und damit zu seinem wahren Interesse führt, so bleibt der Begriff des Guten doch formal und **inhaltlich unbestimmt**; zu einer objektiven Begriffsbestimmung des moralisch Guten führt der Dialog nicht.

„So besteht das Vermächtnis des Sokrates für uns darin, unablässig zu fragen: Was ist das Wahre? Was ist das Gute? und unablässig jede gegebene Antwort zu prüfen. Diese Aufgabe stellt sich für uns im Sinne des Sokrates auch dann, wenn wir uns in seinem Sinne darüber klar sind, daß auf diese Fragen eine definitive und absolut zureichende Antwort nicht gegeben werden kann. Auch dann und gerade dann bleiben die unergründlichen Fragen des unergründlichen Mannes die Aufgabe: Was ist das Wahre? Was ist das Gute?" (Martin, S. 146)

2.1.3 Das Reich der Ideen

Platon, der bedeutendste Schüler des Sokrates, hat von Anfang an die Unzulänglichkeit der sokratischen Antwort auf die Frage nach dem Wesen des moralisch Guten durchschaut und sich bemüht, eine gültige Antwort auf die Frage nach dem **Inhalt des Guten** zu geben. Um aber

Platon

Platon (427–347 v. Chr.), mit Aristoteles bedeutendster Philosoph der griechischen Antike. Abkömmling einer hohen Athener Aristokratenfamilie; zuerst Dichter, dann Schüler des Sokrates. Begründete nach fehlgeschlagenen politischen Tätigkeiten, in denen er seine sittlichen und politischen Ideale verwirklichen wollte, die berühmte Akademie, eine Philosophenschule, an deren Ausbau er bis zu seinem Tode arbeitete.
Philosophiegeschichtlich bedeutsam durch seine Ideenlehre und seine Staatsphilosophie; seine Gedanken begründen die abendländische Metaphysik. Seine Schriften sind fast alle in Dialogform abgefaßt.

absolut (lat. *absolutus* „losgelöst"): unabhängig, unbedingt, uneingeschränkt, vollkommen; nicht begründungsbedürftiger und nicht begründungsfähiger Ursprung.

das Gute als das Gute bestimmen zu können, bedarf es nach Platon eines gültigen, eines wirklichen Wissens von den Dingen, denn das moralisch Gute ist **absolut gut**.

Dieses absolute Wissen ist nicht durch die **Sinneswahrnehmung**, die uns ein Wissen von den Dingen in der Erfahrung vermittelt, zu erreichen, denn sie kann uns täuschen. Sie ist an die Sinnesorgane gebunden, von denen jedes nur eine Qualität am Gegenstand erfaßt, z. B. das Auge die Farbe usw., und wobei die Objekte noch ständig wechseln. In seinen Dialogen kommt Platon zu dem Schluß, daß die Grundlage der wahren Erkenntnis im Verstand mit Hilfe der Begriffe, d. h. durch **reines Denken** gesucht werden muß. Von der wahrnehmbaren Welt, der Körperwelt, gibt es nur **Meinung; Wissen** gibt es nur vom Unveränderlichen, den mathematischen Gegenständen und den Ideen. Wahrnehmung und Denken sind wesensverschieden, weil der Gegenstand des Denkens ein anderer ist als der der Wahrnehmung: wahrnehmbar ist alles Materielle, denkbar sind die unveränderlichen, immateriellen Ideen. So stehen sich gegenüber:

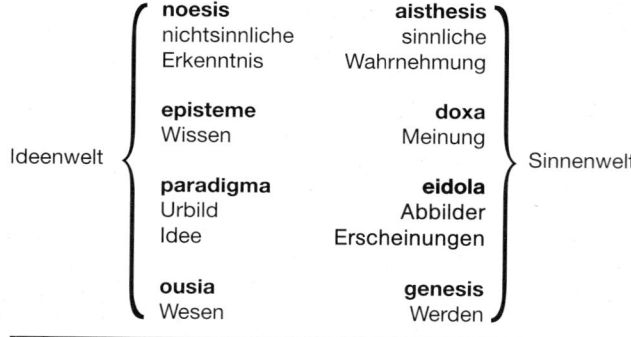

Ideenwelt		Sinnenwelt
noesis nichtsinnliche Erkenntnis	**aisthesis** sinnliche Wahrnehmung	
episteme Wissen	**doxa** Meinung	
paradigma Urbild Idee	**eidola** Abbilder Erscheinungen	
ousia Wesen	**genesis** Werden	

Das wahre Wissen muß sich also auf Gegenstände beziehen, die etwas von der uns bekannten Sinnenwelt wesentlich Verschiedenes sind, denn von sinnlichen Gegenständen kann es keine allgemeinen Definitionen geben, da diese sich in beständiger Veränderung befinden. Das **absolute Gute**, das nur durch das Denken erschlossen werden kann, muß dann auch ein anderes sein als das vielfältige Gute, das wir in der Erfahrung wahrnehmen. Platon gibt damit eine inhaltliche Antwort auf die sokratische Frage nach dem Wesen des moralisch Guten und versucht, den wahren Charakter der höchsten Wertbegriffe zu bestimmen: sie sind **Ideen**, Formen des reinen Denkens.

Das läßt sich nur begreifen, wenn wir über die Welt des sinnlich Erfahrbaren hinausgehen und uns in den Bereich der **Metaphysik** begeben. In diesem Bereich kann sich das Denken mit Gegenständen befassen, die absolut wahr sind, den Ideen. Die platonische Idee ist etwas Unräumliches, Zeitloses, Unveränderliches, nur dem Denken Zugängliches. Um diese Ideenwelt und mit ihr die Idee des Guten als die ursprünglichste Idee darzustellen, trifft Platon in seiner **Ideenlehre** eine bedeutsame Unterscheidung zwischen dem irdischen zeitlichen Sein der sinnlich erfahrbaren Welt und dem göttlich ewigen Sein der geistig erschaubaren Ideen. Platon erklärt die sichtbare Welt zum **Abbild** der idealen Welt und zwar in der Weise, daß die Ideen sowohl die **Urbilder** als auch eigentlich **Grund** und **Ursache** alles Seienden sind: das sinnlich wahrnehmbare reale Seiende hat nur abbildhaft an den Ideen teil. Durch diese **Teilhabe** sind die sinnliche Welt und die Ideenwelt miteinander verbunden, allerdings in der Weise, daß die einzelnen Dinge in der Sinnenwelt nur aufgrund ihrer Teilhabe an den Ideen existieren; diese sind die Ursache dafür, daß etwas ist, und zugleich, warum etwas so ist, wie es ist. Jedes sichtbare Ding ahmt eine **ewige Urgestalt** nach. Sie ist das unvergängliche Sein, während die sichtbaren Dinge entstehen und vergehen. Andererseits besagt die Teilhabe auch, daß die Ideen gegenwärtig in der menschlichen Erfahrung der sichtbaren Welt sind; wir erfassen sie durch eine Art **geistiger Schau**.

Die Ordnung der Ideen wird, wie das nachfolgende Schaubild zeigt, noch einmal „überhöht" durch eine alle anderen Ideen umfassende und beherrschende **Idee des Guten**, die nicht nur vom Seienden, sondern auch vom Sein überhaupt unterschieden wird, sie ist sowohl Ursprung aller Existenz als auch Grund für die Erkenn-

Metaphysik (griech. *ta meta physika* „nach, hinter dem Physischen"): Grundwissenschaft der Philosophie, die sich mit den ersten und letzten Gründen allen Seins beschäftigt. Sie liefert eine Erkenntnis des Guten, die jede mögliche Erfahrung überschreitet.

Die **Ideenlehre** gilt als der eigentliche Kern der platonischen Philosophie, obgleich sie nur in wenigen Dialogen eine herausragende Rolle spielt: sie wird besonders in der *Politeia* im Rahmen einer umfassenden pädagogischen Konzeption ausgearbeitet.

Politeia (Der Staat) gilt als „Hauptwerk" Platons: entwirft und begründet einen **idealen Staat**. Eingebettet in die Staatslehre sind Grundzüge der **Ideenlehre, Erkenntnislehre** und **Dialektik**. Sie gipfeln im Sonnengleichnis, Liniengleichnis und Höhlengleichnis, in denen Erkenntnis in der absoluten Vernunft begründet wird.

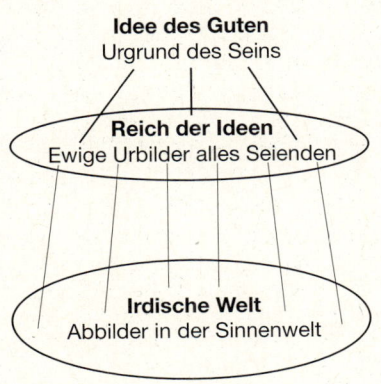

Idee des Guten
Urgrund des Seins

Reich der Ideen
Ewige Urbilder alles Seienden

Irdische Welt
Abbilder in der Sinnenwelt

Teilhabe (griech. *methexis*, lat. *partizipatio*): Begriff der Ideenlehre, der das Verhältnis von den Ideen zu den Einzeldingen der Welt der Erscheinung kennzeichnet; die irdischen Dinge, Einzeldinge, erscheinen nur als seiend, weil sie an einer entsprechenden Idee teilhaben. Lehre widerspricht einer radikalen dualistischen Deutung der Ideenlehre, einer Zwei-Welten-Theorie.

Plato und Aristoteles. Ausschnitt aus der „Schule von Athen".
Den Unterschied zwischen den beiden größten Philosophen der Antike stellt Raffael in seinem Fresco anschaulich dar: Platons Rechte zeigt nach oben, er verweist auf den überirdischen Ursprung der Ideen. Aristoteles dagegen weist geradeaus und legt den Schwerpunkt des Guten in das irdische menschliche Leben.

„Die Sonne, denke ich, wirst du sagen, verleihe dem Sichtbaren nicht nur das Vermögen, gesehen zu werden, sondern auch das Werden und Wachstum und Nahrung, unerachtet sie selbst nicht Werden ist. Ebenso nun sage auch, daß dem Erkennbaren nicht nur das Erkanntwerden von dem Guten komme, sondern auch das Sein und Wesen habe es von ihm, obwohl das Gute selbst nicht das Sein ist, sondern noch über das Sein an Würde und Kraft hinausragt."
(Platon, Politeia, 509 a–c)

barkeit des Seins. Durch sie kann überhaupt etwas als das, was es seinem Wesen nach ist, erkannt werden.

„Dieses also, was dem Erkennbaren Wahrheit mitteilt und dem Erkennenden das Vermögen hergibt, sage, sei die Idee des Guten". (Platon, Politeia, 508 d)

Wenn wir eine Handlung als tugendhaft, eine Gesinnung als fromm, einen Charakter als gut beurteilen, so sind wir zu dieser Feststellung nur fähig, weil die Idee des an sich Tugendhaften, Frommen, Guten unserem Denken zugrunde gelegt ist. Der Mensch ist das Mittlere zwischen den Ideen als den Urbildern und den Abbildern, denn seine Seele trägt die Züge beider Welten in sich und kann durch die Teilhabe am Vernünftigen zu den Ideen gelangen.

2.1.4 Die Erkenntnis des Guten

In Gleichnissen versucht Platon den Weg zur Idee des Guten zu erläutern. So macht das **Sonnengleichnis** deutlich, wie denn überhaupt das wahre Sein, die Urbilder, erkannt werden können; seine Antwort: durch die Idee des Guten. Sie verhält sich zu den übrigen Ideen und dem auf sie bezogenen Wissen wie die Sonne zu den empirischen Gegenständen und den auf sie bezogenen Wahrnehmungsweisen. Wie das Sonnenlicht die beschienenen Dinge für das menschliche Auge sichtbar macht, so macht die Idee des Guten das unsichtbare Wesen und damit die verborgene Wahrheit des Seienden offenbar. In der Analogie läßt sich das Verhältnis so darstellen:

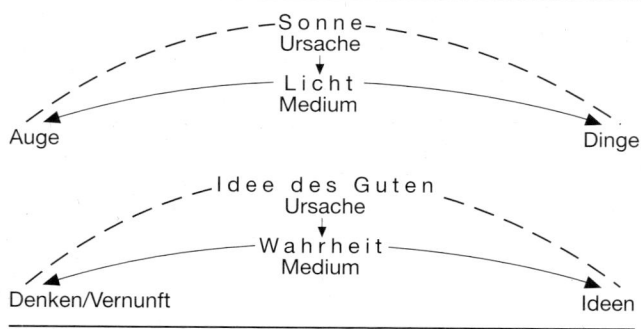

Die Idee des Guten ermöglicht nicht nur die **Erkenntnis** der Ideen, sondern bewirkt auch ihr Sein und das Wesen, ist die erste **Ursache** für das eigentliche Sein, – sie ist göttlich.

Für das moralische Handeln des Menschen ist es ganz entscheidend, daß die Ideen kein von der Sinnenwelt ganz abgetrennter Entwurf sind, sondern daß die Seele von der Welt der irdischen vergänglichen Dinge in die Welt des wahren Seins geführt werden kann, um von dem **Standpunkt des Guten** die praktischen Aufgaben im Diesseits zu bewältigen. Denn die Idee des Guten ist zwar um ihrer selbst willen erstrebenswert; sie ist aber zugleich auch ein **Maßstab** für die richtige Beurteilung der diesseitigen Welt, für ihre Normen, Tugenden, Werte und Güter. Wie der Mensch zu den Ideen gelangen kann und welche Bedeutung sie für das praktische Leben haben, verdeutlicht das **Höhlengleichnis**.

Platon vergleicht das irdische Dasein mit einer unterirdischen Höhlenexistenz, in der die Menschen so gefesselt sind, daß sie nur an eine Wand der Höhle blicken können. Auf diese werden durch ein für sie unsichtbares Feuer im Hintergrund Schatten von Gegenständen projiziert. Diese Schattenbilder, die nichts anderes sind als die sinnlichen Erscheinungen der irdischen Dinge, halten die Gefesselten für Realität. Sie nehmen alles nur im Horizont ihrer Sinneswahrnehmung wahr, d. h. sie sehen nur die Schatten an der Höhlenwand und halten sie für die wirklichen Dinge, die Höhle für die wahre Welt. Die Gegenstände selbst, die die Schatten geworfen haben, kann nur der erkennen, der sich von seinen Fesseln befreit hat; er erkennt, daß die Schatten nur Abbilder dieser Dinge sind. Wenn der Mensch nun noch aus der Höhle entkommen kann, blendet ihn zuerst das Tageslicht, das Licht der Außenwelt, und er wird zuerst Schatten und Widerspiegelungen erkennen, in einem Gewöhnungsprozeß dann aber die Dinge selbst und zuletzt die Sonne sehen, und er erkennt, daß sie die Ursache allen Seins ist.

In Platons Gleichnis setzt der Aufstieg zu den Ideen das eigene Streben nach Wahrheit voraus. Bis die höchste Erkenntnis der Idee des Guten erreicht werden kann, muß der Erkennende sich zunächst vom Gewohnten (Schattenbilder) abwenden und sich schrittweise immer mehr im philosophischen Denken orientieren (Aufstieg aus der Höhle), bis er zu der philosophischen Erkenntnis des schlechthin Guten (Sonne) gelangt ist. In der **Ideenschau**, in der sich der Philosoph im Zustand der **höchsten Glückseligkeit** befindet, sieht er das Gute als höchste Idee, als Grund aller Gründe. Das Höhlengleichnis endet aber nicht mit der Beschreibung dieses glückseligen Zustandes, zu dem der Philosoph letztlich gelangt, sondern mit der an den Philosophen ergehenden moralischen Aufforderung, in die Höhle, die Welt der Erfahrung, zurückzukehren und dort alles soweit wie möglich nach Maßgabe der Idee des Guten zu gestalten. Dem Bild korrespondiert folgende Deutung:

„Die im Höhlengleichnis erzählte Geschichte gibt den Anblick dessen, was jetzt und künftig noch in der Geschichte des abendländisch geprägten Menschtums das eigentlich Geschehende ist: Der Mensch denkt im Sinne des Wesens der Wahrheit als der Richtigkeit des Vorstellens alles Seiende nach ‚Ideen' und schätzt alles Wirkliche nach ‚Werten' · Nicht welche Ideen und welche Werte gesetzt sind, ist das allein und erstlich Entscheidende, sondern daß überhaupt nach ‚Ideen' das Wirkliche ausgelegt, daß überhaupt nach ‚Werten' die ‚Welt ... gewogen wird." (Heidegger, S. 50/1)

Aristoteles hält dieser Ideenlehre kritisch entgegen: „‚Das Gut' als etwas Gemeinsames im Sinne einer einzigen ‚Idee' gibt es also nicht [...] Denn, selbst wenn es ‚das Gut' gäbe, das eines ist und in übergreifender Weise ausgesagt wird oder das getrennt und an sich existierte, so ist doch klar, daß ein solches ‚Gut' durch menschliches Handeln nicht verwirklicht und auch nicht erreicht werden könnte. [...] Bedenklicher stimmt auch folgende Überlegung: welchen Nutzen soll ein Weber oder Zimmermann für sein Gewerbe haben, wenn er jenes absolute Gut kennt? Oder: wie soll jemand ein besserer Arzt oder Feldherr sein, wenn er sich in die Schau der fraglichen ‚Idee' versenkt hat? Hat doch offenbar auch der Arzt nicht die ‚Gesundheit-an-sich' im Auge, sondern die des Menschen, vielmehr die seines Patienten." (Aristoteles, NE, 1096 b/97a)

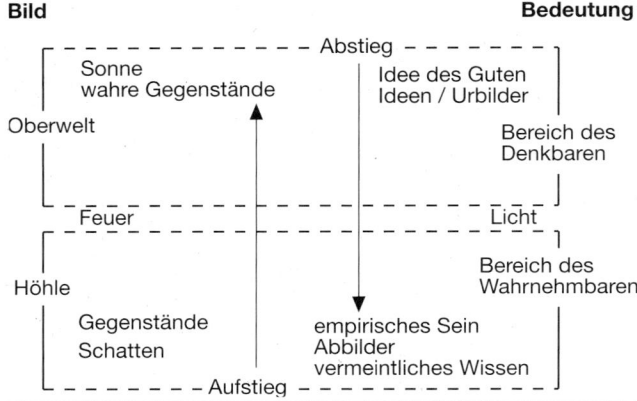

„Was soll nun also der Philosoph tun, der zu den Ideen aufgestiegen ist? Nun, in den seltensten Augenblicken der Geschichte, möglicherweise nie, wird er die Möglichkeit haben, in Aktion zu treten, um den gerechten Staat zu gründen. [...] Aber wenn der ideale Staat niemals wirklich werden kann, was für einen Sinn hat es dann, ihn sich auszumalen? Der Sinn liegt darin, so Platons Antwort, daß man einen Maßstab zur Verfügung hat, mit dem wir wirkliche Staaten beurteilen können." (MacIntyre, S. 49)

Wiedererinnern (griech. *anamnesis*) Erkenntnis von Gegenständen der Wahrnehmung durch ein Sicherinnern der Seele an Ideen.

Seele (griech. *psyche*, lat. *anima*): immateriell und präexistierend; das Sich-selbst-Bewegende (griech. *auto kineton*)

Platon definiert die Tugend als die Tauglichkeit der Seele zu dem ihr gemäßen Werk.

„Ihr müßt also nun wieder herabsteigen, [...] zu der Wohnung der übrigen und euch mit ihnen gewöhnen, das Dunkle zu schauen. Denn gewöhnt ihr euch hinein: so werdet ihr tausendmal besser als die dortigen sehen und jedes Schattenbild erkennen, was es ist und wovon, weil ihr das Schöne, Gute und Gerechte selbst in der Wahrheit gesehen habt." (Politeia, 520 b)

Wie ist es aber möglich, daß die Seele, die doch in der irdischen Erscheinungswelt befangen ist, zu den Ideen aufsteigen kann? In seiner **Anamnesis**-Lehre erklärt Platon, daß die Seele sich dem Reich der Ideen nähern kann, indem sie sich daran erinnert. Sie hat in ihrer **Präexistenz**, bevor sie in den irdischen Leib eintrat, die Ideen unmittelbar geschaut. Bei der Bindung an den Leib, d. h. bei der Geburt des Menschen, hat sie diese Kenntnis verloren. Da aber die Dinge im Diesseits unvollkommene Nachbildungen der ewigen Ideen sind, kann sich die Seele in ihrer Betrachtung nachträglich besinnen, d. h. rückbesinnen auf die metaphysischen Urgestalten, die Ideen, die allein wahres Sein haben.

2.1.5 Der ideale Staat

Da nun die Dinge der sinnlichen Welt nur soweit gut sind, als sie den Ideen entsprechen durch Teilhabe an ihnen, ist auch für den Menschen die Teilhabe an den Ideen und ihre Verwirklichung in der sinnlichen Welt der Weg zur **sittlichen Vollkommenheit**. Durch seine Seele, die sowohl einen sinnlichen wie einen vernünftigen Teil hat, nimmt er eine Zwischenstellung ein. In seinem Leben muß darum der **Seelenteil** und die ihm zugehörige **Tugend** ausgebildet werden, der diesem Ideal am nächsten kommt. Jedem Seelenteil ordnet Platon eine bestimmte Tugend zu, durch die er seine Vollkommenheit erreicht: dem vernünftigen Teil die **Weisheit**, dem muthaften die **Tapferkeit** und dem begehrlichen das **Maßhalten**. Als Gesamttugend der Seele, das richtige Verhältnis dieser Teile, muß noch die **Gerechtigkeit** hinzutreten.

Der wahre Sinn dieser vier Kardinaltugenden entwickelt sich erst auf dem Gebiet der Politik. In einem Versuch, ein vollkommen gerechtes Gemeinwesen zu entwerfen, setzt Platon die Teile der menschlichen Seele zu den Tugenden und zum Modell eines gerechten Staates in Beziehung:

Seelenteil	Tugend	Idealstaat
vernünftige Seele *Logistikon* (Kopf) Sitz der Vernunft	**Erkenntnis/Weisheit**	**Lehrstand** philosophische Herrscher
wollende Seele *Thymoeides* (Herz) Sitz des Mutes	**Tapferkeit**	**Wehrstand** Wächter/Hüter
begehrende Seele *Epithymetikon* (Bauch) Sitz des Begehrens	**Mäßigung**	**Nährstand** Erwerbstätige Bauern/Handwerker

alles umfassende Tugend: **Gerechtigkeit**

Der **ideale Staat**, der gut und gerecht ist durch Teilhabe an den Ideen des Guten und Gerechten, kann daher nur durch diejenigen verwirklicht werden, die zum Wissen um die Ideen gelangt sind, die Philosophen. Platon fordert, daß seine Realisierung und Leitung in die Hand von **Philosophenkönigen** gelegt werden sollte, deren Wissen auf Einsicht in die Idee des Guten basiert:

„Wenn nicht entweder die Philosophen Könige werden in den Staaten oder die jetzt so genannten Könige und Gewalthaber wahrhaft und gründlich philosophieren und also dieses beides zusammenfällt, die Staatsgewalt und die Philosophie, die vielerlei Naturen aber, die jetzt zu jedem von beiden einzeln hinzunahen, durch eine Notwendigkeit ausgeschlossen werden, eher gibt es keine Erholung von dem Übel für die Staaten." (Politeia, 473 d)

„Daß Könige philosophieren oder Philosophen Könige würden, ist nicht zu erwarten, aber auch nicht zu wünschen; weil der Besitz der Gewalt das freie Urteil der Vernunft unvermeidlich verdirbt. Daß aber Könige oder königliche (sich selbst nach Gleichheitsgesetzen beherrschende) Völker die Klasse der Philosophen nicht schweigen oder verstummen, sondern öffentlich sprechen lassen, ist beiden zur Beleuchtung ihres Geschäftes unentbehrlich." (Kant, Bd. VIII, S. 369)

2.2 Das Höchste Gut

2.2.1 Gott als Höchstes Gut

Neuplatonismus: Richtung der griech. Philosophie des 3.–6. Jh., von Plotin (205–270) begründete Erneuerung der Philosophie Platons, die auch mystische Lehren aufnimmt und die christliche Philosophie und Theologie des Mittelalters entscheidend prägt.

Das Höchste Gut (lat. *summum bonum*): allgemein der **metaphysische** Begriff des Guten

In der Philosophie des Mittelalters wird die platonische Ideenlehre, vermittelt durch den **Neuplatonismus**, wieder aufgenommen und durch **Augustinus**, den einflußreichsten Kirchenlehrer, im christlichen Sinne umgedeutet. Die philosophische Anschauung Platons kommt ihm sehr entgegen in seinem Bemühen, das Göttliche als das Höchste Gut hoch über alles Irdische, Weltliche zu erheben.

Die Idee des Guten als höchstes Prinzip wird bei Augustinus gedacht in der **Existenz Gottes**, der sowohl der Inbegriff alles Guten als auch der Urheber der Welt, der **Ursprung** alles Seienden und auch dessen höchstes zu erstrebendes **Ziel** ist. Augustinus ist zwar Anhänger der Ideenlehre, aber er verlegt die Ideenwelt, ebenso wie die Idee des Guten, in den Geist Gottes. Indem er die zeitlosen Formen der Ideen Platons, die er als Gedanken des Schöpfers vor der Schöpfung versteht, mit dem unendlichen Wesen Gottes in Zusammenhang bringt, ist das Reich der Ideen für Augustinus zum **ewigen Schöpfungsplan Gottes** geworden.

Da Gott der Urquell aller Dinge und der Urgrund der Welt ist, ist alles Sein außer Gott nur Abbild der Urbilder in seinem Geiste. Ganz im platonischen Sinne kommt irdisches Sein nur durch **Teilhabe** am göttlichen Sein zustande, denn dieses ist das **Urgute**, das *bonum omnis boni*, durch das alles gut ist, was immer gut ist. Wie für Platon steht auch für Augustinus hinter allem Unvollkommenen das Vollkommene; er erblickt ebenfalls in allem einzelnen Guten das **absolute Gute**. Wenn also alle irdischen veränderlichen Dinge, die existieren, etwas Gutes an sich haben, wenn nichts existiert, das nicht gut ist, dann gibt es auch nichts, das in seinem Wesen (substantia) schlecht ist, wenn es schlecht ist, so nur in seinen Eigenschaften (Akzidenzien). Wie aber kommt das Böse, das Übel in die Welt? Augustinus löst das Problem der **Theodizee** auf eine für die christliche Lehre heute noch richtungsgebende Weise, indem er relativierend das Böse als bloßen „Mangel an Gutem" begreift. Das irdische Gute ist das, was sich vom Guten entfernen, also böse sein kann; es kann verderbt, aber auch erlöst werden. Die Welt wird so insgesamt begriffen als notwendiger Durchgang durch das Böse hindurch zu Gott als dem höchsten Gut.

„Gut also ist, was verderbt werden kann, aber nur darum kann es verderbt werden, weil es nicht das höchste Gut ist, weil es gut ist, stammt es von Gott, weil es aber nicht das höchste Gut ist, darum ist es nicht selber Gott. Denn das Gut, das nicht verderbt werden kann, ist Gott. Alles übrige dagegen, was gut ist, stammt von ihm, kann freilich, so wie es durch sich selbst ist, verderbt werden." (Augustinus, 1983, S. 59)

Theodizee (griech. *theos* „Gott" und *dike* „Gerechtigkeit") ist der Versuch einer Rechtfertigung Gottes angesichts des von ihm trotz seiner unendlichen Allmacht und Güte zugelassenen Leidens und Bösen in der Welt.

Augustinus lehrt weiter, daß Gott das Böse aus Respekt vor der menschlichen Entscheidungsfreiheit zuläßt und die menschliche Seele sich in einem Akt der **Selbsterkenntnis** deshalb auf das besinnen muß, was das Göttliche an ihr ist. Selbsterkenntnis und **Gotteserkenntnis** bilden insofern eine Einheit, da Gott alle Dinge der sichtbaren Welt denkt und sie so verursacht. Er ist das **intelligible Licht** (lumen intellectuale), an dem die menschliche Seele ihren Anteil hat und durch dessen Einstrahlung der menschliche Geist, der sich Gott in einer intellektuellen Schau zuwendet, bewegt wird.

auch: **lumen supranaturale** (lat. „das übernatürliche Licht"); durch göttliche Offenbarung bewirkte Einsicht. Göttlich-geistiges Licht, durch dessen Erleuchtung der Mensch zu einer Schau der ewigen Wahrheiten gelangt.
lumen naturale (lat. „das natürliche Licht") ist das endliche menschliche Erkenntnisvermögen.

„Das Wort Gottes ist das wahre Licht, das den ganzen Menschen erleuchtet."

Göttliches Sein
Das Urgute
göttliches Licht

Ideen
Prinzipien
des Seins — der Sittlichkeit

natürliches Licht
Das weltliche Gute
Irdisches Sein

Das Böse
Mangel an Gutem

Illuminationstheorie (Lichtmetaphysik): Lehre vom außerirdischen Ursprung des Lichts und von seiner Bedeutung für die Menschen. Vertreter in der Antike vor allem Platon und Plotin, im Mittelalter Augustinus und Bonaventura, im 17. Jh. Freimaurerorden (Illuminationsorden), dem u. a. Mozart, Herder, Goethe und Pestalozzi angehörten.

Die **Illuminationstheorie** des Augustinus verbindet den Grundgedanken der Bibel, daß Gott das Licht ist, das jeden Menschen erleuchtet, der in diese Welt kommt, mit dem Grundgedanken Platons, für den die Idee des Guten, der Sonne gleich, alle Wahrheiten sichtbar werden läßt. Alle logischen, ethischen, ästhetischen, mathematischen Grundwahrheiten denken wir im Lichte Gottes, das unseren Geist erhellt. Auch das Gute als Prinzip des Sittlichen ruht im Geiste Gottes. Seine ewigen Ideen sind für Augustinus nicht nur Grundlagen des Erkennens und des Seins; sie sind auch die Grundlagen der Sittlichkeit als **ewiges Gesetz** und stellen als ideale Gesamtordnung das **Prinzip der Sittlichkeit** dar. Und da das ewige Gesetz inhaltlich mit dem Wesen Gottes, genauer mit der göttlichen Weisheit (als ratio), zusammenfällt, kann

Aurelius Augustinus (354–430), Kirchenvater und Philosoph, dessen Schriften die gesamte abendländische Theologie und Philosophie beeinflußten. Sein Werk ist vielen Themen gewidmet: Die Allmacht Gottes, die Vorausbestimmung (Prädestination), Gottes Wesen, die Dreifaltigkeit, die Schöpfung bilden Hauptmotive seines Denkens.

Augustinus auch sagen, daß Gott das letzte Prinzip des sittlich Guten sei. Alles menschlich Gute ist nur durch ihn gut, wie alles Wahre nur durch ihn wahr ist und alles Seiende nur durch ihn Sein hat. Indem der menschliche Geist Gott als das Vollkommene erkennt, ohne das das Unvollkommene nicht gedacht werden kann, und ihn als den Urgrund aller Wahrheiten und Werte begreift, steigt er aus der irdischen Welt auf.

2.2.2 Ordo amoris

Augustinus denkt diesen Aufstieg im Unterschied zum platonischen Intellektualismus als einen Weg der **lebendigen Seele** zum **lebendigen Gott**, einer liebenden Seele, die zur Urliebe, von der alles Lieben lebt, strebt. In der christlichen Version des platonischen Weges zur höchsten Idee kann Gott durch das unvollkommene menschliche Denken nie ganz erfaßt werden, das Göttliche wohl aber liebend geschaut werden. Im menschlichen Willen sind die Gesetze des Guten unauslöschlich eingeschrieben; das Herz ist der natürliche Ort der Sittlichkeit und findet im liebenden Streben nach Gott die wahre irdische Erfüllung. Da der Mensch aber frei ist, kann er sich auch von dem Guten, d. h. von dem Göttlichen abwenden und sich dem Irdischen zukehren. Dann beherrscht das Sinnliche, welches das Böse ist, das Geistige. Die platonische Trennung zwischen der Welt der Sinneswahrnehmungen und dem Reich der Ideen wird von Augustinus zu einer Trennung zwischen der Welt der natürlichen Bedürfnisse und dem Reich der göttlichen Ordnung christlich umgedeutet.

Für den Menschen gibt es zwei Arten von Gütern, die geliebt werden können: die **ewigen**, unzerstörbaren Güter (Tugend, der gute Wille, das ewige Gesetz) und die **irdischen**, zeitlichen Güter (Ruhm, Lob, Ehre, Schönheit); jede dieser beiden Güterarten wird mit einer anderen Liebe geliebt. Zwischen beiden Liebesarten gibt es eine **Ordnung der Liebe** (ordo amoris), die besagt, daß der Mensch mit seiner ganzen Liebe die ewigen Güter anstreben soll und die irdischen nur insoweit, als er nicht abhängig von ihnen ist. Die Welt der natürlichen Bedürfnisse, die Begierde nach irdischen Dingen (cupiditas), soll schrittweise von der Begierde nach himmlischen Dingen (caritas) überwunden werden. Augustinus interpretiert die antike Tugendlehre im christlichen Sinne und erweitert sie um die **christlichen Kardinaltugenden**: Glaube, Hoffnung, Liebe.

Der Gedanke der Gottesliebe als der Weg zum höchsten Guten findet sich auch in der spekulativ-theologischen

Der heilige Augustinus. Aus einem Manuskript des „Gottesstaates" von 1489

Ordo (lat. „Reihenfolge, Ordnung"): Leitbegriff der mittelalterlichen Philosophie zur Bestimmung des damaligen Weltbildes: alles Irdische unterliegt einer immanenten, zielgerichteten Ordnung, deren Grund und Endzweck Gott ist.

Geschichtsdeutung, die einen jenseitigen **Gottesstaat** (civitas dei) von einem **Weltstaat** (civitas terrena) unterscheidet und deren Entstehung und Vermischung in der irdischen Wirklichkeit beschreibt. Die heilsgeschichtliche Auseinandersetzung der beiden Staaten ist durch die göttliche Vorsehung (providentia) vorherbestimmt. Die Anhänger des Gottesstaates sind an der Gottesliebe (amor dei) bis zur Selbstverachtung, die Anhänger des Weltstaates an der Selbstliebe (amor sui) bis zur Gottesverachtung zu erkennen. Durch eine asketische Lehre ersteigt der zu Gott Strebende die Leiter der Vernunft und erhält die Erleuchtung nicht durch jene platonische Konzeption, die Idee des Guten, sondern von Gott. Mit dieser Theorie des Guten baut Augustinus den Weltbezug der griechischen Philosophie ab, denn sie ist nicht mehr auf ein gutes Leben im Diesseits, die Errichtung eines guten und gerechten Staates bezogen, sondern Ziel der Religion ist es, daß der Mensch in sich selbst zurückkehrt und seine wirkliche Heimat in Gott ins Auge faßt.

Die beiden Städte. Aus einem Manuskript des „Gottesstaates" von 1489

Die Zugehörigkeit zu den beiden Staaten bestimmt sich nach der Wahl des Lebenszieles: der linke Weg ist gekennzeichnet durch die Gottesliebe; er führt zum höchsten Gut, zu Gott – ihn gehen die Auserwählten. Der rechte Weg, den die Mehrheit der Menschen wählt, ist gekennzeichnet durch Selbstsucht und Herrschgier; er führt zu irdischer Macht und zu Ruhm – letztlich aber ins Verderben.

2.2.3 Das Höchste Gut als Postulat

zur Person und Ethik Immanuel Kants vgl. Kap. II.2.3.2 Kant: Moralität als Autonomie

Die metaphysische Konstruktion des Guten, in der die Idee des höchsten Guten in der Vorstellung einer höchsten göttlichen Instanz besteht, wird in der beginnenden Neuzeit abgelöst durch einen Begriff des menschlich Guten, das im irdischen Dasein seinen Ort hat. Den Übergang von dem metaphysischen zu einem moralischen Begriff des Guten zeigt die Philosophie **Immanuel Kants**, in der sich auch die folgenreichste Kritik der platonischen Idee des Guten findet. Der traditionellen abendländischen Metaphysik wirft Kant einen unkritischen **Dogmatismus** vor, weil sie „ohne vorhergehende Prüfung des Vermögens oder Unvermögens der Vernunft Behauptungen aufstellt", die jenseits aller möglichen Erfahrung liegen und für die noch gar nicht feststeht, ob sie überhaupt zulässig sind. Die spekulative Metaphysik bewegte sich bis in die Neuzeit hinein in einem erfahrungsfreien, „luftleeren" Raum, stellte Thesen über übersinnliche Gegenstände (Existenz Gottes, Unsterblichkeit der Seele) auf, ohne sich zuvor durch eine Analyse der Möglichkeiten und Grenzen des menschlichen Erkenntnisvermögens zu fragen, ob denn die Erkenntnisfähigkeit des Menschen auch ausreiche, sich Gewißheit über die überirdischen Gegenstände zu verschaffen.

Dogmatismus (griech. *dogma* „Meinung, Lehrsatz, Glaubenssatz") der Metaphysik ist „das Vorurteil, in ihr ohne Kritik der reinen Vernunft fortzukommen". Aufstellung positiver metaphysischer Behauptungen unter Umgehung jeglicher Erfahrung und Anschauung, ohne zu fragen, ob die menschl. Vernunft zu solchen Behauptungen berechtigt ist. Aufbau eines Systems aus unüberprüfbaren Prinzipien.

„Von der Macht der Vernunft eingenommen, sieht der Trieb zur Erweiterung keine Grenzen. Die leichte Taube, indem sie im freien Fluge die Luft teilt, deren Widerstand sie fühlt, könnte die Vorstellung fassen, daß es ihr im luftleeren Raum noch viel besser gelingen werde. Eben so verließ Plato die Sinnenwelt, weil sie dem Verstande so enge Schranken setzt und wagte sich jenseits derselben, auf den Flügeln der Ideen, in den leeren Raum des reinen Verstandes." (Kant, KrV B, 8)

Kritik der reinen Vernunft: wohl einflußreichstes Werk der neuen Philosophiegeschichte. Ziele:
1. Kritik des Vernunftvermögens überhaupt hinsichtlich aller Erkenntnisse, zu denen Vernunft unabhängig von aller Erfahrung streben mag.
2. Bestimmung der Grenzen der reinen Vernunfterkenntnis.
3. Erörterung der Möglichkeit oder Unmöglichkeit einer Metaphysik überhaupt.
4. Begründung möglicher Erkenntnis a priori.
Vgl. hierzu Kap. II.2.3.2.1 Die transzendentale Methode

In der *Kritik der reinen Vernunft* weist Kant nach, daß der menschliche Verstand nicht in der Lage ist, metaphysische Gegenstände, wie das absolute Gute, zu erkennen – denn für übersinnliche Gegenstände lassen sich im Bereich der Erfahrung keine nachweisbaren Prädikate ausfindig machen. So können dann nach Kant das höchste Gut und die Existenz Gottes keine wirklichen Erkenntnisse sein und ein metaphysischer Satz, der behauptet: „Es gibt einen schlechthin guten Gott, der Ursache und Bedingung alles dessen ist, was in der von ihm geschaffenen Welt zu Recht als gut bzw. als Inbegriff des Guten bezeichnet werden kann", ist unzulässig, wenn er als Beweis gelten soll. Gott ist nicht länger ein Gegenstand des Wissens, sondern des moralisch begründeten Hoffens: Er ist ein Postulat der reinen praktischen Vernunft.

Kant kehrt so die traditionelle Metaphysik um: bestimmte der moralisch Handelnde das absolut Gute bisher von einer höheren Instanz her in der Absicht, es nach Maßgabe dieser Instanz in der irdischen Welt zu verwirklichen, so ist nach Kant das höchste Gut nur noch ein **Gegenstand der moralisch-praktischen Vernunft**, der von dieser entworfen und ohne eine Berufung auf eine göttliche Instanz vollständig bestimmt werden kann.

Postulat (lat. *postulare* „fordern"): ein praktischer unmittelbar gewisser Satz oder ein Grundsatz, der eine mögliche Handlung bestimmt, bei welcher vorausgesetzt wird, daß die Art, sie auszuführen, unmittelbar gewiß sei.
Postulate der reinen praktischen Vernunft nach Kant:
– Freiheit des Willens,
– Unsterblichkeit der Seele,
– Existenz Gottes.

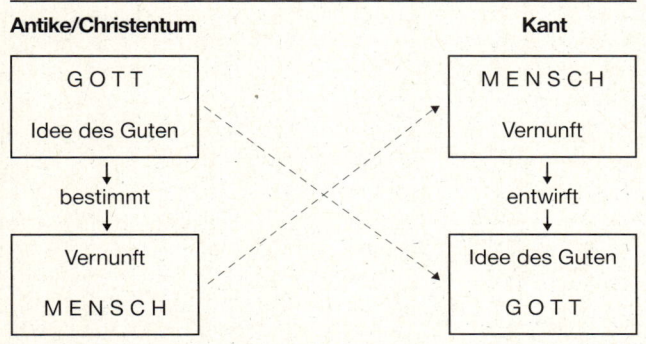

Da der Glaube an Gott aber nicht verworfen wird, sondern die reine praktische Vernunft die Idee Gottes als moralischen Garanten des höchsten Gutes postuliert, stellt Kants Lehre vom **Höchsten Gut** den Übergang von der Metaphysik zur Ethik dar.

Zunächst kehrt die platonisch-christliche Trennung von Sinnlichem und Übersinnlichem in anderer Form wieder. Der Mensch ist ein sinnlich-vernünftiges Wesen, das sich nach Kant analog zu der platonischen Konzeption als Handelnder unter zwei verschiedenen Aspekten betrachten kann. Sofern der Mensch sich als ein Glied der **Sinnenwelt** versteht, erscheint er als **empirischer Charakter**. Sein Wille ist bestimmt durch Neigungen, Begierden usw. Versteht er sich aber als ein Glied der **Verstandeswelt**, so erscheint er als **intelligibler Charakter** und kann sich als vernünftiges Wesen in Freiheit selbst bestimmen. Für den Menschen gibt es dann zwei Arten des Guten, nach denen er streben kann: als Ziel des sinnlich bestimmten Willens die **Glückseligkeit**; als Ziel des vernünftig-moralisch bestimmten Willens die **Tugend**. Die Glückseligkeit ist für Kant ein notwendiges Gut des natürlichen Bedürfnisses; der Ursprung der Moral und das oberste Gut ist aber die Tugend als Moralität, die gleichwohl, wie die Glückseligkeit, für sich genommen, nicht das höchste Gut ausmachen kann. Da der Mensch der sinnlichen wie der sittlichen Welt angehört, muß das **höchste Gut** für ihn in der **Vereinigung von Tugend und Glückseligkeit** beste-

Zwei-Welten-Lehre: „Mithin hat ein vernünftiges Wesen zwei Standpunkte, daraus es sich selbst betrachten und Gesetze des Gebrauchs seiner Kräfte, folglich aller seiner Handlungen erkennen kann, einmal, sofern es zur Sinnenwelt gehört, unter Naturgesetzen (Heteronomie), zweitens, als zur intelligibelen Welt gehörig, unter Gesetzen, die von der Natur unabhängig, nicht empirisch, sondern bloß in der Vernunft gegründet sind." (Kant, GMS, S. 452)

hen. Kants Gedankengang, der in dem moralischen Beweis Gottes endet, läßt sich so veranschaulichen:

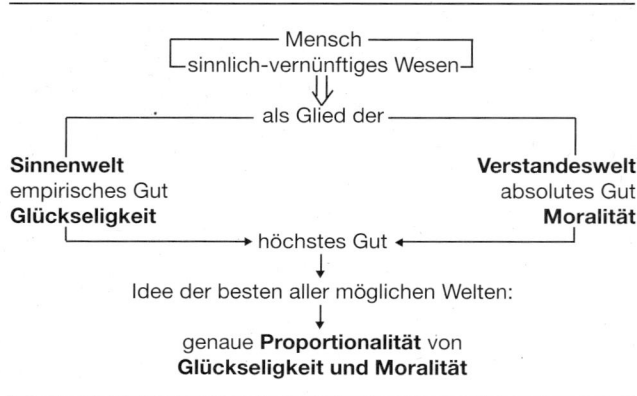

„Im Begriff des höchsten Guts vereinigen sich somit die drei großen Themen der Ethik: Glückseligkeit, Freiheit, das Gute. Das höchste Gut ist der Sinnhorizont, innerhalb dessen menschliche Freiheit ihre Erfüllung findet, indem sie zum tätigen Vollzug einer im ganzen geglückten Lebenspraxis wird." (Pieper, 1991, S. 148)

„So fern nun Tugend und Glückseligkeit zusammen den Besitz des höchsten Guts in einer Person, hierbei aber auch Glückseligkeit, ganz genau in Proportion der Sittlichkeit (als Wert der Person und deren Würdigkeit glücklich zu sein) ausgeteilt, das höchste Gut einer möglichen Welt ausmachen: so bedeutet dieses das Ganze, das vollendete Gute, worin doch Tugend immer als Bedingung das oberste Gut ist, weil es weiter keine Bedingung über sich hat, Glückseligkeit immer etwas, was dem der sie besitzt, zwar angenehm, aber nicht für sich allein schlechterdings und in aller Rücksicht gut ist, sondern jederzeit das moralische gesetzmäßige Verhalten als Bedingung voraussetzt." (KpV, S. 110 f.)

2.2.4 Der moralische Gottesbeweis

traditionelle Gottesbeweise:
1. **ontologischer**: schließt von der subjektiven Idee eines höchsten Wesens auf dessen objektives Dasein.
2. **kosmologischer**: schließt von der Existenz der bedingten Welt auf einen unbedingten absoluten Urheber derselben.
3. **teleologischer**: schließt von der Zweckmäßigkeit und Ordnung der Welt auf einen allweisen Weltbaumeister.
Die traditionellen Gottesbeweise werden von Kant aus erkenntnistheoretischen Gründen verworfen, da das Dasein Gottes schlechterdings unbeweisbar ist.

Wenn das höchste Gut in der Übereinstimmung der Glückseligkeit mit der Moralität besteht, dann verdiente es der moralisch gute Mensch gemäß der Idee vom höchsten Gut, glücklich zu sein (Glückswürdigkeit), d. h. der Tugendhafte kann davon ausgehen, gemäß seiner Tugend belohnt zu werden. Nun lehrt die Erfahrung, daß Tugend nicht notwendig zum Glück führt, andererseits Untugend aber mit zeitlicher Glückseligkeit vereinbar ist. Daraus folgt, daß die Moralität gerade keine proportionale Glückseligkeit verbürgt; es gibt keine Gewähr dafür, daß Tugend in der irdischen Existenz notwendig zur Glückseligkeit führt. Aus dieser Verlegenheit hilft nur die Hoffnung auf eine über die zeitliche Existenz hinausreichende Realität der Persönlichkeit (Unsterblichkeit der Seele) und auf eine Macht, die die gebührende Glückseligkeit zuteilt. Also muß ein Wesen von **höchster Vollkommenheit** vorgestellt werden, das

- **allwissend** ist, um sich über die Glückswürdigkeit nie zu täuschen,
- **allmächtig** ist, um die proportionale Zuteilung der Glückseligkeit stets vornehmen zu können,
- **heilig** ist, um die Zuteilung unbeirrbar zu verfolgen.

Ein solches Wesen kann nur in der Idee Gottes vorgestellt werden. „Mithin bestimmt das moralische Gesetz durch den Begriff des höchsten Guts, als Gegenstandes einer reinen praktischen Vernunft, den Begriff des Urwesens als höchsten Wesens." Der moralische Glaube postuliert eine über die zeitliche Existenz hinausreichende sittliche Weltordnung, die in einer höchsten Vernunft begründet ist, in Gott. Er ist das **Ideal des Höchsten Guts**, das die moralisch-praktische Vernunft entwirft als „Idee einer solchen Intelligenz, in welcher der moralisch vollkommenste Wille, mit der höchsten Seligkeit verbunden, die Ursache aller Glückseligkeit in der Welt ist, sofern sie mit der Sittlichkeit (als der Würdigkeit glücklich zu sein) in genauem Verhältnisse steht."

Kants moralischer Gottesbeweis versetzt uns zwar vermittels der reinen praktischen Vernunft in eine intelligible Welt, aber doch nicht in den „luftleeren Raum" der platonischen Taube. Denn der Begriff des höchsten Gutes ist stets ein Produkt der moralisch-praktischen, also der menschlichen Vernunft und seine Verwirklichung eine Folge sittlicher Willensbestimmung. Der Mensch leistet durch den Erwerb tugendhafter Gesinnung den ihm möglichen Beitrag zur Realisierung des höchsten vollendeten Gutes. So stellt die **Idee der besten Welt**, einer Welt also, in der Moralität und Glückseligkeit in genauer Proportion stehen, eine normative, inhaltlich bestimmte Idee zum Zwecke der Orientierung und Selbsteinschätzung des freien Willens dar.

Kant hat diese Idee konkretisiert in dem höchsten zu erreichenden politischen Gut, dem **Ewigen Frieden**, dem die „Vernunftidee einer friedlichen Gemeinschaft aller Völker auf Erden, die ein Prinzip des Weltbürgerrechts" ist, zugrundeliegt. Hier spricht die moralisch-praktische Vernunft ihr Veto aus: „Es soll kein Krieg sein" und macht es dem Politiker zur sittlichen Aufgabe, dieses höchste politische Gut herbeizuführen. Auch wenn die vollständige Realisierung eines ewigen Friedens immer ein „frommer Wunsch" bleibt, so sind wir doch nach Kant durch unsere praktische Vernunft moralisch verpflichtet, unablässig dahin zu wirken, daß durch „allmähliche Reform nach festen Grundsätzen versucht und durchgeführt wird, in kontinuierlicher Annäherung zum höchsten politischen Gut, zum ewigen Frieden" hinzuleiten. (MdS, S. 354f.)

---

moralischer Gottesbeweis: sieht die Existenz Gottes als eine notwendige Idee der theoretischen Vernunft und als ein Postulat der praktischen Vernunft an; zentraler Gedanke in Kants **Ethikotheologie**. Schluß vom Bewußtsein des moralischen Gesetzes auf Gott als dessen Urheber und Garanten.

„Den Angelpunkt bilden die Begriffe des höchsten Guts und des Bösen. Beide Begriffe spielen in der gegenwärtigen Philosophie so gut wie keine Rolle. Dieser Umstand erschwert das Verständnis Kants, ist aber kein Grund, seine Religionsphilosophie leichtfertig beiseite zu schieben. Er könnte ebenso der Anlaß sein zu prüfen, ob der heutigen Ethik nicht ein verkürztes Problembewußtsein zugrunde liegt." (Höffe, 1988, S. 248)

„Wir sind a priori durch die Vernunft bestimmt, das Weltbeste, welches in der Verbindung des größten Wohls der vernünftigen Weltwesen mit der höchsten Bedingung des Guten an denselben, d.i. der allgemeinen Glückseligkeit mit der gesetzmäßigen Sittlichkeit, besteht, nach allen Kräften zu befördern." (Kant, KpV, S. 125)

2.3 Der normative Begriff des Guten

Im Begriff des **Höchsten Guts** ist der Gegenstand der Ethik in seiner Totalität erfaßt „als Inbegriff einer als Ganzen gelungenen, schlechthin erfüllten, unüberbietbaren Praxis gedacht, die die vollkommenste Weise des Menschseins darstellt" (Pieper). Dieses Ideal, das der Mensch begründeterweise hoffen darf, unterscheidet Kant sehr genau von dem **moralisch-praktischen Gut**, das der Mensch durch das Handeln verwirklichen soll. Dieser neuzeitliche Begriff des moralisch Guten ist ein **normativer Begriff**, der zu einem bestimmten Verhalten auffordert. Diese Aufforderung besagt, daß das Gute nicht ist, aber durch den Menschen in dieser Welt sein soll. Die Forderung, daß das moralisch Gute durch menschliche Handlungen verwirklicht werden soll, setzt aber **Freiheit** voraus, etwas als gut Gefordertes anzuerkennen und handelnd zu verwirklichen. Dieser Ansatz ist in der Neuzeit auf zwei völlig verschiedene Weisen vertreten worden.

2.3.1 Das Gute als Erfahrungsbegriff

Francis Bacon (1561–1626): „Wissen ist Macht"
Galileo Galilei (1564–1642): „Die Philosophie ist in dem großen Buch niedergeschrieben, [...] dem Universum, [...] Es ist in der Sprache der Mathematik geschrieben."
René Descartes' (1596–1650) mathematisches Bild der Natur: „Gebt mir Materie, und ich werde das Universum erschaffen!"

zur Person und Ethik von Hobbes vgl. Kap. II.2.1.3 Grundsatz des rationalen Egoismus'

„Denn die Moralphilosophie ist nichts anders als die Wissenschaft von dem, was im Verkehr und in der Gesellschaft *gut* und *böse* ist. *Gut* und *böse* sind Namen, die unsere Neigungen und Abneigungen bezeichnen." (Hobbes, S. 122)

Durch den Einfluß der **Naturwissenschaften** und des **Rationalismus** erlangt der Begriff des Guten zu Beginn der neuzeitlichen Ethik eine Bestimmung, die das Gute zu einem reinen **Erfahrungsbegriff** werden läßt. Voraussetzung ist das sich durchsetzende **materialistisch-mechanistische Weltbild**, nach dem die Welt ein determiniertes, vom menschlichen Verstand berechenbares Geschehen ist, das mit Hilfe von Naturgesetzen mathematisch beschrieben werden kann. Auch die Lebewesen werden so begriffen: sie sind Mechanismen, die aus körperlichen Teilen bestehen und wie Maschinen funktionieren. Die Menschen werden bestimmt durch ihre Triebe und Leidenschaften. Demgemäß verändert sich auch die Bestimmung des Guten. Bei **Thomas Hobbes** sind die Dinge gut, nach denen tatsächlich alle Menschen streben und in denen sie ihre letzte Befriedigung finden. Das Gutsein der Dinge ist abhängig von dem, der sie erstrebt, gut und böse kann nur „relativ" zu Person, Ort und Zeit bestimmt werden.

Da der Mensch ein sinnliches, an Empfindung und Trieb gebundenes Wesen ist, haben alle Vorstellungen vom Guten in der Sinnestätigkeit ihren Ursprung. In dieser rein empirisch-psychologisch metaphysikfreien Begründung der Ethik gibt es kein letztes Ziel oder höchstes Gut mehr, „wovon in den Schriften der alten Moralphilosophen die Rede ist"; höchstes Gut ist das Leben schlechthin und das höchste Gut für den Menschen ist die **Selbsterhaltung**; ein gutes Leben strebt zudem nach

Lustgewinn, d. h. einem angenehmen Leben in Sicherheit und sinnlichem Vergnügen.

Bei dieser Deutung des Guten handelt es sich nicht nur um eine deskriptive Aussage, denn Hobbes will nicht nur damit erklären, wie Menschen sich tatsächlich verhalten, sondern auch, wie sie sich verhalten sollten. Insofern haben seine Aussagen über das Gute auch normativen Charakter, denn er beansprucht, die erste wissenschaftliche Ethik zu begründen.

2.3.2 Das Gute als Verstandesbegriff

Nach einer anderen normativen Deutung ist das höchste Gut ein Begriff des Verstandes, der den wahren Daseinszweck bestimmt, wonach der Mensch streben soll, gleichgültig, ob er es tatsächlich tut oder nicht. Diese letzte Bestimmung des moralisch Guten ist eng verbunden mit der Ethik Kants, der die beiden Bedeutungen und damit zwei verschiedene Gegenstände, die als vorgestellte gute Gegenstände für das Subjekt handlungsauslösend sein können, unterscheidet. Er kommt so zu zwei verschiedenen Begriffen von gut:

1. Gut ist ein **empirischer Begriff** von einem Gegenstand der Erfahrung, der als subjektiv lustvoll und angenehm vorgestellt wird. Dieses **empirisch Gute**, verstanden als das menschliche **Glück**, ist ein Gut, das den Willen eines bedürftigen Sinnenwesens notwendig bestimmt. Die empirisch praktische Vernunft wird zum Instinktersatz, und ihre Vorschriften, das empirisch Gute zu befördern, sind vernünftige praktische Vorschriften. Sie sind aber darum noch keine moralischen Gesetze, denn die Vernunft richtet sich nach diesen empirischen Objekten, sie wird das gute, d. i. das Lustvolle und Angenehme befördern und das Gegenteil vermeiden; sie bringt ihr Objekt, das Gute, aber nicht selbst hervor.
2. Das **moralisch Gute** ist dagegen ein Gutes, das die reine praktische Vernunft als Objekt des Willens hervorbringt. Das moralisch Gute als normativer Begriff ist in der praktischen Vernunft des Menschen begründet, insofern er einen Willen hat und sich selbst Gesetze gibt.

„Aber was auch immer das Objekt des Triebes oder Verlangens eines Menschen ist: Dieses Objekt nennt er für seinen Teil **gut**, das Objekt seines Hasses und seiner Abneigung **böse** und das seiner Verachtung verächtlich und belanglos. Denn die Wörter gut, böse und verächtlich werden immer in Beziehung zu der Person gebraucht, die sie benützt, denn es gibt nichts, das schlechthin und an sich so ist. Es gibt auch keine allgemeine Regel für Gut und Böse, die aus dem Wesen der Objekte selbst entnommen werden kann." (Hobbes, S. 41)

„Der Mensch ist ein bedürftiges Wesen, so fern er zur Sinnenwelt gehört, und so fern hat seine Vernunft allerdings einen nicht abzulehnenden Auftrag von seiten der Sinnlichkeit, sich um das Interesse derselben zu bekümmern und sich praktische Maximen auch in Absicht auf die Glückseligkeit dieses und wo möglich auch eines zukünftigen Lebens zu machen. Aber er ist doch nicht so gar Tier, um gegen alles, was Vernunft für sich selbst sagt, gleichgültig zu sein und diese bloß zum Werkzeuge der Befriedigung seines Bedürfnisses als Sinnenwesens zu gebrauchen. Denn im Werte über die bloße Tierheit erhebt ihn das gar nicht, daß er Vernunft hat, wenn sie ihm nur zum Behuf desjenigen dienen soll, was bei Tieren der Instinkt verrichtet." (Kant, KpV, S. 61)

```
                    GUT
           ┌─────────┴─────────┐
    Erfahrungsbegriff      Verstandesbegriff
     Vorstellung des         Entwurf des
   empirisch Guten/Bösen   moralisch Guten/Bösen
         durch                   durch
   Gefühle der Lust/Unlust   praktische Vernunft
```

Moralisch gut ist, was vermittels der Vorstellungen der Vernunft, mithin aus Gründen, die für jedes vernünftige Wesen als ein solches gültig sind, den Willen bestimmt. Das moralisch Gute muß dann auch jeder Mensch, insofern er ein vernünftiges Wesen ist, als allgemeingültige Handlungsregel selbst wollen können; der gute Wille allein ist es, dem das Prädikat „moralisch gut" zukommen kann. Das Gute ist ein Produkt des reinen Willens oder der reinen praktischen Vernunft.

2.3.3 Der existentialistische Begriff des Guten

Existenzphilosophie: philosophische Strömung des 20. Jh., die auf Nietzsche (1844–1900) und Kierkegaard (1813–1855) zurückgeht.

Im 20. Jh. tritt in der existentialistischen Ethik der Gedanke wieder auf, daß die moralischen Prädikate gut und böse ihr Fundament im Willen des einzelnen haben. Dieser Ansatz stellt den Begriff der menschlichen **Existenz** in den Mittelpunkt ethischer Überlegungen und versucht, das Gute aus der Gesamtheit menschlichen Selbstseins zu begründen. Die Einheit von Denken, Wollen, Fühlen und Handeln im konkreten Vollzug seines Daseins herzustellen, ist die moralische Aufgabe des einzelnen.

Sören Kierkegaard (1813–1855), dänischer Philosoph und Theologe. Begründer der Existenzphilosophie. Hauptwerk: *Entweder-Oder*, 1843

Kierkegaard erschließt den Begriff des moralisch Guten von der Seinsweise des einzelnen Subjekts als eines existierenden Individuums her neu. Er geht, wie Kant, zunächst davon aus, daß das Gute nur als Produkt einer freien Willensentscheidung begriffen werden kann: „Das Gute ist dadurch, daß ich es will." Da Menschsein als Existenz nicht statisches Sein, sondern Prozeß, Selbstwerdung ist, muß sich der einzelne, um moralisch handeln zu können, in einem Akt autonomer Selbstbestimmung unbedingt entschlossen haben, er selbst zu sein. Kierkegaard nennt das die **ethische Wahl**, durch die man das Wollen, bzw. das **Moralischseinwollen** wählen und damit Gut und Böse als die moralischen Grundkategorien anerkennen kann. „Mein Entweder-Oder bezeichnet nicht zunächst die Wahl zwischen Gut und Böse, es bezeichnet die Wahl, durch die man Gut und Böse wählt oder sie ausschließt." Mit dieser ursprünglichen Wahl bringt der einzelne in freier Selbstbejahung sich selbst als moralische Person hervor, die bereit ist, ihr künftiges Wollen und Handeln den Normen des Guten und Bösen zu unterstellen. Gegenstand der unbedingten Wahl, die eine Lebensfrage betrifft, ist das Selbst, das sich damit ausdrücklich in den Horizont der Moralität stellt, um von nun an alles unter dem Gesichtspunkt von Gut und Böse zu beurteilen.

„Die Frage ist hier, unter welchen Bestimmungen man das ganze Dasein betrachten und selber leben will. Daß, wer Gut und Böse wählt, das Gute wählt, ist zwar wahr, aber das zeigt sich erst hinterher [...]. Es ist deshalb nicht so sehr die Rede davon, daß man wähle, ob man das Gute oder das Böse will, als vielmehr davon, daß man das Wollen wählt; damit aber ist wiederum das Gute und das Böse gesetzt. Wer das Ethische wählt, wählt das Gute, das Gute aber ist hier völlig abstrakt, sein Sein ist damit nur gesetzt und daraus folgt noch keineswegs, daß der Wählende nicht wieder das Böse wählen kann, obwohl er das Gute gewählt hat." (Kierkegaard, II, S. 718)

Mit diesem Entwurf des Guten aus der individuellen Existenz hat Kierkegaard nachhaltig auf die moderne Existenzphilosophie gewirkt. Besonders in der Philosophie Sartres findet sich eine Bestimmung des Guten aus der menschlichen Existenz, begriffen als radikaler Selbstursprung.

Der Begriff der Existenz, d. h. das konkrete Dasein des einzelnen als eines existierenden Individuums steht dann auch im Mittelpunkt von Sartres Philosophie. Die ethische Aufgabe des einzelnen besteht darin, zu existieren, sich zu verhalten und im Sichverhalten der zu werden, der man wirklich ist. Für **Sartre** geht daher die Existenz, das Dasein, der Essenz, der Wesensbestimmung des Menschen voraus. Der Mensch ist quasi Nullpunktexistenz; er ist geworfen in das Dasein. Seine Existenz beginnt er als radikal Freier, dem nichts vorgegeben ist, keine Werte, keine Normen. Nachdem er in das Dasein geworfen ist, kann und muß er wählen; er ist, wie Sartre sagt, „zur Freiheit verurteilt". Aber nicht nur sein Wesen muß er selbst hervorbringen, sondern er muß auch die Vorstellungen vom Guten, das Gute in der Welt zu allererst entwerfen, ohne sich auf bestehende Vorgaben beziehen zu können.

„Wenn Gott nicht existiert, so finden wir uns keinen Werten, keinen Geboten gegenüber, die unser Betragen rechtfertigen. So haben wir weder hinter uns noch vor uns, im Lichtreich der Werte, Rechtfertigungen oder Entschuldigungen. Wir sind allein, ohne Entschuldigungen. Das ist es, was ich durch die Worte ausdrücken will: Der Mensch ist verurteilt, frei zu sein. Verurteilt, weil er sich nicht selbst erschaffen hat, anderweit aber dennoch frei, da er, einmal in die Welt geworfen, für alles verantwortlich ist, was er tut." (Sartre, S. 26)

3 Die Ethik des Guten

Philosophie der Antike ist Lehre vom glücklichen gelingenden Leben. Der zentrale Gegenstand der antiken Ethik ist daher auch das höchste Gut, vorgestellt als Einheit von Glückseligkeit und Tugend, den sie aber nicht wie im kantischen Sinne lediglich als Postulat, als handlungsleitende Idee, sondern als realen **Endzweck** und damit als entscheidenden **Bestimmungsgrund** des vernünftigen menschlichen Handelns auffaßt. Ihre zentrale Frage lautet: Worin besteht das gute Leben für den Menschen? Was ist in diesem Leben wünschenswert, gut oder wertvoll?

Die Ethik des Guten entwickelt im wesentlichen zwei Lehren vom höchsten Gut als Ziel und Bestimmungs-

---

Jean-Paul Sartre (1905–1980), französischer Philosoph, einflußreichster Vertreter der franz. Existenzphilosophie. Beeinflußt von Husserl und Heidegger. Sein konsequenter Atheismus besagt, daß jede Wertordnung ihren Grund in der menschlichen Freiheit hat; jeder Mensch muß für sich selbst seiner Existenz einen Sinn erst setzen – dem korrespondiert eine umfassende Verantwortlichkeit des Menschen für sein Tun.

„Wenn der Mensch, so wie ihn der Existentialist begreift, nicht definierbar ist, so darum, weil er anfangs überhaupt nichts ist. Er wird erst in der weiteren Folge sein, und er wird so sein, wie er sich geschaffen haben wird. Also gibt es keine menschliche Natur, da es keinen Gott gibt, um sie zu entwerfen. Der Mensch ist lediglich so, wie er sich konzipiert – ja nicht allein so, sondern wie er sich will, und wie er sich nach der Existenz konzipiert, wie er sich will nach diesem Sichschwingen auf die Existenz hin; der Mensch ist nichts anderes, als wozu er sich macht." (Sartre, S. 11)

Vgl. Kap. I.2.2.3: Kant: Das Höchste Gut als Postulat.

grund allen menschlichen Handelns: Die eine behauptet, die **Lust** (griechisch hedone) sei dieses höchste Gut, die andere bestreitet dies und erklärt, dasselbe bestehe im **Daseinsglück** (griechisch eudaimonia). Beide Lehren haben bis in die Gegenwart hinein, teilweise in abgewandelter Form, Vertreter gefunden. Man bezeichnet (den beiden griechischen Begriffen entsprechend) die eine als **Hedonismus**, die andere als **Eudämonismus**.

3.1 Der Hedonismus

> *„Was Gerechtigkeit ist,*
> *darüber wird ewig gestritten;*
> *aber was Glück ist, weiß jedermann,*
> *weil jeder weiß, was Lust ist."*
> Bentham

hedone (griech. „Lust", auch griech. *hedus* „süß")
„Das griechische Wort hedone ist schwer zu übersetzen. Die traditionelle Übersetzung mit „Lust" wirkt heute entweder antiquiert oder allzu spezifisch: „Freude" klingt ein wenig zu geistig, „Vergnügen" zu trivial. Unter hedone kann im Griechischen jedes Erlebnis fallen, das man als angenehm oder erfreulich empfindet." (Striker, S. 109)

Hedonismus (von griech. *hedone* „Lust") ethische Richtung, welche die sinnliche Lust, das Vergnügen, den Genuß als Motiv, Ziel oder Beweis alles sittlichen Handelns betrachtet.

Der Hedonismus ist die moralphilosophische Lehre von der Lust als dem höchsten Gut und dem letzten Ziel sittlichen Handelns und Wollens. Die Hedonisten vertreten die These, daß *„allein* die Lust als Zweck oder an sich gut" ist, und „daß außer der Lust alle Dinge, ob Verhalten oder Tugend oder Wissen, ob Leben oder Natur oder Schönheit, nur gut sind als Mittel zur Lust oder um der Lust willen, niemals aber um ihrer selbst willen oder als Selbstzwecke". (Moore, S. 106 f.)

Wir unterscheiden:
1. den **psychologischen Hedonismus**, der behauptet, daß die Lust einziges oder vorrangiges **Motiv** des Handelns und Ziel der menschlichen Praxis ist und daß folglich alles menschliche Tun letztlich im Streben nach Lust seinen Beweggrund hat oder auf die Erfahrung von Lust abzielt;
2. den **ethischen Hedonismus**, der die **Norm** aufstellt, daß die Lust das einzige oder das höchste Gut ist, und daraus die Verpflichtung ableitet, daß jeder danach streben soll.

Dieser ethische Hedonismus wird am häufigsten in zwei Varianten vertreten:
a) als **individualistisch-egoistischer Hedonismus**, der fordert, daß jeder einzelne für sich selbst nach größtmöglicher Lusterfahrung streben soll (antiker Hedonismus);
b) als **universalistischer Hedonismus**, der alle von der Handlung Betroffenen oder das größte Glück der größtmöglichen Zahl zum Ziel hat (Utilitarismus).

3.1.1 Tugend ist Genußfähigkeit

Der antike Hedonismus geht zurück auf den griechischen Philosophen **Aristippos von Kyrene** und seine Schule, die Kyrenaiker. Sie behaupten, daß sich menschliches Handeln und Streben letztlich immer um der Lust, das heißt des Genusses willen, den der einzelne in ihr erfährt, vollzieht.

Von der Erfahrung ausgehend verstehen die Kyrenaiker unter Lust im allgemeinen psychologischen Sinne das Gefühl der Befriedigung von Bedürfnissen und Wünschen, wobei es zweitrangig ist, was der Gegenstand des Wollens und des Wohlgefallens ist.

Für Aristipp gibt es keinen qualitativen Unterschied zwischen den Arten der Lust, denn es kommt für den Zustand der Glückseligkeit nur auf den Grad der Lust, auf die Stärke des Befriedigungsgefühls an. Wertvoll und erstrebenswert erscheint nicht das, was durch Begriffe und Ideen begründet wird, sondern was im Erleben unmittelbar gespürt wird. Die körperlichen Genüsse sind darum den intellektuellen vorzuziehen; das menschliche Glück besteht nur in der Summe der einzelnen Lustempfindungen. Ist also Tugend die auf Glückseligkeit gerichtete Erkenntnis, so muß sie den Menschen befähigen, so viel und so lebhaft wie möglich zu genießen. Daraus folgt: **Tugend ist Genußfähigkeit**.

Diese Grundsätze werden von den Kyrenaikern psychologisch begründet. Die Lust ist von allen Lebewesen erwünscht und wird gewählt und erstrebt, die unlustvolle Anstrengung dagegen wird vermieden. Nichts, so meinen die Kyrenaiker, sei von Natur (an und für sich) gerecht oder tugendhaft, denn auch in einer „verächtlichen" Handlung ist doch die dadurch erreichte Lust – rein für sich genommen – ein um ihrer selbst willen erstrebtes Gut. Damit behaupten die antiken Hedonisten aber nicht, daß die Lust das Prinzip der Sittlichkeit sei, sondern die Sittlichkeit interessiert sie nur unter dem Gesichtspunkt der Lust und nicht als Prinzip an sich. Die Ansprüche der Sittlichkeit werden daran überprüft, ob oder wie weit ihre Befolgung Lust oder Unlust mit sich bringt. Verspricht ihre Nichtbefolgung mehr Lustgewinn, wird sich der Hedonist nicht an diese Ansprüche halten.

Daß die Grundsätze des Hedonismus auch verbunden werden können mit einem **Amoralismus**, zeigt sehr deutlich der Sophist **Kallikles**. Er geht aus von der These: **Tugend** bedeutet, zur **größten Zügellosigkeit** imstande zu sein, und behauptet, daß es „eben das von Natur Schöne und Rechte" ist, seine Begierden möglichst auszuleben und zu befriedigen. Für ihn sind „Üppigkeit und Unge-

---

Aristippos von Kyrene (435–355) griech. Philosoph, gilt als Begründer der ersten hedonistischen, sogenannten kyrenäischen Philosophenschule. Aristipp ist, wie Platon, ein Schüler des Sokrates: er schlägt aber in der Bestimmung des Guten einen der platonischen Ideenlehre entgegengesetzten Weg ein. Er war der erste unter den Sokratikern, der für seine philosophische Lehrtätigkeit Bezahlung forderte. Eine Darstellung seines Werkes findet sich bei *Diogenes Laertius, Leben und Meinungen berühmter Philosophen*, einem um 220 n. Chr. entstandenen Quellenbuch antiker Philosophie. Es ist das einzige vollständig erhaltene Buch des griechisch-römischen Altertums über Philosophiegeschichte und berichtet über Leben und Werke vieler Philosophen von Thales bis Epikur.

„Der Beweis dafür, daß die Lust das Ziel ist, liegt in der Tatsache, daß wir, ohne alle Überlegung, schon von Kind auf nach ihr streben: sind wir aber in ihren Besitz gelangt, so begehren wir nichts weiter. Dagegen meiden wir nichts so sehr wie die ihr entgegengesetzte Schmerzempfindung." (Diogenes Laertius II, 86–88)

Eine scharfe Kritik übt vor allem Sokrates in den Platonischen Dialogen: „Und soll man das Leben der Knabenschänder nicht abscheulich und schändlich und elend nennen? Oder wirst du wirklich wagen zu behaupten, daß auch diese glückselig sind, wenn sie nur vollauf haben, wessen sie bedürfen?" (Platon, Gorgias, 494 e)

Epikur

Epikur (341–270), griech. Philosoph, gründete 306 die Philosophenschule der Epikureer. Sein Anliegen war die Ethik und die Gestaltung der praktischen Lebensführung.
Für die praktische Lebensweisheit, die auf Lebensbejahung, Bescheidenheit, Weisheit beruht, ist das höchste Gut die Freundschaft.

„Darum nennen wir auch die Lust Anfang und Ende des seligen Lebens. Denn sie haben wir als das erste und angeborene Gut erkannt, von ihr aus beginnen wir mit allem Wählen und Meiden, und auf sie greifen wir zurück, indem wir mit der Empfindung als Maßstab jedes Gut beurteilen." (Epikur, Men, S. 128 f.)

bundenheit und Freigebigkeit, wenn sie nur Rückhalt haben, [...] Tugend und Glückseligkeit". Auch der Kyrenaiker **Theodoros Atheos** erklärte ausdrücklich, daß der Weise auch Diebstahl, Ehebruch oder Tempelraub begehen werde, wenn dies im konkreten Fall für ihn vorteilhafter erscheine. Diese extreme Form des egoistischen Hedonismus ist aber stets vereinzelt aufgetreten; meistens wird empfohlen, die Forderungen der Tugend zu befolgen, da dies der Vermeidung der Unlust am förderlichsten sei und viele Unannehmlichkeiten erspare.

3.1.2 Seelenruhe als höchste Lust

Rund 100 Jahre später findet sich die philosophische Orientierung der Lebenspraxis am hedonistischen Prinzip bei dem griechischen Philosophen **Epikur** wieder. Er geht wie Aristipp von der Grundtatsache aus, daß die **Lust** tatsächlich der **Endzweck** *allen* menschlichen Strebens und Handelns ist, entwickelt aber eine wesentlich differenziertere moralphilosophische Lehre, eine Philosophie der **Lebensweisheit**, die normativen Charakter hat. Epikur begründet seine These, daß die **Lust**, oder genauer die **Freude**, das natürliche Ziel allen menschlichen Strebens und somit auch das Prinzip des Guten ist, in zwei Schritten:

1. Er beruft sich auf das beobachtbare Verhalten aller Lebewesen sowie auf die **Empfindung** und behauptet, daß man unmittelbar wahrnehmen kann, daß Lust etwas Gutes, Schmerz dagegen etwas Schlechtes ist. Ferner strebt jedes Lebewesen instinktiv nach dem ihm gemäßen Daseinszustand, in dem es die möglichst größte Fülle des Lebens genießen kann. So strebt auch der Mensch nach der größtmöglichen ungetrübten Freude in seinem Dasein.
2. Alle **Werturteile** müssen letztlich durch die unmittelbare Empfindung begründet werden, denn die Natur hat uns die Empfindungen der Lust und des Schmerzes als einzige Beurteilungskriterien für unsere Handlungen mitgegeben. Der Begriff des Guten stammt aus der Erfahrung des Angenehmen, der Begriff des Schlechten aus der Erfahrung des Schmerzes. Daraus folgt, daß ein gutes Leben ein möglichst angenehmes, ein möglichst lustvolles sein muß.

Epikur vertritt eine andere, eher asketisch orientierte Form des Hedonismus als die kyrenaische Schule. Die höchste Lust ist nicht zu erreichen durch vollständige **Bedürfnisbefriedigung**, sondern sie besteht in einer völligen **Schmerzlosigkeit** im Bereich des Leibes und völligen **Beruhigung** im Bereich der Seele. Die Freiheit von seelischen Erschütterungen (ataraxia) als Frieden und Stille des Gemütes ist eine **katastematische Lust**, also die Lust der Ruhe, die Epikur von Aristipp unterscheidet, der eine **kinetische Lust**, eine Lust der Bewegung, die heftigstes Erleben ist, zum Ziel setzt.

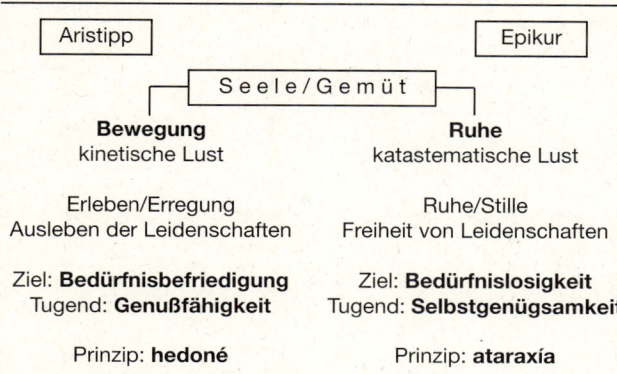

Ataraxie (griech. *ataraxia* „Unerschütterlichkeit") Seelenruhe, Gleichmut als Vorbedingung der Glückseligkeit, besonders von Demokrit gepriesen, der sie auch mit vielen andern Ausdrücken bezeichnet: als Frohmut, Leidenschaftslosigkeit, Harmonie.

kinetische Lust – mit Bewegung verbunden; mit Prozessen einhergehend: angenehme körperliche Vorgänge wie Essen und Trinken, angenehme Aktivitäten wie Unterhaltung, Spaziergang.

katastematische Lust – statisch, mit Zuständen einhergehend: Schmerzlosigkeit, Sorgenfreiheit, Sättigung, Gesundheit, Seelenruhe.

Bei Epikur macht die Lehre von der vernünftigen **Abwägung** der Lust und Unlust und der Genuß versprechenden Güter untereinander einen Hauptpunkt seiner Philosophie aus. Um einen dauerhaften Glückszustand zu erreichen, muß man nach der dauerhaften Form der Lust streben und alle Störungen meiden, die das seelische Gleichgewicht gefährden. Die Vernunft befähigt den philosophisch Gebildeten, die Güter des Lebens zu wählen, die den ungetrübten Genuß des Daseins garantieren; er entscheidet auch, welche Mühen und Schmerzen er vorübergehend auf sich nehmen muß, um sein Glück nicht zu gefährden. Es gehört zur Weisheit der epikureischen Philosophie, „daß es nicht möglich ist, lustvoll zu leben, ohne verständig, schön und gerecht zu leben, noch auch verständig, schön und gut, ohne lustvoll zu leben. Denn die Tugenden sind von Natur verbunden mit dem lustvollen Leben, und das lustvolle Leben ist von ihnen untrennbar". So sind Tugend und Sittlichkeit zwar hohe Werte, aber nur durch ihre Beziehung auf den Lustgewinn. Der Epikureer vermeidet die Ungerechtigkeit nur darum, weil jede Verletzung der Gesetze Furcht vor Strafe und damit eine Störung des seelischen Friedens nach sich zieht.

Lustkalkül – Methode, die in vielen hedonistischen Theorien ihre Verwendung findet
vgl. Kap. II.2.2.3 Der hedonistische Kalkül

3.1.3 Freiheit von Furcht

Das wahre Glück, das in einem ruhigen Gleichmaß der Seele besteht, ist nach Epikur nur zu erreichen, wenn neben den Leidenschaften und dem Schmerz auch die Furcht überwunden wird. Seine Philosophie zielt darum vor allem darauf ab, die Ursachen jeglicher Furcht, bezo-

„Und eben weil sie das erste und angeborene Gut ist, darum wählen wir auch nicht jede Lust, sondern es kommt vor, daß wir über viele Lustempfindungen hinweggehen, wenn sich für uns aus ihnen ein Übermaß an Lästigem ergibt. Wir ziehen auch viele Schmerzen Lustempfindungen vor, wenn uns auf das lange dauernde Ertragen der Schmerzen eine größere Lust nachfolgt. Jede Lust also, da sie eine uns angemessene Natur hat, ist ein Gut, aber nicht jede ist zu wählen: wie auch jeder Schmerz ein Übel ist, aber nicht jeder muß natürlicherweise immer zu fliehen sein. Durch wechselseitiges Abmessen und durch die Beachtung des Zuträglichen und Abträglichen vermag man dies alles zu beurteilen."
(Epikur, Men, S. 129)

gen auf das Diesseits, die **Furcht vor dem Tod**, oder das Jenseits, die **Furcht vor den Göttern**, zu zerstören.

> „Erstens halte Gott für ein unvergängliches und glückseliges Lebewesen, so wie die allgemeine Vorstellung von Gott im Menschen angelegt ist, und hänge ihm nichts an, was seiner Unvergänglichkeit oder seiner Glückseligkeit unangemessen wäre. [...] Götter nämlich existieren: denn die Gotteserkenntnis hat sichtbare Gewißheit. Sie sind aber nicht so, wie es die Leute meinen." (Epikur, Men, S. 123)

Die These, daß die Furcht vor strafenden oder belohnenden Göttern, die uns im Leben und nach dem Tode bedrohen können, unbegründet ist, richtet sich vor allem gegen die von der Religion verursachten Ängste. Sie versucht Epikur zu überwinden, indem er zeigt, daß die Götter nicht in den Lauf der Welt eingreifen und auch keinen Anteil am Schicksal der Menschen nehmen. Die Götter brauchen wir nicht zu fürchten, denn sie existieren vollkommen und glückselig in für uns unerreichbaren Zwischenwelten, in Räumen zwischen den unendlich vielen Welten (Metakosmen, Intermundien). Sie können aber ein sittliches Ideal sein, und der Mensch, der den Grundsätzen der epikureischen Philosophie folgt, wird „wie ein Gott unter Menschen leben".

> „Praktisch hieß das: Für uns gibt es keine Götter, wollte man doch aufgrund des neuen Lebensglücks, das die Lustlehre versprach, selbst „wie ein Gott unter Menschen leben". Aber warum durch einen deklarierten Atheismus die Menschen schockieren? So entschied man sich für einen Deismus oder noch etwas weniger als das, war höflich, rief die Götter an [...] und ließ die Gläubigen auch leben." (Hirschberger, S. 251 f.)

Aber auch der Gedanke an den Tod kann Epikurs positive Daseinsauffassung nicht trüben. Der Tod ist kein Übel, denn „jedes Gut oder Übel besteht in einer Empfindung; der Tod aber ist Verlust der Empfindung". Die Einsicht in die „Natur der Dinge" lehrt uns, daß der Tod uns nichts anhaben kann, da wir Empfindung nur haben, solange unser Körper besteht. Epikur gibt hierfür eine **naturphilosophische Erklärung**, die auf der Voraussetzung zweier Prinzipien beruht: die Atome und der leere Raum. Die Atome sind in unaufhörlicher Bewegung, einen Anfangspunkt dieser Bewegungen gibt es nicht, da Atome und Leere ewig sind. Daraus ergeben sich drei Grundsätze:

1. Nichts entsteht aus Nichtseiendem, denn jedes Wesen entsteht aus einer Ursache, seinem Samen.
2. Nichts vergeht in das Nichtseiende, denn wenn alles in der wahrnehmbaren Welt ins Nichts verginge, dann würde nichts mehr existieren.
3. Das All war immer so, wie es jetzt ist, und es wird immer so sein. (Folgerung aus 1 und 2)

> „Ferner gewöhne dich an den Gedanken, daß der Tod für uns ein Nichts ist. Beruht doch alles Gute und alles Üble nur auf Empfindung, der Tod aber ist Aufhebung der Empfindung. Darum macht die Erkenntnis, daß der Tod ein Nichts ist, uns das vergängliche Leben erst köstlich." (Epikur, Men, S. 124)

Da die Atome nicht zugrunde gehen, sondern stets neue Verbindungen eingehen, entsteht eine ewige Wechselwirkung von Leben und Tod, Entstehen und Vergehen. Da auch unsere Seele aus Atomen besteht, zerfällt sie ebenso wie unser Körper durch unseren Tod in ihre Bestandteile. Es gibt keine Unsterblichkeit der Seele; mit dem Tod ist für uns als Persönlichkeit alles zu Ende. Damit fällt auch die Furcht vor dem Tode hinweg, die eine Furcht vor dem Jenseits ist. Hinter Epikurs Beweis, daß „der Tod uns nichts angehe", denn solange wir leben, ist der Tod nicht da, und ist er einmal da, sind wir nicht mehr, steht die Aufforderung, das Leben zu bejahen und den Tag zu nützen. Durch diese Einstellung gewinnt der

Mensch eine Freiheit, die sich auszeichnet durch Unabhängigkeit sowohl nach innen von der Furcht und den Leidenschaften als auch nach außen von der Umwelt.

Neben der Freiheit nach innen, die sich in der **Ataraxia** ausdrückt, ist auch eine Freiheit nach außen, die sich in einem fundamentalen Sich-bescheiden-können zeigt, Voraussetzung für ein dauerhaftes Leben. Die **Selbstgenügsamkeit** ist ein großes Gut, „nicht um uns in jedem Falle mit Wenigem zu begnügen, sondern damit wir, wenn wir das Viele nicht haben, mit dem Wenigen auskommen". Der epikureische Weise genießt zwar gerne die Güter dieser Welt; er ist aber von den materiellen Gütern, von Reichtum unabhängig. Er kümmert sich auch nicht um Ehre und politischen Einfluß; ebensowenig nimmt er öffentliche Pflichten wahr.

Der Wahlspruch Epikurs „Lebe im Verborgenen!" fordert den **Rückzug ins Private**, aber nicht verstanden als Eremitentum, sondern als erfülltes Leben in einem Kreis Gleichgesinnter, die Epikur durch die hohe Wertschätzung der **Freundschaft** an sich heranzieht, um sich seelisch mit ihnen zu verbinden nach dem Motto: „Man wählt die Freunde um der Lust willen, aber für seine Freunde nimmt man die größen Schmerzen auf sich." Epikur lehrt daher auch keinen Egoismus, sondern einen Individualismus, der zwar keine Pflichten der staatlichen Gemeinschaft gegenüber kennt, für den aber die harmonische Freundschaft mit anderen Menschen zur vollkommenen Glückseligkeit gehört.

3.1.4 Lust als moralische Motivation

Nach dem Ausklingen der Antike verschwindet die Lehre des Hedonismus und wird erst im 18./19. Jh. in England wieder vertreten. So fühlen sich die klassischen Utilitaristen wie **Bentham** und **Mill** einerseits Epikur in der Hauptsache verpflichtet, verbinden aber andererseits ihren Hedonismus mit einer Form des Eudämonismus. In der Ethik der Neuzeit wird der Hedonismus zu einer allgemeinen **Theorie der Motivation**, die beansprucht, das menschliche Handeln als ein Streben nach Lust und Vermeiden von Unlust zu erklären. Eine moralphilosophische Theorie, die auf hedonistischen Grundsätzen fußt, ist im 20. Jh. von **Moritz Schlick** ausgearbeitet worden. In seiner **empirischen Ethik** vertritt er die These, daß moralisches Handeln auf Grundsätzen der Erfahrung beruht und aus natürlichen Neigungen entspringt.

Der Gegenstand der Ethik, den Schlick als das Gute bestimmt, ist ebenfalls empirisch feststellbar. Nach erfahrungswissenschaftlichen Grundsätzen ist das moralisch

---

Autarkie (griech. „Selbstgenügsamkeit, Selbständigkeit"): Bedingung der Glückseligkeit; äußere und innere Unabhängigkeit von allem, was Leid erzeugen könnte.

„Ferner wird der Weise nicht heiraten und Kinder zeugen. [...] Mit staatlichen Geschäften werde er sich nicht befassen, [...] oder gar sich zum Tyrannen aufwerfen. [...] Für das Landleben werde er eingenommen sein, werde dem Schicksal trotzen und nichts Unnützes erwerben. Auf guten Ruf werde er nur so weit bedacht sein, daß er vor Verachtung bewahrt bleibe: dagegen werde er den anderen weit voran sein in der Freude an wissenschaftlicher Forschung."
(Diogenes Laertius, S. 278)

Vgl. hierzu Kap. II.2.2.3 Der hedonistische Kalkül

Moritz Schlick, (* 1882 in Berlin, 1936 in Wien ermordet). Professor für Philosophie. Begründer des Wiener Kreises, einer Gruppe von Philosophen, die heute unter Namen wie Logischer Empirismus, Neopositivismus o. ä. bekannt ist. Vertreter eines empirischen Realismus und einer, mit seinen empiristischen Grundannahmen in Einklang stehenden Ethik.

Ethik „hat nicht die Aufgabe, das Gute zu *machen*, weder in dem Sinne, daß es ihre Sorge wäre, ihm im menschlichen Handeln Wirklichkeit zu verleihen, noch in dem Sinne, daß sie zu stipulieren oder zu dekretieren hätte, was ‚gut' ist. Sie schafft weder den Begriff, noch die Gegenstände, die unter ihn fallen, noch die Gelegenheit, ihn auf jene Gegenstände anzuwenden. Alles dies findet sie vor, wie jede Wissenschaft den Stoff, den sie bearbeitet, in der Erfahrung des Lebens vorfindet." (Schlick, S. 55)

Schlick unterscheidet auch:
Motivgefühl – Gefühl, das durch die Vorstellung eines Zustands geweckt wird,
und
Erfolgsgefühl – Gefühl, das mit dem realisierten Zustand verbunden wird.

Beide Gefühle müssen nicht miteinander harmonieren: die Vorstellung eines Zustands kann lustvoll sein, ohne daß der realisierte vorgestellte Zustand ebenfalls lustvoll ist.

Gute in **formaler Hinsicht** etwas, was getan werden soll; in **materialer Hinsicht** besteht das Gute aus Verhaltensweisen, Einstellungen und Charakterdispositionen, die von der Gesellschaft gewünscht werden. Was aber wird gewünscht und was hat Wert? Auf diese Frage gibt die empirische Ethik die Antwort, daß etwas nur Wert (für uns) hat, wenn seine Vorstellung ein lustbetontes Erlebnis ist. Da der Wert also eine Eigenschaft wird, die nur relativ zu unserem Fühlen existiert, sind Werte nicht anders als durch Lustgefühle zu begründen. Daher interessieren Schlick auch nicht die Werte an sich, sondern die **Beweggründe** und **Motive** des menschlichen Handelns.

Der Mensch handelt moralisch aufgrund einer hedonistischen Motivation. Dieses Motiv besteht in der Vorstellung eines Ziels und diese Zielvorstellung ist mit einer Lust verknüpft. Die Art, wie mit dieser Zielvorstellung Lust verknüpft sein kann, ist zweierlei:
1. Wenn ich mir die Erreichung eines Tatbestandes zum Ziel setze, so kann ich mir vorstellen, daß mir dieser Lust bringen werde. Hier ist also die **vorgestellte Lust**, deren Erreichung ich mir zum Ziel setze, Motiv meines Handelns.
2. Die Vorstellung von der künftigen Erreichung des Ziels kann jetzt schon selbst als Vorstellung mit Lust verbunden sein. Und auch diese schon in der Vorstellung des Ziels **aktuelle Lust**, die **Vorstellungslust**, bildet in gewissem Sinne einen Bestimmungsgrund der Handlung.

In dieser Formulierung ist der Hedonismus nicht notwendig egoistisch, denn lustbetont kann eben auch z. B. die Vorstellung sein, einem anderen Menschen zu helfen oder Freude zu bereiten. Außerdem können wir uns Ziele setzen, die ganz ausgesprochene und sehr starke Unlustzustände enthalten, z. B. der Entschluß zu Verzicht, Opfer oder Übernahme von Leiden um einer guten Sache willen. Das ist möglich, weil es nicht entscheidend ist, ob wir uns vorstellen, daß die Erreichung des Zieles selbst einen für uns lustvollen Zustand mit sich bringt, sondern die Lustbetontheit unserer Vorstellung von der Erreichung des Ziels, d. h. die mit dem Akt des Vorstellens des Ziels schon aktuell verknüpfte Lust. So ist z. B. eine Handlung, zu der wir (wie wir sagen) „gar keine Lust haben", die wir aber aus Pflichtbewußtsein gleichwohl vollziehen, doch ebenfalls durch eine Lust bzw. Unlust bestimmt; die Unlustbetontheit der Vorstellung, die Pflicht nicht erfüllt zu haben, gibt dabei den Ausschlag.

3.1.5 Glückswert der sozialen Triebe

Damit werden aber zwei Arten von Lust unterschieden, die sich wesentlich durch die besondere Art ihres Gegenstandes und seines Verhältnisses zum Subjekt, das ihn begehrt, bestimmt.

1. Der Gegenstand hat einen **subjektiv bedeutsamen Wert**. Ich habe Lust oder Freude an etwas, was ich dabei als für mich wichtig empfinde, z. B. weil es mir angenehm ist, weil es mir zu meinem persönlichen Nutzen, zu meinem persönlichen Vorteil zu sein scheint, weil ich daran ein ganz persönliches Interesse habe.

2. Der Gegenstand kann einen **objektiv bedeutsamen Wert** haben. Ich kann Lust oder Freude oder Wohlgefallen an etwas haben, auch wenn ich von mir und meinem subjektiven Interesse gerade ganz absehe. Von dieser Art ist z. B. die Freude am Wohlergehen eines anderen Menschen; oder die Freude an einem guten Menschen bzw. an seinem Gutsein; oder auch die Freude an rechtlich wohlgeordneten Verhältnissen im Zusammenleben der Menschen, oder die Freude am Schönen.

Auf dieser zweiten Art von Lustempfindung beruht die eigentliche Möglichkeit des moralischen Verhaltens. Zu seiner Begründung geht Schlick von zwei Erfahrungstatsachen aus:
- Nach dem Motivationsgesetz setzen sich stets die am stärksten lustbetonten Vorstellungen durch;
- diejenigen Verhaltensweisen gelten als moralisch gut, die das gesellschaftliche Wohl befördern.

In der Erfahrung zeigt sich aber, daß beide verbunden sind, denn diejenigen Vorstellungen, die auf der Ebene des Individuums am stärksten lustbetont sind, liegen auch denjenigen Verhaltensweisen zugrunde, von denen noch am ehesten eine Beförderung des gesellschaftlichen Wohls erwartet werden kann. „Die sozialen Triebe bilden ein wahrhaft geniales Mittel zur Vervielfältigung der Lustgefühle; denn wer in der Lust des Mitmenschen eine Quelle eigner Lust fühlt, der vermehrt ja dadurch seine Freuden um die der anderen, nimmt teil an ihrem Glücke, während der Egoist sozusagen auf seine eigene Lust beschränkt ist."

Eine Hauptaufgabe der Ethik ist daher die Erzeugung der Motive, die zu einem stabilen moralischen Handeln führen. Sie sollte zunächst die sozialen Triebe, die Schlick für angeboren hält, nach Maßgabe der hedonistischen Motivationstheorie herausbilden und stärken. Die Dispositionen zum sittlichen Handeln können vermehrt werden durch äußerliche Mittel wie Suggestion, Strafen oder

„Wenn zum wertvollsten Leben dasjenige Verhalten führt, welches dem Handelnden die größten Freuden bereitet, zugleich aber seine Glücksfähigkeit am wenigsten beeinträchtigt, so ist die nächste Frage: Welches sind denn nun die Neigungen, aus denen ein solches Verhalten hervorgeht? [...] Mir ist es nicht zweifelhaft, daß die Erfahrung mit großer Deutlichkeit die *sozialen* Triebe als diejenigen zeigt, die ihrem Träger am ehesten ein freudenreiches Leben sichern."
(Schlick, S. 185f.)

„Nur solche Wünsche sind stabil, nur solche Neigungen gewährleisten Harmonie, die auf wirklich lustvolle Ziele – oder, wenn man will, auf *Glück* – gerichtet sind. Dies scheint mir die Wahrheit zu sein, die hinter der Behauptung, der Mensch könne überhaupt nur nach Glück streben, verborgen ist. [...] Wir können jetzt auch so sagen: es gibt schlechterdings nur einen Weg, um Motive des Handelns zu erzeugen, die gegen alle Einwirkungen unverrückbar standhalten – das ist der *Bezug auf tatsächliche Glücksfolgen*." (Schlick, S. 181)

Moderne Hedonisten, z. B. **Sigmund Freud** und **Herbert Marcuse**, gestehen dem Hedonismus eine relative Wahrheit zu. Marcuse kritisiert aber, daß das Glück einseitig auf die Sinnlichkeit verlagert und damit sein voller Begriff preisgegeben wird. In ähnlicher Weise kritisiert **Th.W. Adorno**, daß „hedonistische Musik", Schlager und Unterhaltungsmusik, zu ideologischer Verführung und Verschleierung der Realität in gewährtem falschen Genuß dient.

„Der psychologische Hedonist zäumt das Pferd am Schwanze auf. Wir streben nicht nach Erkenntnis und den übrigen Auszeichnungen der Seele, weil sie uns Vergnügen verschaffen: wir haben vielmehr Vergnügen an ihnen, weil wir nach ihnen streben und sie unser Streben erfüllen." (Frankena 1975, S. 105)

Belohnungen. Die auf solche Weise geschaffenen Neigungen sind aber äußerst unbeständig, *„wenn das sittliche Handeln nicht selbst eine Quelle der Lust ist oder solche Quellen erschließt.* Tut es das aber, dann werden die Motive durch jenen inneren Vorgang gestärkt und gefestigt, woher sie auch stammen mögen, und sie haben dann die Tendenz, zu dauerhaften Triebkräften zu werden." (Schlick, S. 182)

3.1.6 Kritik des Hedonismus

Diese hedonistische Motivationslehre ist überaus kontrovers diskutiert worden; die Gegner haben stets darauf hingewiesen, daß es psychologisch nicht richtig sein kann, daß die Erlangung eigener Lust überall das eigentliche und letzte Ziel wäre und dadurch unser Handeln bestimmen würde. Ihr sicher überzeugendes Argument ist, daß es die Möglichkeit gibt, den Genuß der Lust zu verneinen, so daß sie keinen zureichenden Erklärungsgrund für alle unsere Handlungen abgeben kann. Ein modifizierter Hedonismus, der dem Denken vieler moderner Philosophen zugrundeliegt, beansprucht dann auch nicht mehr, das tatsächliche Handeln zu erklären, sondern versucht wohl richtiger, das Streben nach Lust und die Vermeidung von Unlust und Schmerz als **Tendenzen** im menschlichen Handeln zu beschreiben.

Der moderne Hedonismus geht von folgenden Tatsachen aus:

- Es ist ein wesentliches, unser Handeln bestimmendes **negatives** Ziel, Unlust und Schmerz zu vermeiden; daraus kann man den normativen Schluß ziehen, daß wir darum verpflichtet sind, das Leiden in der Welt zu verringern.
- Wir werden gelegentlich zu Handlungen durch das **positive** Ziel bestimmt, Lust zu erleben; sie ist also häufig ein Bestimmungsgrund unseres Handelns.
- Wenn auch die Willens- und Handlungsziele der Menschen nicht auf Streben nach Lust und Vermeidung von Unlust insgesamt reduziert werden können, so ist es doch allgemein richtig, daß Lust bei jedem Handeln eine gewisse Rolle spielt.

Gegen den Hedonismus haben schon Butler und Sidgwick die **hedonistische Paradoxie** ins Feld geführt: Je ausschließlicher der Mensch nach Glück oder Vergnügen strebt, desto weniger wird es ihm zuteil. Wir wollen oft eine Sache besitzen, um darüber verfügen zu können. Dieses Verfügenkönnen bringt Lust mit sich. Aber, was wir dabei erstreben, ist nicht die Lust, sondern der Besitz, und die Lust ist eine Folge der Erreichung des Ziels, nicht das Ziel selbst. Wir haben Verlangen danach, etwas Bestimmtes zu sehen, zu erfahren, zu wissen. Wenn wir dies erreichen, sind wir befriedigt und erleben die Lust dieser Befriedigung. Aber Ziel war dabei nicht diese Lust, sondern das Sehen oder Erfahren oder Wissen.

Der dritte Standardvorwurf gegen den Hedonismus ist der **naturalistische Fehlschluß**, den das epikureische Argument enthält: Lust ist gut, da alle Menschen danach trachten. Der Hedonist verwechselt gut, welches nicht im selben Sinne ein natürlicher Gegenstand ist, mit irgendeinem natürlichen Gegenstand (Lust) und verletzt so das **Humesche Gesetz**, nach dem sich ethische Schlußfolgerungen nicht aus nicht-ethischen Prämissen gültig ableiten lassen. Damit aus einer nicht-moralischen Tatsachenfeststellung ein moralisch korrekter Schluß gezogen werden kann, müßte eine der Prämissen gleichfalls moralischer Natur sein.

a) Alle Menschen trachten nach Lust (nicht-moralische Tatsache)
b) Das, wonach alle Menschen trachten, ist gut (moralische Definition)
c) Folglich ist Lust gut.

Aber auch hier liegt ein **Definitions-Fehlschluß** vor, der in dem Irrtum besteht, gut als eine undefinierbare Eigenschaft zu definieren. Der Satz b) involviert den Fehlschluß, da er gut definiert oder dafür irgendeine andere Eigenschaft substituiert.

nach **David Hume** (1711–1776) (engl. Philosoph, Vertreter einer empirischen Ethik) eigentlich ein **Sein-Sollens-Fehlschluß**: ein nicht bemerkter Übergang von empirischen oder metaphysischen Seinsaussagen zu normativen Sollensaussagen, der aber unzulässig ist, da nach Hume zwischen dem Bereich der Tatsachen und dem Reich der Werte eine unüberbrückbare Kluft besteht.

Von den Intuitionisten ausgeweitet zu einem allgemeinen **Definitions-Fehlschluß**, den jeder begeht, der versucht, gut (als ethische Eigenschaft) durch irgendeine andere (nicht-ethische Eigenschaft) zu definieren.

Vgl. hierzu die Behauptung der Intuitionisten, daß
1. ethische Sätze aus nicht-ethischen nicht ableitbar sind,
2. ethische Eigenschaften nicht mit Hilfe nicht-ethischer Eigenschaften definierbar sind,
3. ethische Eigenschaften von anderer Art sind als nicht-ethische Eigenschaften.

3.2 Der Eudämonismus

Die zweite traditionelle Ethik des Guten ist der **Eudämonismus**, der das **Daseinsglück** als höchstes Gut und damit als letztes **Ziel** allen menschlichen Handelns bestimmt. Eudaimonia als philosophischer Begriff geht hervor aus der Auseinandersetzung mit dem Hedonismus, dessen Antwort auf die Frage nach dem glücklichen Leben insgesamt unzureichend ausfällt, weil er die Lust als einzigen Bestimmungsgrund des in seiner Gesamtheit gelungenen Lebens auffaßt. Die Kritik des Eudämonismus setzt an der allgemeinen Erfahrung an, daß das gelingende Leben nicht in einem Leben bestehen kann, das letztlich immer um des hedonistischen Genusses willen gelebt wird.

Für die klassische Philosophie der Antike (Platon, Aristoteles) gibt es einerseits die Einheit von Glück und Gutsein als Inbegriff eines gelungenen Lebens in der Polis, daneben gibt es das Glück der Erkenntnis, das vom Indi-

Eudämonie (von griech *eu* „gut" und *daimon* „Schutzgeist": „Glück, Glückseligkeit"). Zentraler Begriff der griech. Ethik: Ziel, auf das die Menschen bei ihrem Handeln eigentlich hinstreben.

In der ursprünglichen Wortbedeutung bezeichnet der Begriff einen Zustand des Menschen, in dem er einen guten Dämon hat, so daß es ihm gut geht, und zwar aufgrund des Einflusses eines höheren, den Menschen überragenden Wesens. Der damit gegebene religiöse Hintergrund war schon bei Aristoteles weitgehend verblaßt. (nach Reiner)

viduum in Selbstgenügsamkeit und Kontemplation als philosophisches Glück verwirklicht wird.

Für die Stoa besteht das philosophische Glück in der Autarkie, der sich selbst bescheidenden Genügsamkeit und Selbständigkeit, das später seinen Ausdruck im Ideal des stoischen Weisen findet; auch hier ist die philosophische Kontemplation die geeignete Lebensform und Voraussetzung der Erfahrung von Glück.

Die christliche Tradition dagegen formt die Aristotelische Lehre vom „philosophischen Glück" um in den Gedanken der jenseitigen beseligenden Anschauung Gottes, in der die philosophische Schau des Höchsten (Gottes) mit der Heilserwartung des Reiches Gottes verknüpft wird.

Die Ethik der Neuzeit bestimmt den Begriff des Glücks empirisch als Inbegriff der Befriedigung und Erfüllung der Triebe, Bedürfnisse und Leidenschaften, der Interessen, Hoffnungen und Sehnsüchte. Das Streben nach Glück ist eine anthropologische oder psychologische Grundtatsache, die unabhängig von kulturellen Unterschieden zu allen Zeiten sichbar wird.

Der Eudämonismus faßt so von der Antike bis zur Neuzeit ganz unterschiedliche Lehren zusammen:
- einen **moralischen Eudämonismus**, der in der Verwirklichung moralischer Tugenden und Pflichten den Weg zum Glücklichsein sieht,
- einen **sozialen Eudämonismus**, der in dem größtmöglichen Glück der größtmöglichen Zahl der von einer Handlung Betroffenen das Kriterium für gutes Handeln sieht,
- einen **individuellen** Eudämonismus, für den das individuelle Glück des Handelnden der Maßstab richtigen Handelns ist.

Der Anspruch des Eudämonismus, das Glück als das höchste erstrebenswerte Gut zu bestimmen, ist von vielen Philosophen in der Neuzeit, besonders von Kant, kritisiert worden. Da wegen der Vielfalt der menschlichen Interessen auch die Glückserwartungen und Glückserfahrungen unterschiedlich sein müssen, wird auch die Möglichkeit einer inhaltlichen Bestimmung des Glücksbegriffs durchweg bestritten. Glücklich zu sein ist zwar „notwendig das Verlangen jedes vernünftigen, aber endlichen Wesens", dennoch kann man nicht sicher und allgemein bestimmen, „welche Handlung die Glückseligkeit eines vernünftigen Wesens befördern werde", da keiner in der Lage ist, „nach irgendeinem Grundsatze mit völliger Gewißheit zu bestimmen, was ihn wahrhaftig glücklich machen werde". (Kant, KpV, 25)

Diese Bedenken werden von der eudämonistischen Ethik in vielen Fällen geteilt, dennoch behauptet sie als formale

„Allein es ist ein Unglück, daß der Begriff der Glückseligkeit ein so unbestimmter Begriff ist, daß obgleich jeder Mensch zu dieser zu gelangen wünscht, er doch niemals bestimmt und mit sich selbst einstimmig sagen kann, was er eigentlich wünsche und wolle. Die Ursache davon ist: daß alle Elemente, die zum Begriff der Glückseligkeit gehören, insgesamt empirisch sind, d. i. aus der Erfahrung müssen entlehnt werden". (Kant, GMS, S. 418)

Gemeinsamkeit in allen Verschiedenheiten, daß das Glück der Zweck und das Endziel allen menschlichen Handelns überhaupt ist.

3.2.1 Die aristotelische Ethik

Aristoteles legt in seiner philosophischen Ethik den Grund für eine **eudämonistische Handlungstheorie,** die das letzte Ziel und den Zweck menschlichen Handelns für ein tugendhaftes und glückliches Leben bestimmen will. In der Frage nach dem höchsten Guten schlägt er einen Weg ein zwischen dem relativistischen Ansatz der Sophisten, der keine allgemein verbindlichen Vorstellungen vom Guten mehr zuläßt, und der platonischen Ideenlehre, für die das absolute Gute nur unvollkommen und annäherungsweise erreichbar ist.

Die aristotelische Ethik hat zum Ziel, eine Einsicht in das dem Menschen erreichbare, allen gemeinsame Gute zu erhalten. Weil dieses Gute im Bereich der menschlichen Erfahrung existieren muß, geht Aristoteles methodisch zunächst empirisch deskriptiv vor. Sein Ausgangspunkt ist die konkrete Gesellschaft und die in ihr gegebenen Wert- und Normvorstellungen. Er sammelt die in der „Meinung der Menge" vorhandenen Vorstellungen vom Guten, beschreibt sie und ordnet sie systematisch. Dieses rein empirische Vorgehen steht im scharfen Gegensatz zu Platon und seinem Versuch, das Gute aus einer unbezweifelbaren Einsicht in die Ideen abzuleiten.

„Denn, selbst wenn es ‚das Gut' gäbe, das eines ist und in übergreifender Weise ausgesagt wird oder das getrennt und an sich existierte, so ist doch klar, daß ein solches Gut durch menschliches Handeln nicht verwirklicht und auch nicht erreicht werden könnte. Nun ist es aber gerade ein solches Gut, das wir suchen." (Aristoteles, NE, 1096b)

Die aristotelische Ethik zeigt verschiedene Theorieansätze. Mit dem **empirischen Interesse** für die vielfältigen Phänomene des Guten im sittlich-politischen Leben verbindet sich ein **analytisches Interesse** für die Sprache, in der die Aussagen über das Gute gefällt werden, und einem **wissenschaftlich-spekulativen Interesse,** das nach den schlechthin ersten Gründen, den Prinzipien, dem höchsten Guten fragt.

Aristoteles

Aristoteles (384/3–322/1 v. Chr.) mit Platon der größte griech. Philosoph, stammt aus Stagira (daher der „Stagirit" genannt). Schüler Platons, entfernte sich aber von dessen Lehre. Erzieher Alexanders des Großen. Gründete 335 in Athen die peripatetische Schule (genannt nach dem „Peripatos", d.h. Wandelgang, in dem er lehrte). Nach Alexanders Tod der Gottlosigkeit angeklagt, floh nach Chalkis und starb dort.
Begründer der eigentlich wissenschaftlichen Philosophie und der umfassendste Gelehrte der Antike sowohl auf dem Gebiet der Naturbeobachtungen als auch der politisch-geschichtlichen Erfahrung. Wirkte besonders auf das arabische, jüdische und christliche Mittelalter, aber auch auf die Neuzeit und Gegenwart.

3.2.1.1 Die Kategorien des Guten

Von der alltagssprachlichen Verwendung des **Wortes gut** ausgehend, stellt Aristoteles zunächst fest, daß seine **Funktion** höchst vielfältig ist und je nach dem Kontext bestimmt werden muß. So beginnt seine berühmte Niko-

Nikomachische Ethik (335–323). Der Titel geht wahrscheinlich auf Nikomachos, den früh im Krieg gefallenen Sohn des Aristoteles zurück. Erste umfassende wissenschaftliche Abhandlung der Ethik.

Die angelsächsische Metaethik im 20. Jhd. ist diesen Fragen in ihren sprachanalytischen Untersuchungen wieder nachgegangen. Vgl. Kap. I.1 Die Grundbedeutungen von „gut".

Kategorie (griech. *kategorein* „aussagen", „Aussage", „Prädikat"): Grundbegriff zur Bezeichnung der letzten, einfachsten, allgemeinsten begrifflichen Bestandteile jeder Erkenntnis. Aristoteles nennt zehn Kategorien (Substanz, Quantität, Qualität, Relation, Ort, Zeit, Lage, Haben, Wirken, Leiden), die zum einen die **Struktur der Sprache** ausdrücken, mit deren Hilfe wir über die Welt sprechen, zum andern als allgemeinste Formen die **Struktur der Wirklichkeit** bilden, indem sie das Sein selbst interpretieren.

Prinzip (lat. *principium* „Anfang, Ursprung, Voraussetzung")
subjektiv: Grundsatz, Voraussetzung, Maxime;
objektiv: erste Ursache, Urstoff, aus dem alles Seiende besteht. Aristoteles versteht unter Prinzip objektiv die erste Ursache: das, woraus etwas ist oder wird.

machische Ethik mit der für seine ganze praktische Philosophie fundamentalen Feststellung:

„Jedes praktische Können und jede wissenschaftliche Untersuchung, ebenso alles Handeln und Wählen strebt nach einem Gut, wie allgemein angenommen wird. Daher die richtige Bestimmung von ‚Gut' als ‚das Ziel, zu dem alles strebt'." (NE, 1094a)

Wenn auch mit dieser formalen Bestimmung alle übereinstimmen, so zeigt sich im alltäglichen Sprachgebrauch, daß die inhaltlichen Bestimmungen dessen, was gut ist, höchst unterschiedlich sind und daß es verschiedene Möglichkeiten der Aussage über gut geben kann. So versucht Aristoteles, über eine **Bedeutungsanalyse** des Wortes gut etwas über das Gute zu erfahren. Im Sprachgebrauch gibt es zehn Möglichkeiten der Aussage über etwas, zehn **Kategorien**. Für das Wort gut folgt daraus:

„Nachdem „gut" in ebensoviel Bedeutungen ausgesagt wird wie „ist" – es wird in der Kategorie der Substanz ausgesagt, z. B. von Gott und der Vernunft, in der Kategorie der Qualität, z. B. von ethischen Vorzügen, in der Kategorie der Quantität, z. B. vom richtigen Maß, in der Relation, z. B. vom Nützlichen, in der Zeit, z. B. vom richtigen Augenblick, in der Kategorie des Ortes, z. B. vom gesunden Aufenthalt usw. – kann „gut" unmöglich etwas Übergreifend-allgemeines, und nur Eines sein." (NE, 1096a).

Wenn nun das Wort äußerst vieldeutig gebraucht wird und gut in verschiedenen Kontexten stets etwas Verschiedenes bedeutet, dann kann es auch über die verschiedenen Erscheinungsformen von gut keine gemeinsame Idee geben. Nach diesem recht unbefriedigenden Ergebnis fragt Aristoteles weiter:

„Aber in welchem Sinne sagt man nun schließlich „Das Gut"? Der Ausdruck hat doch nichts zu tun mit den Dingen, die aus barem Zufall den gleichen Namen haben. Geschieht es vielleicht darum, weil sie von einem einzigen Gut stammen oder alle zu einem einzigen Gut beisteuern, oder müssen wir es vielmehr im Sinne der Analogie verstehen? Also etwa so: wie die Funktion des Auges im Leibe – so die des Geistes in der Seele und was dergleichen Analogien mehr sind." (NE, 1096b)

Die Lösung des Problems bleibt offen, und von den drei Möglichkeiten der Begriffsbestimmung, die er andeutet, verfolgt Aristoteles nur die zweite und die dritte. In der ersten hat Gut eine **prinzipielle Bedeutung**, denn das Prädikat gut enthält etwas Allgemeines und man leitet es aus einem **Prinzip** her, das immer schon vorausgesetzt ist, wenn man von einer Sache sagt, sie sei gut. So führte Platon alles als gut Angesprochene auf eine einzige Idee des

Guten zurück. Die zweite Möglichkeit wurde oben schon angedeutet in der formalen Bestimmung, daß das Gute das **Ziel** (Telos) ist, zu dem alles strebt; hier erhält der Begriff eine **teleologische Bedeutung**, die die eigentliche Bestimmung des Guten in der aristotelischen Ethik ausmacht. Der durchgehend gleiche Bedeutungsgehalt kann aber auch im Vergleich durch **Analogie** ermittelt werden, wie die dritte Möglichkeit zeigt. Das bedeutet, in Form einer Verhältnisgleichung ausgedrückt,

Messer : Schneide = Erdbeeren : Süße = Mensch : Tugend usw.

Die durch das Gleichheitszeichen ausgedrückte Gleichheit des Prädikats gut bezieht sich lediglich auf die durch den Doppelpunkt signalisierten Verhältnisse, nicht aber auf die Sachen als solche, die ja völlig verschieden sind. Gut hat hier eine **analoge Bedeutung**.

Telos (griech. „Ziel, Zweck"): Endzweck, höchstes Ziel. Im griech. Wort liegt nicht nur der Begriff Ende, sondern auch der des Finalen, des Vollkommenen und auch des Vollständigen.

Analogie (griech. *„Verhältnis"*); Aristoteles: „etwas ist der Analogie nach eins, das sich ebenso verhält wie ein anderes zu einem anderen".

Exkurs

Diese analoge Bedeutung nimmt man auch heute noch zu Hilfe, will man das allen Urteilen von der Form „X ist gut" gemeinsame Moment ermitteln. „... *ist gut*" bringt eine Beziehung der Angemessenheit zum Ausdruck, der gemäß X sich dadurch qualifiziert, daß es seine Wesensbestimmung voll und ganz erfüllt. „*Gut*" wäre dann der Name für die gelungene Übereinstimmung eines Gegenstandes mit seiner immanenten Wesensbestimmung. Wenn wir gemäß der allgemeinen Definition von gut: „‚Gut' bedeutet, ‚etwas ist von der Art, daß es den in Frage stehenden Erfordernissen usw. genügt'" einen Gegenstand gut nennen, sagen wir etwas darüber aus, was er in sich selbst ist. Dieses Gute als das dem Wesen des Dinges Gemäße kommt in den verschiedenen Werturteilen in verschiedenen Bedeutungen zum Ausdruck. Man kann anhand von sechs Klassen von Werturteilen sechs Bedeutungen von *„gut"* unterscheiden:

1. Kategorie des instrumentell Guten („ein gutes Messer")
2. Kategorie des technisch Guten („A ist ein guter Läufer")
3. Kategorie des medizinisch Guten („gute Augen, gute Gesundheit")
4. Kategorie des utilitaristisch Guten („gute Sitten, Institutionen")
5. Kategorie des hedonistisch Guten („guter Wein, gutes Wetter")
6. Kategorie des menschlich Guten („guter Wille, gute Absicht").

Die Klassifikation geht zurück auf: **Georg Henrik von Wright**, *The Varieties of Goodness*, 1963:
instrumental = goodness for a purpose
technical = goodness at something
medical = goodness of organs
utilitarian = usefulness
hedonic = pleasure and pain
moral = goodness of man

Vgl. hierzu Pieper, 1985, S. 265–269.

Eine allen sechs Bedeutungsfeldern gemeinsame inhaltliche Bedeutung von „*gut*" läßt sich zwar nicht aufzeigen; lediglich das formale Moment, das die Beziehung zwischen der Sache und ihrem Wesen bezeichnet, ist in allen Kategorien gleichermaßen enthalten, und so läßt sich in Anlehnung an die aristotelische Verhältnisgleichung so formulieren:
Messer : Schneiden = Augen : Sehen = Institutionen : Regeln = Mensch : Handlungen. (nach Pieper, 1985, S. 269 ff.)

3.2.1.2 Die Teleologie

Aristoteles bestimmt den Begriff des Guten als dasjenige, wonach alles strebt. Da dieses erstrebte Gute „das dem Wesen des Dinges Gemäße" ist, muß es für jedes Wesen seiner eigentümlichen Natur entsprechend verschieden sein. Obgleich sich Aristoteles in seiner ethischen Untersuchung auf das dem Menschen zukommende Gute beschränkt, knüpft er in dieser Bestimmung des Guten an seine naturphilosophischen Untersuchungen über das Wesen des **Organismus** an. Der Organismus ist ein Ganzes, das sein Ziel und seinen Zweck in sich selbst trägt und das danach strebt, sich im ganzen Umkreis seiner Möglichkeiten zu verwirklichen. Er strebt damit zu seiner ihm eigenen **Vollkommenheit**, wie Aristoteles am Beispiel der Pflanze zeigt: ihr Wesen liegt darin, sich zu verwirklichen, Pflanze zu sein, sich also in Keim, Blüte und Frucht zu vollenden. Diese Selbstverwirklichung des Wesens in den Erscheinungen, die **Entelechie**, strukturiert die gesamte Natur; jedes Lebewesen trägt Zweck und Ziel in sich selber und entfaltet sich dieser seiner inneren Zielstrebigkeit gemäß. Dieser Grundgedanke weitet sich aus zu einer **universalen Teleologie**, in der die ganze Welt zu ihrer eigenen Vollkommenheit drängt, und alle Erscheinung zur Verwirklichung des Wesens wird.

Diese teleologische Entwicklung stellt sich dar als das Verhältnis von **Form** (eidos/morphe) und **Stoff** (hyle), als ein Geschehen, mit welchem der Stoff aus der bloßen Möglichkeit durch die Form in Verwirklichung übergeht. Der Stoff oder auch die Materie ist das Zugrundeliegende, ist passiv und das **Wesen** (ousia) nur der reinen Möglichkeit nach; die Form ist aktiv (energeia) und bringt das Mögliche zur Wirklichkeit. Das Wesen hat nicht neben den Erscheinungen irgendeine zweite, höhere Wirklichkeit, sondern es ist nur in der Reihenfolge seiner Erscheinungen, vermöge deren es seine eigene Möglichkeit verwirklicht. Es ist in allen Erscheinungsformen anwesend.

Teleologie (griech. *telos* „Ziel", *logos* „Lehre") Lehre von der Finalität (lat. *finis* „Ziel") und Zweckbestimmung. Betrachtungsweise, wonach nicht nur das menschliche Handeln, sondern auch das Geschehen der Natur im ganzen wie im einzelnen durch Zwecke, also zielgerichtet, bestimmt und geleitet werden. Geschichtlich geht der Gedanke der Teleologie auf Aristoteles zurück. Bei einer teleologischen Weltdeutung geht man davon aus, daß der gesamte Kosmos kein Chaos, sondern ein geordnetes Ganzes ist, in dem alles nach Vervollkommnung seiner selbst strebt und in dem nichts zufällig geschieht.

Entelechie (griech. *en* „in", *telos* „Ziel" und *echein* „haben": „das Sich-im-Ziel-Haben"). Wirkprinzip der Materie; die einem Organismus immanente Form, die sich durch das Formen von Materie selbst verwirklicht. Aktives Prinzip, welches das Mögliche erst zum Wirklichen macht und dies zur Vollendung seines Daseins bringt.

Wesen (griech. *ousia* „Sosein", lat. *essentia*): das Besondere, Kennzeichnende einer Sache; das innere beständige Sosein.

Nach dem Verhältnis von Materie und Form und den Prinzipien der Möglichkeit/Wirklichkeit ergibt sich eine **Stufenleiter** der Dinge, in der Gott als das nur Wirkliche an oberster Stelle und die Materie als das nur Mögliche an unterster Stelle stehen und in die der Mensch eingegliedert ist.

Form (griech. *morphe/eidos*) tätige Kraft, formendes Prinzip, was die Dinge erst in Erscheinung ruft und ihnen die Form gibt – gegen die platonische Idee konzipiert, die im Jenseits ein ruhendes Dasein führt.

Stoff/Materie (griech. *hyle*) meint das noch Ungestaltete, das gegenüber seinen jeweiligen Gestaltungen unveränderlich bleibt und bezüglich des Vergehens und Entstehens indifferent ist. Hyle ist damit das zeitlos-ewig Seiende.

Die **Seele** wird in diesem Stufenbau gedacht als die **zwecktätige Ursache**; sie ist die in den Bewegungen und Veränderungen des organischen Körpers sich verwirklichende Form bis zur reinsten Wirklichkeit, zum reinen Geist hin. Leib und Seele verhalten sich wie Stoff und Form, darum ist die Seele nach Aristoteles die **Entelechie des Leibes**, die in den Bewegungen und Veränderungen des organischen Körpers sich verwirklichende Form.

Auch das Seelenleben baut sich nach Aristoteles in Schichten auf, von denen jede wieder den Stoff für die höhere darstellt. Die Produkte der leblosen Natur haben keine Seele: dieses selbsttätige Prinzip liegt erst in den organischen Geschöpfen. Analog zur platonischen Lehre von den drei Seelenteilen unterscheidet Aristoteles eine **vegetative** oder **ernährende** Seele, die allen Lebewesen (Pflanzen, Tieren, Menschen) gemeinsam ist. Sie ist die Ursache für Wachstum und Fortpflanzung. Der **empfindende** Seelenteil schließt die Fähigkeiten der vegetativen Seele ein und enthält Sinnesempfindung, Strebevermögen und Ortsbewegung; sie verbindet Mensch und Tier. Für den Menschen bedeuten diese Seelenvermögen jedoch nur das niedere Erkennen. Er ist mit dem **vernünftigen** Seelenteil begabt, der als diskursives Denken und Urteilen **Verstand** (dianoia), als Schauen (theoria) der Begriffe und Grundsätze aber **Vernunft** (nous) ist. Die Vernunft als der höchste Teil der Seele wird unterschieden in einen **aktiven**, theoretischen und einen **rezeptiven**, praktischen Teil. Der rezeptive Teil ist an die spezielle Person gebunden und somit sterblich. Er herrscht aber über die anderen Seelenteile und regelt deren Tätigkeiten, das Empfinden und das Ernähren. Der aktive Teil stellt die reine, allen Individuen gemeinsame, prinzipielle Ein-

Vgl. Platon, Seelenteile: Kap. I.2.1.5 Der ideale Staat
vernünftige Seele
Logistikon (Kopf)
wollende Seele
Thymoeides (Herz)
begehrende Seele
Epithymetikon (Bauch)

Verstand (lat. *ratio*) meint wesentlich begriffliches Erkennen und diskursives, schrittweises Denken. Diskursiv oder sukzessiv nennt man ein Denken, das von einer bestimmten Vorstellung zu einer bestimmten anderen logisch fortschreitet und das ganze Gedankengebilde aus seinen Teilen aufbaut.

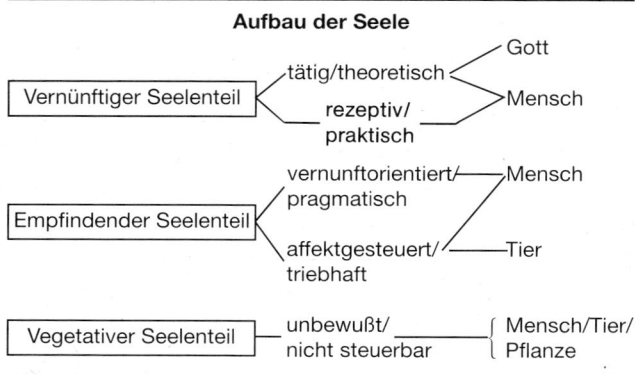

Geist, Vernunft (griech. *nous*) in der antiken Metaphysik sowohl der denkende und unsterbliche Teil der Seele als auch die kosmische Vernunft.

heitlichkeit der Vernunft dar, also eine überindividuelle Vernunft. Da die aktive Vernunft nicht an den Körper gebunden ist, ist sie unsterblich. In ihrer Betätigung ist sie unabhängig vom Körper geworden, sie ist reine Form.

3.2.1.3 Das gute und glückliche Leben

Wenn alles nach der ihm eigenen Vollkommenheit, nach seiner wesensgemäßen Vollendung strebt, wenn ferner das Wesen des Menschen in seinem vernunftbegabten Seelenteil gründet, dann kann das **Wesen des Glücks** durch folgende Momente bestimmt werden:
- Glückseligkeit ist ein **Endziel**, das nicht mehr um eines anderen Zieles, sondern um seiner selbst willen erstrebt wird.
- Glück ist ein **Tätig-sein**, genau „eine Tätigkeit (energeia) der Seele im Sinne der ihr **wesenhaften Tüchtigkeit** (arete)", die den Menschen von anderen Lebewesen unterscheidet.
- Das Glück wird verwirklicht durch die Tätigkeit „der Seele gemäß der Tugend", die den Menschen als vernunftbegabtes Wesen auszeichnet; sie ist die **individuelle Selbstverwirklichung**.
- Eine Bedingung der Möglichkeit von Selbstverwirklichung ist die als Ideal gedachte **Polisgemeinschaft**.

zoon logon echon (griech. „Lebewesen, das Vernunft, bzw. Sprache hat"). Nach Aristoteles ist die Vernunft- und Sprachbegabung die erste Wesensbestimmung des Menschen, die ihn vom Tier unterscheidet.

zoon politikon (griech. „politisches Lebewesen"). Auf Aristoteles zurückgehende Charakterisierung des Menschen. Die Gesellschaftlichkeit, d. h. das Zusammenleben in der Polis ist eine notwendige Voraussetzung für die Entwicklung des Menschen und für die Entfaltung des Logos, seiner spezifischen grundlegenden Eigenschaft.

Die grundlegende Wesensbestimmung, die den Menschen als das vernunftbegabte Lebewesen, das **zoon logon echon**, auszeichnet, verschafft ihm nicht nur eine schlechthin einzigartige Stellung im Kosmos, sondern sie ist auch die Voraussetzung für die zweite Wesensbestimmung des Menschen, nach der er das **zoon politikon** ist, das Wesen, das sein Leben in der Polis führt. Beide Wesensarten bedingen sich gegenseitig; einerseits ist der

Mensch ein politisches Lebewesen, weil und insoweit er Logos hat, andererseits werden die Entwicklung von Sprache und Vernunft sowie die Erziehung zu Sittlichkeit und Tugend erst durch das Leben in einem Staat ermöglicht. Der Staat stellt den geistigen und rechtlichen Rahmen dar, in dem der Mensch lebt und handelt und in dem jeder einzelne seine Glückseligkeit verwirklichen kann: im sittlich-politischen Leben oder im philosophischen Leben der Kontemplation.

Je nach dem Verhältnis des Strebens zu seinem Ziel gibt es zwei Grundformen menschlichen Handelns: Praxis und Poiesis. **Poiesis** ist ein Herstellen, ein Machen, das auf das Hervorbringen eines selbständigen Objekts, eines Produktes zielt und so sein Gutsein außer sich hat. **Praxis** dagegen ist ein Handeln, das das Ziel in seinem Vollzug selbst (wie z. B. Sehen, Denken) und damit auch sein Gutsein in sich hat.

In Übereinstimmung mit dem griechischen Sprachgebrauch bestimmt Aristoteles das Gute der Poiesis als das, was für etwas, für eine bestimmte Funktion, gut, das

Praxis (griech. „Handeln"): das tätige Leben, das zur Grundlage die Tugend hat. Allgemein Tun oder Handeln im Unterschied zum Denken.

Poiesis (griech. „Herstellen"): Hervorbringen, Arbeit. Produktive Tätigkeit, kunstmäßige Herstellung, die zu ihrer Grundlage die Technik hat.

„Hervorbringen und Handeln sind zwei verschiedene Tätigkeiten. [...] Daher ist auch keines im anderen mit enthalten, denn Handeln ist nicht Hervorbringen und Hervorbringen ist nicht Handeln. [...] Denn das Hervorbringen hat sein Endziel außerhalb seiner selbst, beim Handeln aber kann dies nicht so sein, denn wertvolles Handeln (eupraxia) ist selbst Endziel." (Aristoteles, NE, 1140 a/b)

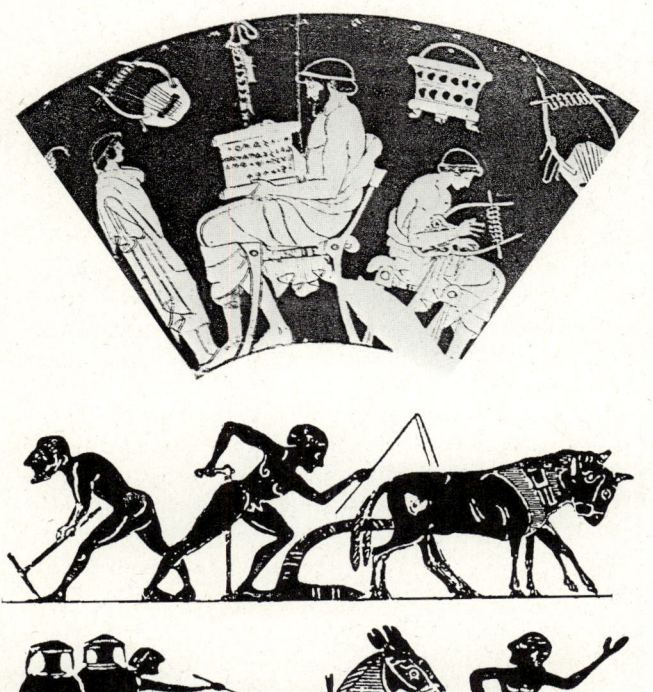

Schulszene. In der Mitte Schreibunterricht. Außenseite einer Schale des Duris.

Feldbestellung und Öltransport. Schwarzfigurige Schale eines attischen Kleinmeisters (Ausschnitt).

heißt **tauglich** ist; es ist zunächst ein Mittel und im Wert nützlich für etwas anderes. Der **Nutzwert** wird nicht um seiner selbst willen erstrebt, er ist kein Selbstwert. Das Gute der Praxis ist ein Zweck und hat einen Wert in sich selbst. Der **Selbstwert** ist entweder Lust- und Befriedigungswert, der als Angenehmes seine Erfüllung in sich selbst findet, oder er ist **Vollendungswert**, der als das Gute durch sich selbst und an sich selbst der höchste Wert ist.

> „Das Glück – so sagen die Leute und so sagen die feineren Geister, wobei gutes Leben und gutes Handeln in eins gesetzt werden mit Glücklichsein. Aber was das Wesen des Glückes sei, darüber ist man unsicher, und die Antwort der Menge lautet anders als die des Denkers. Die Menge stellt sich etwas Handgreifliches und Augenfälliges darunter vor, z. B. Lust, Wohlstand, Ehre: jeder etwas anderes." (Aristoteles, NE, 1095 a).

Das um seiner selbst willen erstrebte Gut nennt Aristoteles im Anschluß an die gewöhnlichen Vorstellungen **Glückseligkeit**; er stellt fest, daß sich zwar im Begriff alle einig sind, inhaltlich jedoch ganz unterschiedliche Glücksvorstellungen bestehen. In seiner Untersuchung verwirft Aristoteles die Meinung der Menge, die ein Leben der **Sinneslust** sucht, da Glück nicht in der Befriedigung von Bedürfnissen, in der Erzeugung möglichst großer Lusterlebnisse besteht. Zudem ist ein auf bloßen Genuß ausgerichtetes Leben, das sich den jeweils vorherrschenden Trieben und Leidenschaften unterwirft, „völlig sklavenartig". Ebensowenig ist ein Leben, das bloß auf den **Gelderwerb** gerichtet ist, ein wahrhaft glücklich gelungenes. „Das Leben des Geldmenschen hat etwas Forciertes an sich, und der Reichtum ist gewiß nicht das gesuchte oberste Gut. Er ist nur ein Nutzwert: Mittel für andere Zwecke."

3.2.1.4 Die Tugendlehre

Nach der Analyse der Glücksvorstellungen fragt Aristoteles weiter nach der Lebensführung (bios), von der man sagen kann, daß sie auf eine im vollen Sinn glücklich-gelungene Existenz zielt. Auch hier geht er von empirischen Lebensformen aus, die er auf ihre Brauchbarkeit und Orientierungsfunktion überprüft, und kommt zu zwei weiteren Lebensformen, in denen ein glückliches Leben sich realisieren kann: der sittlich-politischen und der wissenschaftlich-philosophischen Existenz. Die sittlich-politische Existenz steht im Gegensatz zu einem Leben, das von den Leidenschaften beherrscht ist. Sie ist das vernunftgemäße Leben in der Polis (Mensch als zoon politikon), das sich in einer vernunftorientierten maßvollen Grundhaltung ausdrückt, der **sittlichen Tugend**, die auf Vorzügen des Charakters (ethische Tugend) beruht und die er von einer **intellektuellen Tugend**, bei der wir von Vorzügen des Verstandes (dianoetische Tugend) sprechen, unterscheidet.

> **dianoetische Tugenden** (griech. *dianoia* „Denkkraft"): die Kräfte der denkenden Vernunft.
> Aristoteles nennt fünf intellektuelle Kompetenzen: Kunst, Wissenschaft, Klugheit, Weisheit, Geist.

> Aristoteles erweitert Platons Kardinaltugenden: Gerechtigkeit, Besonnenheit, Weisheit, Tapferkeit, durch spezielle **bürgerliche Tugenden**, die die Mitte zwischen zwei Extremen darstellen.

Die Tugenden unterteilt Aristoteles in völliger Übereinstimmung mit seiner Unterteilung der Seele. Der Mensch wird entscheidend bestimmt durch einen vernünftigen und einen nicht-vernünftigen Seelenteil:

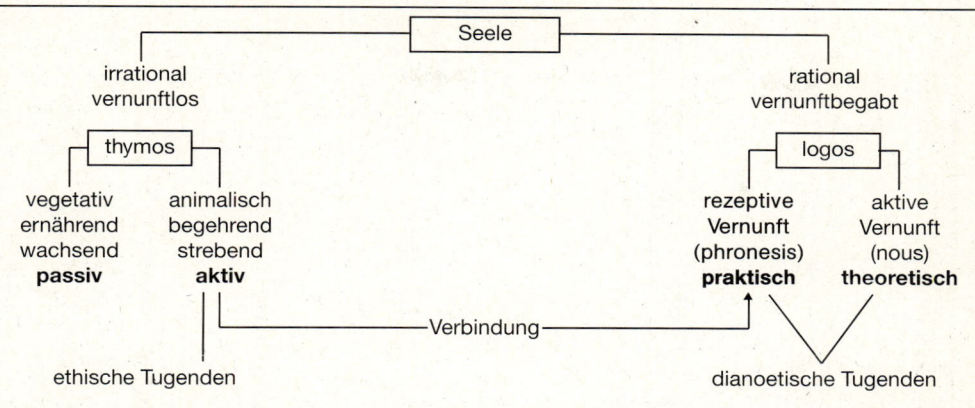

Die ethischen Tugenden sind das Ergebnis von Übung und Gewöhnung und umfassen lobenswerte Eigenschaften, die sich durch die Tugend des Maßhaltens auszeichnen. Die sittlich gute Handlung liegt in der Mitte zwischen zwei Extremen, zwischen der Zuchtlosigkeit nämlich, in der wir uns blindlings unseren Trieben überlassen, und der Gefühllosigkeit, dem Zustand eines Menschen, der keine Leidenschaften hat und daher auch nichts zu beherrschen braucht. Die Tugend als Verhaltensweise zwischen zwei „Schlechtigkeiten" darf aber nicht als Mittelmäßigkeit verstanden werden.

Die Theorie des mittleren Maßes (mesotes) umfaßt den antiken Begriff des inneren Maßes (sophrosyne), so daß die Tugend nach dem **axiologischen** Gesichtspunkt, nach dem Gesichtspunkt des Besten und des Guten überhaupt, ein Extrem ist.

axiologisch (zu griech. *axios* „wert, würdig" und *logos* „Lehre"): dem Werte nach, werttheoretisch.

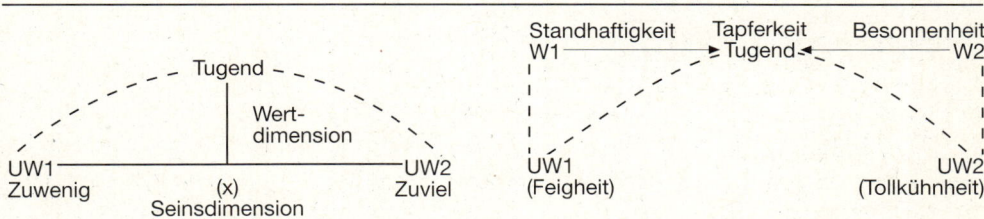

„*Betrachtet man diese Aristotelische Konzeption genauer, so ergibt sich folgendes: Hinter jeder Aristotelischen Tugend stecken in Wahrheit stets zwei Werte. Die Tugend ist nicht ein Wert im Gegensatz zu zwei Unwerten, sondern vielmehr eine Synthese zweier Werte; denn jedem Unwert liegt (wie*

Mesotes (griech. „Mitte"). Terminus der antiken Philosophie: entwickelt von Aristoteles in den biologischen Schriften: Vorstellung, daß die beste und zweckmäßigste Verfassung alles Seienden durch ein ihm je eigenes Ziel bestimmt sei, das in der Entwicklung weder unter- noch überschritten werden dürfe. Vor diesem Hintergrund systematisch in die Ethik eingeführter Grundbegriff.

die rechte Zeichnung verdeutlichen soll) ein Wert gegenüber. Erst in der Synthese der beiden Werte kann die Tugend liegen. So steht z. B. dem Unwert der Feigheit ein positives Moment, nämlich beherztes Ausharren, Standhaftigkeit, gegenüber, und im Gegensatz zur Tollkühnheit befindet sich die wertvolle bedachtsame Vorsicht, die Besonnenheit. Nicht das Standhalten allein und nicht nur bedachtsame Vorsicht machen die Tapferkeit aus, sondern erst beide zusammen." (Hartmann, 1949, S. 148f.)

Die Bestimmung des richtigen mittleren Maßes, dessen Einhaltung die Tugend bildet, ist Sache der **sittlichen Einsicht** (phronesis). Sie gibt die Mittel zum Ziel, das durch die sittlichen Tugenden bestimmt wird, an. Aristoteles hat hier ein **„Mit-sich-zu-Rate-gehen"** im Auge, bei dem die moralische Urteilskraft der Orientierung in Entscheidung und Handlung dient, um das Gute zu erreichen.

Mit-sich-zu-Rate-gehen (griech. *bouleusis*) kennzeichnet die Wahl, die Entscheidung, die alle freiwilligen Handlungen auszeichnet. Wählen „ist ein mit-sich-zu-Rate-gehen des Strebens nach dem, was in unserer Macht steht. Was aber in unsere Macht gegeben ist, das steht bei uns und zeichnet eine freiwillige und damit verantwortliche Handlung aus. So ist die Entscheidung, der zentrale Begriff, weder Wunsch noch Meinung, noch Vermutung, sondern ein bei-sich-beraten über Dinge, wo Handeln oder Nichthandeln bei uns steht." (Aristoteles, Eudemische Ethik, II 8–10)

Unter den ethischen Tugenden nimmt die **Gerechtigkeit** einen besonderen Rang ein, da sie die Grundlage menschlichen Zusammenlebens ist. Sie ist die vollkommene Tugend im Hinblick auf den anderen Menschen und begreift jede andere in sich, denn nach Aristoteles bringt sie in der staatlichen Gemeinschaft die Glückseligkeit und ihre Bestandteile hervor und erhält sie auch. Sie ist die höchste Tugend im staatlichen Leben. So führt die Ethik unmittelbar zur Politik, denn Aristoteles ist der festen Überzeugung, man könne ein Leben, in dem sich das Gute und das Glück in höchstem Maße verwirklichen, nur in einem geeigneten institutionellen Rahmen führen, in einer geordneten politisch-sozialen Gemeinschaft mit guten Gesetzen und Sitten sowie einem gewissen Wohlstand. Andererseits aber ist die Politik auch an die Ethik gebunden, weil die politische Gemeinschaft dem gelungenen glücklichen Leben ihrer Mitglieder dienen soll.

3.2.1.5 Das höchste Glück

„Auch das, was man ‚sich selbst genügende Unabhängigkeit' (Autarkie) nennt, ist vor allem bei der Verwirklichung der geistigen Schau zu finden. Denn was zum Leben notwendig ist, das braucht der Weise so gut wie der Gerechte und die übrigen (hochwertigen) Menschen. Sind sie dann aber mit diesen Dingen zur Genüge versehen, so braucht der Gerechte immer noch Men-

Ein glücklich erfülltes Leben verwirklicht sich in höchstem Maße erst in der **theoretisch-kontemplativen Existenz**. Im Gegensatz zum ethisch hochstehenden, glücklichen Leben der politischen Existenz, das noch abhängig ist von äußeren Umständen, Mitbürgern, Freunden, ist ein der geistigen Tätigkeit gewidmetes Leben ganz und gar sich selbst genug und autark. „Ferner gilt, daß diese Tätigkeit des Geistes die einzige ist, die um ihrer selbst willen geliebt wird, denn außer dem Vollzug der geistigen Schau erwartet man von ihr nichts weiter, während wir vom praktischen Wirken mehr oder minder großen

Gewinn noch neben dem bloßen Handeln haben." (Aristoteles, NE, 1177 b)

Darum ist die theoretische Existenz (bios theoretikos) als höchste Form des Lebens reiner Selbstzweck und Endziel, und die **Verstandestugenden** (dianoetische Tugenden) sind auch die höchsten Tugenden, weil sie sich auf die Realisierung von **Geist** (nous), **Wissenschaft** (episteme) und **Weisheit** (sophia) richten. Die Philosophie, die die Erforschung der Prinzipien und Gründe aller Wirklichkeit um ihrer selbst willen durchführt, nimmt den höchsten Rang ein, da sie weder von äußeren Umständen abhängt noch zugunsten anderer Ziele relativiert wird.

Ein Leben der „aktiven geistigen Schau" führt die vollendete Glückseligkeit herbei, da das vernünftige Wesen des Menschen die höchste Vollkommenheit seiner Entwicklung in der Erkenntnis gewinnt. Da der Geist, das Göttliche, das Beste in uns ist, denken wir auch ein Leben der aktiven geistigen Schau als das, was die Gottheit ständig tut, denn „wir stellen uns vor, daß die Götter im höchsten Sinne selig und glücklich sind. [...] Ist also, mit dem Menschen verglichen, der Geist etwas Göttliches, so ist auch ein Leben im Geistigen, verglichen mit dem menschlichen Leben, etwas Göttliches."

Das Göttliche denkt sich Aristoteles als reine Wirklichkeit, materielos, reine Form. Es kann in seiner Wesenheit nur reiner Geist sein, der sich selbst denkt und in diesem Denken reine Glückseligkeit ist. Diese göttliche Lebensform, das Sichselbstdenken des Geistes, ist dem Menschen nur für kurze Zeitspannen vergönnt. „Ein solches Leben aber wäre übermenschlich, denn man kann es in dieser Form nicht leben, sofern man Mensch ist, sondern sofern ein göttliches Element in uns wohnt." Der Mensch ist aber nicht reine Intelligenz, sondern auch ein Lebewesen, das auf die Notwendigkeiten des Lebens und auf die Gemeinschaft der Polis angewiesen ist. Und so sieht Aristoteles ganz richtig die Grenzen eines der reinen Kontemplation gewidmeten Lebens, denn „es wird aber auch die Gunst der äußeren Umstände vonnöten sein, da wir Menschen sind. Denn unsere Natur ist für sich allein nicht ausreichend, die geistige Schau zu verwirklichen. Es ist auch Gesundheit des Leibes vonnöten sowie Nahrung und sonstige Pflege. Indes braucht man sich nicht vorzustellen, daß ein beträchtlicher Aufwand erforderlich ist, um glücklich zu werden, wenn es schon nicht möglich ist, ohne die äußeren Güter das Glück zu erreichen." (NE, 1178 b/1179 a)

---

schen, an denen und mit denen er gerecht handeln kann, und dementsprechend der Besonnene und der Tapfere und alle übrigen – der Weise dagegen kann sich der geistigen Schau hingeben, auch wenn er ganz für sich ist, und je weiser er ist, desto eindringlicher [...]" (Aristoteles, NE, 1177 a)

Geistige Schau (vgl. Platon, Kap. I.2.1.4 Die Erkenntnis des Guten) hier:
Theorie der Theorie, höchste Stufe bei Aristoteles: das anschauend mit sich selbst beschäftigte Denken, das „Denken des Denkens".

„Die Aristotelische Politik ist in mehrfacher Hinsicht zeit- und epochengebunden. Das gilt nicht bloß für die Sklaventheorie, sondern auch für die Orientierung am mittelmeerischen Typ des Stadtstaates. [...] Aber die Behauptung, man könne ein Leben der Selbstverwirklichung, der vollen Aktualisierung des menschlichen Guten, nur in einem geeigneten institutionellen Rahmen führen und dazu gehöre ein bestimmtes Maß an Ausdehnung, wirtschaftlicher Blüte und politischsozialer Differenzierung, bleibt ein bis heute gültiges Kriterium." (Höffe, 1985, S. 87)

3.2.2 Die Wertordnung der Stoa

Das gute und gelungene, glückliche Leben, das Ziel der aristotelischen Ethik, ist gebunden an eine sittlich-politische Gemeinschaft, die bezüglich ihrer Verfassung und ihrer Sitten eine gute und gerechte Lebensform darstellt. Mit dem Niedergang der griechischen Polis und dem gleichzeitigen politischen Verfall Griechenlands geht einerseits der durch diese Gemeinschaft gebotene Halt verloren; auch Religion und Sittlichkeit sind in dieser Zeit der **Orientierungslosigkeit** gefährdet. Andererseits nimmt, bedingt durch die Entstehung des großflächigen Staates und die daraus folgende griechisch-orientalisch-römische Völkermischung, das gesamte Geistesleben jener Zeit einen immer stärker sich ausprägenden **kosmopolitischen Zug** an. Es entsteht ein verstärktes Bewußtsein für die Existenz unterschiedlicher Kulturen und eine zunehmende Kenntnis verschiedener Sitten und Gebräuche, was die Frage nach den Grundsätzen der praktischen Lebensführung erneut in den Mittelpunkt des philosophischen Denkens treten läßt. Sie lautet nicht mehr: In welchen Formen gesellschaftlichen Lebens kann sich das Gute ausdrücken? Oder: Welche Tugenden müssen praktiziert werden, um ein gemeinsames gutes und glückliches Leben hervorzubringen? Sondern: Was muß ich tun, um glücklich zu sein? Oder: Welche Güter kann ich als Privatperson erlangen?

Die Ethik der Stoiker versucht auf diese Frage nach dem individuellen Lebensglück eine andere Antwort zu finden als der Hedonismus.

Zenon begründet die **Ältere Stoa** und damit auch die eigentliche stoische Lehre. Mit seinen Nachfolgern Kleanthes und Chrysipp entwickelt er eine **Weisheitslehre**, die eine Einheit von Logik, Physik und Ethik darstellen und die wissenschaftlichen Grundlagen für ein tugendhaftes Leben aufzeigen will.

Die Vertreter der **mittleren Stoa**, Panaitios und Poseidonios, die viele Anhänger unter den römischen Adligen hatten, führten die Gedanken der Stoa, vor allem ein dem **Staat verpflichtetes Leben** in den gebildeten Kreisen Roms ein. Der römische Staatsmann und Philosoph Cicero war der wichtigste Vermittler der stoischen Lehren, besonders der Idee eines allen Menschen gemeinsamen **Naturrechts** als der Grundlage jedes menschlichen Zusammenlebens.

Die **jüngere Stoa**, die Stoa der Kaiserzeit, hatte eine deutlich **religiöse Ausrichtung**; zu ihr gehören Seneca, Epiktet und Marcus Aurelius Antonius, dessen Selbstbetrachtungen das bedeutendste Denkmal des religiösen Stoizismus darstellen.

Historische Ursachen:
1. Die Herrschaft Philipps II. von Makedonien (ab 338 v. Chr.) über Griechenland bedeutete das Ende der alten Polis-Ordnung.
2. Durch Alexander den Großen (336–323), der ein Weltreich zwischen Balkan, Nil und Indus gründete, haben sich dann die Grenzen der damaligen Welt unabsehbar erweitert. Aus griechischem und orientalischem Wesen entsteht eine hellenistische Weltkultur.
3. Nach dem Tod Alexanders Kriege unter den hellenistischen Reichen; die Römer besetzen Griechenland, das 148 v. Chr. römische Provinz wird.

Stoa – Name stammt von einer mit Gemälden von Polygnot geschmückten Halle (stoa poikile) auf dem Marktplatz von Athen, in der die Stoiker ihre Vorträge und Diskussionen hielten. (Stoiker = Hallenphilosophen.)
ältere Stoa (310–160): Gründer **Zenon** aus Kition auf Cypern (334–261); Nachfolger **Kleanthes** (304–232) und **Chrysippos** aus Soloi (281–208), der die Stoa vor dem Zerfall rettete.
mittlere Stoa (140–150): Hauptvertreter: **Panaitios** von Rhodos (180–110), ein weltoffener Aristokrat und Freund Scipios; **Poseidonios** (130–50) aus Syrien), ein Universalgenie, der auch Mathematiker, Geograph, Astronom, Historiker war.
jüngere Stoa der römischen Kaiserzeit: **Seneca** (4 v. Chr.–65 n. Chr.), Erzieher und Minister des Kaisers Nero, **Epiktet** (60–140), zuerst Sklave, dann Freigelassener **Marcus Aurelius Antonius** (121–180), römischer Kaiser

3.2.2.1 Logos und Kosmos

Auch die stoische Ethik ist eudämonistisch, obgleich wir mit dem Wort stoisch eine ganz andere Vorstellung verbinden als die der Glückseligkeit. Die Grundsätze für ein wahrhaft sittliches Leben finden auch die Stoiker in der menschlichen Natur, allerdings nicht in einem ursprünglichen Luststreben aller Lebewesen, sondern in der menschlichen Vernunft, die die Stoiker eingegliedert in ein göttliches Universum verstehen. Im Rahmen einer umfassenden Weltanschauung versucht die Stoa, die Ethik von einer kosmologischen und einer psychologischen Seite her zu begründen.

a) **Die kosmologische Begründung.**
Die Stoiker gehen von der Vorstellung einer einheitlichen Natur aus, die etwas Vollkommenes, ein geordnetes, beseeltes Ganzes ist. Der Kosmos beruht auf zwei Prinzipien: Materie und Struktur. Ihre Beziehung stellen sich die Stoiker als Mischung vor, wobei das **Pneuma** als kosmische Kraft, als aktives Prinzip den ganzen Kosmos durchdringt und beseelt. In der Welt geschieht alles mit Naturnotwendigkeit bzw. durch Schicksal (Heimarmene), denn die Vorstellung vom Kosmos als kontinuierlicher organischer Einheit schließt einen lückenlosen **Determinimus**, eine Verkettung aller Dinge, ein. Dennoch versuchen die Stoiker **Freiheit** und **Verantwortlichkeit** zu begründen, um in einer durchgängig determinierten Weltordnung noch Raum für ethisches Handeln zu geben. Ihre Lösung besteht in der Einsicht in die Notwendigkeit, durch die der Mensch in die Lage versetzt werden soll, das vom Schicksal Bestimmte freudig anzunehmen und in freiwillig Anerkanntes umzuwandeln. Indem er sich der vernünftigen Notwendigkeit fügt, bringt er seine eigene Vernunft mit der Weltvernunft in Einklang.

Das Gesetz, das den Kosmos regiert, das Gesetz des göttlichen Logos, liefert auch das Gesetz, welchem das menschliche Handeln entsprechen soll, weil die menschliche Natur Teil der kosmischen Natur ist. Um Glückseligkeit zu erreichen, muß der Mensch mit ihm in Übereinstimmung leben.

b) **Die psychologische Begründung**
Der Begründung ethischer Normen aus der **äußeren Natur**, der Kosmosordnung, korrespondiert eine Begründung aus der **inneren Natur**, einem Urtrieb heraus. Die Stoa lehrt, daß die Natur ihre Lebewesen mit einem wirkungsvollen Impuls zur Selbsterhaltung ausgestattet hat, der es ihnen ermöglicht, das Nützliche zu suchen und das Schädliche zu meiden. Er wird verstanden als die **Hinwendung zum eigenen Wesen** (oikeiosis), die über die reine

---

stoisch: von unerschütterlicher Ruhe, gleichmütig, gelassen.

Kosmos (griech. eigentlich „Ordnung, Schmuck"): Weltall, die Welt als geordnete Einheit gedacht im Gegensatz zum Chaos. Im Denken der Stoa sowohl religiöser als auch physikalischer Begriff: systematisches Ordnungsgefüge, das Menschen und göttliche Wesen umgreift.

Pneuma (griech. „Hauch, ätherisches Feuer; Seele, Lebenskraft, Geist").

Heimarmene (griech. „Schicksal"), ewige, kontinuierliche und gesetzmäßige Bewegung. „Die Heimarmene ist die unverbrüchliche Reihe der Ursachen." (Chrysipp) Das Schicksal ist das Gesetz des Kosmos schlechthin. Alles vollzieht sich in der Welt nach einem lückenlosen Schicksalsgesetz.

Oikeiosis-Lehre (griech. *proton oikeion* „das erste ihm Eigene") leitet ethische Normen aus dem Urtrieb der Menschennatur ab: der sinnlichen Selbstwahrnehmung, die sich zur Selbstbeziehung entfaltet. Jedes Lebewesen hat, noch bevor es Lust oder Schmerz empfinden kann, ein Selbstverhältnis. Es bezieht sich auf das, was ihm vor allem anderen gehört, und das ist sein eigener Bestand.

Naturrecht (lat. *lex naturalis*): Die Stoa unterscheidet das für den gesamten Kosmos absolut gültige ewige Weltgesetz (*lex aeterna*) und das auf der vernünftigen Natur des Menschen beruhende Naturrecht (*lex naturalis*). Das Mittelalter übernimmt die Naturrechtslehre der Stoa.

Eigensucht hinausgeht, z. B. in der Sorge um die eigene Nachkommenschaft, und die schließlich die ganze Menschheit umspannt. Sie erkennt in jedem Vernunftwesen einen „Verwandten" und weiß sich nicht nur durch die äußere Gleichheit der Lebensbedingungen, sondern auch durch ein natürliches Gefühl der Zusammengehörigkeit verbunden. Die Gedanken des Naturrechts und der Menschenrechte haben in dieser kosmopolitischen Ausrichtung der Stoa, die im **Ideal des Weltbürgertums** gipfelt, ihren Ursprung.

3.2.2.2 Tugend- und Wertlehre

„Denn der tugendhafte Mann sei sowohl theoretisch gebildet wie auch fähig, den Anforderungen des praktischen Lebens zu entsprechen. Denn was die Pflicht im Leben fordert, dafür muß man sich auch entscheiden, muß die daraus sich ergebenden Gefahren bestehen, muß jedem das Seine zukommen lassen und fest bei der Sache beharren dergestalt, daß, wenn man mit richtiger Wahl, mit unbeugsamem Mut, mit unparteiischem Sinn und mit fester Beharrlichkeit handelt, man einsichtig, tapfer, gerecht und besonnen ist." (Diogenes Laertius, VII, S. 126)

Endziel der stoischen Ethik ist das „mit der Natur in Einklang stehende Leben, welches übereinkommt mit dem tugendhaften Leben" (**secundum naturam vivere**). Um das eigene Wollen mit dem vernünftigen Geschehen des Weltalls in Einklang zu bringen und ein vernünftiger Teil des vernünftig-notwendigen Kosmos zu werden, bedarf es der Weisheit, den nicht-vernünftigen Seelenteil zu beherrschen. Darum besteht das tugendhafte Leben in der Zügelung der Leidenschaften bis hin zur Leidenschaftslosigkeit (apathia), die allein zum sicheren Glück führt, das von der Erfüllung der natürlichen Triebe ganz unabhängig ist. Das wahre und einzige Glück, das in der Tugend gesucht wird, besteht in Gesetzestreue, Pflichtbewußtsein, Überwindung und Entsagung, ständiger Strenge und Härte gegen sich. Diese Tugend reicht aus zur Glückseligkeit.

Die Theorie von den Adiaphora ergibt sich aus dem stoischen Glücksbegriff. Das Glück ist von der Erfüllung der natürlichen Triebe unabhängig. Darin unterscheidet der stoische sich vom Aristotelischen Glücksbegriff. Die Stoiker setzen das Glück mit dem sittlichen Ziel gleich; ihr Ideal ist der von allen äußeren Gegebenheiten unabhängige Weise.

Seneca unterscheidet Peripatetiker und Stoiker: „Unsere Philosophen unterdrücken die Affekte, die Peripatetiker mäßigen sie bloß."

Innerhalb der Tugendlehre entwickelt die Stoa eine **Rangordnung der Werte und Güter**, in der die wahren Güter von Dingen mit relativem Wert unterschieden werden. Das wahre Gut ist „die Tugend und was an ihr teilhat" (arete), das einzige Übel ist die Schlechtigkeit, das Laster (kakia). Das Gute wird definiert als das, was das Vernunftwesen gemäß seiner Natur als Vernunftwesen vollkommen macht. Den wesensmäßigen Unterschied zwischen dem sittlich Guten (kalon, honestum) und den anderen Gütern unterstreicht der Begriff der **Adiaphora** (gleichgültige Dinge). Adiaphora sind Dinge von relativem Wert oder Unwert, die als äußere Güter und äußere physische Übel ohne Belang sind; ihnen gegenüber hat der Weise eine stoische Haltung, die Unerschütterlichkeit (ataraxia) zu zeigen, da sie ihn nur äußerlich berühren und ihr Besitz für das Daseinsglück gleichgültig (adiaphoron) ist. Auf die Erlangung der Dinge von relativem Wert kommt es für das glückselige Leben nicht an. Der Weise wird sich über die Adiaphora weder freuen noch unter ihnen leiden; er nimmt sie als notwendig hin.

Die praktische Lebensweisheit (phronesis) wirkt sich in den bekannten vier Kardinaltugenden aus: der Klugheit, Tapferkeit, Mäßigung und Gerechtigkeit; die Tugend selbst aber ist ein Ganzes und unteilbar, deshalb lehren die Stoiker, daß man keine dieser Tugenden besitzen kann, ohne alle zu besitzen. Den vier Haupttugenden, die noch in eine Fülle von Spezialtugenden aufgespalten werden, stellt die Stoa vier Hauptlaster gegenüber:

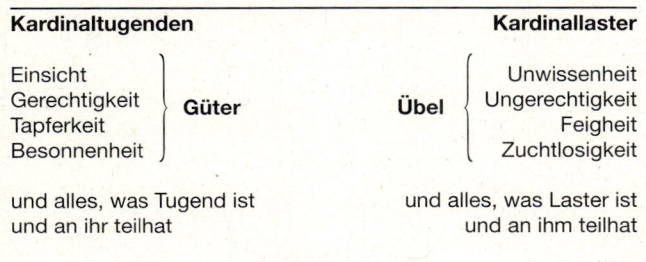

Kardinaltugenden		Kardinallaster	
Einsicht			Unwissenheit
Gerechtigkeit	**Güter**	**Übel**	Ungerechtigkeit
Tapferkeit			Feigheit
Besonnenheit			Zuchtlosigkeit
und alles, was Tugend ist und an ihr teilhat		und alles, was Laster ist und an ihm teilhat	

Adiaphora

Leben und Tod
Lust und Schmerz
Gesundheit und Krankheit
Reichtum und Armut
Ruhm und Schande

Die Stoiker haben zur Verwirklichung einer praktischen Tugendlehre zwei grundlegende Forderungen erhoben: die **Mahnung zur Apathie**, die die Voraussetzung ist für die zweite Forderung: ein **Leben der Tat**. Apathie ist der Weg zur Tugend und zum naturgemäßen Handeln, weil sie die Affekte zum Schweigen bringt und sie unter die Herrschaft der Vernunft stellt.

Apathie (griech. *apathia* „Unempfindlichkeit, Leidenschaftslosigkeit"): sittliches Bildungsideal zur Ausschaltung der Affekte. Für den Stoiker, teilweise auch für Epikur, Voraussetzung der Glückseligkeit. Die Stoiker fordern die Ausschaltung der schädlichen Affekte als bedingungslose Pflicht des Menschen.

„Die Stoiker, die Stockheiligen, die nicht weinen, sich der Natur gar nicht annehmen, es geschehe, was da wolle [...] Gott hat den Menschen nicht also geschaffen, daß er Stein oder Holz sein sollte." (Martin Luther)

3.2.2.3 Pflichtenlehre

Das „Leben der Tat" fordert vom Stoiker den Einsatz im politischen Leben; er soll sich den öffentlichen Aufgaben stellen und hier seine Pflicht tun. Die **Pflicht** erfüllen heißt zunächst: der **göttlichen Stimme** im Innern gehorchen. Darum ist eine pflichtgemäße Handlung das, was der Erhaltung der menschlichen Natur dient und wofür sich die Vernunft entscheidet.

In einer anderen Bedeutung meint Pflicht **„das Geziemende"** und ist der Ausdruck des ganz richtigen sittlichen Tuns, des Handelns um der Tugend willen. Die Stoiker unterscheiden zwischen vollkommenen und unvollkommenen Handlungen, die auf dem Unterschied zwischen vollkommenen und unvollkommenen Pflichten beruhen. Moralisch richtige Handlungen, die sich nach mora-

„Nur das ist gut (bonum), was sittlich (honestum) ist, und glücklich zu leben bedeutet sittlich zu leben, und das heißt tugendhaft zu leben" (Cicero, de finibus, III 29)

„Das war es, was Kant an der stoischen Ethik geschätzt hat, weswegen man die stoische Ethik denn auch herkömmlicherweise als Pflichtethik anspricht, wenngleich sie nicht bloß Pflichtethik ist" [...] darum „ist die stoische Ethik im Grunde Seinsethik, betont aber mit besonderem Nachdruck das Pflichtmoment" (Hirschberger, S. 232)

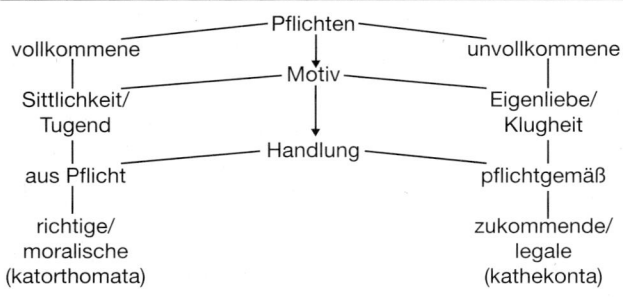

„Der Weise allein ist frei; er ist König und Herr und steht an innerer Würde selbst dem Gott Zeus nicht nach. Er ist Herr auch über sein Leben und darf es nach freier Selbstentscheidung beenden." (Pohlenz, Bd. I, S. 154)

„Wenn er gute Gründe hat, so wird sich der Weise, wie sie behaupten, auch selbst das Leben nehmen zur Rettung des Vaterlandes oder der Freunde und wenn er von gar zu hartem Leid heimgesucht wird, sei es von Verstümmelung oder von unheilbarer Krankheit." (Diogenes Laertius, VII, S. 130)

lischen Prinzipien ausrichten, werden von einem Typus von Handlungen, die zwar legal und pflichtgemäß sind, aber nicht aus Tugend geschehen, unterschieden.

Der Unterschied zwischen vollkommenen und unvollkommenen Pflichten beruht auf den verschiedenen **Motiven** für eine Handlung; nur wer aufgrund der Tugend der Gerechtigkeit, um des sittlich Guten willen handelt, handelt vollkommen. Die moralisch richtige Handlung ist frei von natürlicher Selbstliebe, frei von Emotionen und geschieht in unbeirrbarer charakterlicher Festigkeit.

Die vollkommene Pflicht ist eine ideale sittliche Forderung, die zu erfüllen nur **der Weise** imstande ist. Er lebt ein pflichtgemäßes Leben in Übereinstimmung mit der Natur, das heißt mit sich selbst. Die Verwirklichung der Eudaimonia als Selbstverwirklichung im Bild des Weisen ist das höchste von der Stoa entworfene Ideal des tugendhaften und glückseligen Lebens. Es faßt die ganze Tugendlehre zusammen: der Weise besitzt alle Tugenden, seine Freiheit ist eine Freiheit des Inneren, des Vernunftmenschen, die ihm keiner rauben kann. Darum wird der stoische Weise von keinem Unglück oder irgendeinem Verlust niedergedrückt, er läßt keine unvernünftigen Gefühle in sich aufkommen und bleibt unbeeinflußt von dem, was um ihn auch geschehen mag.

Wenn ihm aber das Leben nach vernunftgemäßen Erwägungen wertlos erscheint, dann darf der Weise Selbstmord begehen. Der Mensch darf über sein Leben verfügen und ihm aus wohlerwogenen Gründen ein Ende setzen; Freitod ist sein sittliches Recht. Eine Reihe führender Stoiker haben diese Konsequenz gezogen.

Im Ideal des Weisen begegnen sich Epikur und die Stoa. Beide wollen die äußere Unabhängigkeit und Autarkie des von der Vernunft geleiteten Menschen und die unbedingte Freiheit der Seele gewährleisten. Ihre fundamentalen Unterschiede aber in Begründung und Zielsetzung soll die folgende Gegenüberstellung noch einmal zusammenfassend zeigen:

Epikur	Stoa
Jede Zweckmäßigkeit wird geleugnet.	Alles einzelne dient einem gemeinsamen Zweck (Telos).
Die Götter kümmern sich nicht um Welt und Mensch.	Welt ist ein göttlich durchwirktes Ganzes.
Mit dem Tod stirbt auch die Seele.	Die Seele lebt nach dem Tod weiter.
Lust ist das einzige Gute.	Tugend ist das einzige Gute.
Ideal: das Glück im stillen Winkel. Individualismus, Freundschaft.	Ideal: Glück in der Tugend. Pflichten gegen den Staat, Dienst an der Gemeinschaft.
Keine Religion, die im Unglück Kraft gibt. Weltanschauung unabhängiger Genießer.	Starker sittlicher Rückhalt für Unterdrückte und Verfolgte.

„Epikureismus und Stoizismus sind bequeme und tröstliche Lehren für die auf den privaten Bereich beschränkten Bürger der großen unpersönlichen Fürstenstaaten und Weltreiche der hellenistischen und römischen Welt. Die Stoa liefert eine bessere Rechtfertigung für die Teilnahme am öffentlichen Leben, Epikur fordert den Rückzug daraus. [...] Die Lehren der apatheia und der ataraxia sind als Ratschläge für diejenigen nicht von Nutzen, die schon besitzlos sind und damit dazu neigen, Hedonisten zu werden. Sie sind der Armut, den Krankheiten, dem Tod und dem Willen derjenigen ausgesetzt, die sie beherrschen und oft genug auch besitzen. Sie fragen sich in dieser Lage immer noch, wie sie leben sollen und was Tugend und Glück in ihrem Fall bedeuten könnten. Einigen von ihnen gaben die Mysterienkulte eine Antwort. Weitaus mehr Menschen sollten mit dem Entstehen des Christentums eine Antwort erhalten." (MacIntyre, S. 105f.)

3.2.3 Das Sein ist das Gute

Die ganze mittelalterliche Philosophie hat ihre Wurzeln in den geistigen Grundhaltungen der großen Systeme der hellenistischen Philosophie. Die ersten 1200 Jahre des abendländischen Christentums sind geprägt durch die Begegnung mit dem platonischen Denken in der Vermittlung durch den Neuplatonismus; im Zentrum des platonischen wie des augustinischen Denkens steht die Idee des Guten, bei Augustinus gedacht in der Existenz Gottes, auf die hin alles Sein geordnet ist.

Einen ganz anderen Einfluß übt das Aristotelische System auf die mittelalterliche Philosophie aus. Gegen-

Neuplatonismus und Augustinus: vgl. Kap. I.2.2.1 Gott als Höchstes Gut

Scholastik (von lat. *schola* „Schule"): Schulwissenschaft (Philosophie, Theologie) im christlichen Mittelalter.

Über die arabischen Philosophen, die die Werke des Aristoteles überliefert haben, dringt die aristotelische Philosophie in das abendländische Denken ein und hat weitreichende Konsequenzen, ja sie verursacht eine geistige Revolution. Die Kirche sah in ihr eine Bedrohung der Religion und des Christentums und verbot die Lektüre der metaphysischen Schriften des Aristoteles. Erstes Verbot 1210, das letzte 1263.

„So erklärt sich jene **Lehre von der zweifachen Wahrheit**, der theologischen und der philosophischen, welche durch das ganze spätere Mittelalter gegangen ist. [...] Sie ist der adäquate Ausdruck des geistigen Zustandes, der durch den Gegensatz der beiden Autoritäten, unter welchen das Mittelalter stand, der hellenistischen Wissenschaft und der religiösen Tradition, notwendig herbeigeführt wurde." (Windelband, S. 275)

über dem augustinischen Neuplatonismus bleibt die aristotelische Philosophie zunächst fast ohne Wirkung; erst in der **Scholastik** gewinnt sein Werk, das durch die Überlieferung der Araber nach und nach bekannt wird, zunehmend an Bedeutung. Aristoteles als Vertreter der philosophischen Wissenschaft läßt sich mit der christlichen Lehre nicht so ohne weiteres vereinbaren, denn für ihn ist die Erkenntnis der Wahrheit eine Sache der Vernunft und nicht des Glaubens.

Thomas von Aquin unternimmt den Versuch, die beiden widerstreitenden Weltsichten miteinander zu versöhnen, und zwar so, daß keine von beiden ihres Rechtes beraubt wird. Er will also sowohl dem aristotelischen Denken den ihm gebührenden Platz einräumen wie auch zugleich die Wahrheit des christlichen Glaubens bewahren. Diese **Synthese von Vernunft und Glauben** gelingt ihm durch den Gedanken, daß beide, Vernunft und Glauben von Gott stammen, also eine gemeinsame Wurzel haben. Darum stehen sie auch nicht in Widerstreit zueinander, denn der Glaube ist nicht widervernünftig, die Vernunft aber kann nichts lehren, was dem Glauben widerspricht. Als christlicher Philosoph gibt er dem Glauben den Vorrang, weil für ihn die Wahrheit des Glaubens vollkommener ist als die Vernunftwahrheit. Denn wenn die Philosophie das Wesen der Wirklichkeit, oder mit Aristoteles zu sprechen, die Form, die Idee, zu begreifen sucht, dann denkt sie die Gedanken nach, die Gott mit der Welt hat. Die Formen oder Wesenheiten existieren ursprünglich als Ideen im Geiste Gottes, als Entwurf der **Schöpfung**; der Mensch vermag sie zu denken, weil er „eine teilhabende Ähnlichkeit am göttlichen Geiste hat".

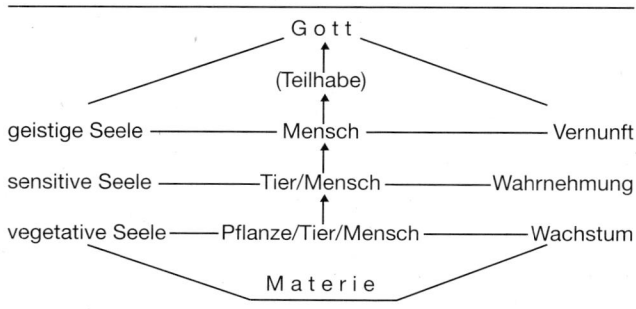

Die Verfassung der Wirklichkeit, die Gott gemäß den Ideen geschaffen hat, erinnert an den dynamischen aristotelischen Stufenbau, von dem Thomas auch das Verhältnis von Stoff und Form übernimmt. Je erhabener die Form über den Stoff ist, desto höher steht die Stufe der Wirklichkeit. Die materiellen, toten Dinge stellen die

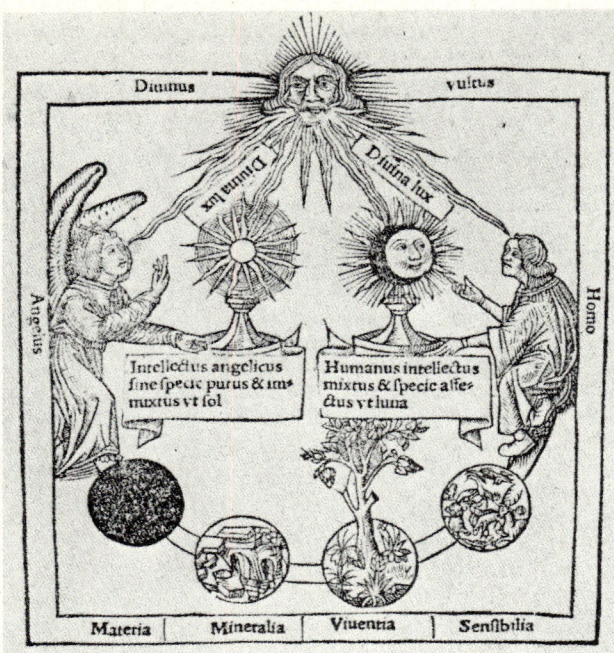

Ethik im Mittelalter – Carolus Bovillus (ca. 1470–1553): De Intellectu

„Die konventionelle Moral dieser Epoche gründet in der Geschlossenheit des Weltbildes. In der großen Kette des Seins erleuchtet das göttliche Licht den Engel und den Menschen. Beide sind durch die Reiche der gestaltlosen Materie, der Mineralien, der Pflanzen und der empfindenden Geschöpfe miteinander verbunden".
J. D. Bernal: Sozialgeschichte der Wissenschaften. Bd. 1, S. 281.

niedrigste Stufe dar, die Pflanze steht schon höher, weil sie ihre Form in sich selber hat als ihre vegetative Seele. Das Tier steht auf der nächsten Stufe, da seine Seele nicht nur ein vegetatives, sondern auch ein sensitives Vermögen, die Wahrnehmung, besitzt. Auf der nächsten Seinsstufe steht der Mensch, der mit Tier und Pflanze eine vegetative und sensitive Seele gemeinsam hat, dazu aber ein Seelenvermögen besitzt, das geistig und unsterblich ist. Die höchste Seinsstufe wird in Gott gedacht, der als reiner, ungeschaffener Geist äußerste Vollendung aller Wirklichkeit ist.

3.2.3.1 Das Streben nach dem Guten

Die theologische Ethik des Thomas von Aquin, die an Aristoteles anknüpft, lehrt, daß Gut das ist, wonach die Begierde strebt. Er unterscheidet ein **sinnliches** und ein **geistiges Strebevermögen** (appetitus). Das Strebevermögen, das nur der Wahrnehmung folgt und bei den Tieren vom Instinkt bestimmt wird, ist ein sinnliches (appetitus sensitivus), das aber, das der Vernunft folgt, ist der **Wille** (appetitus rationalis). Der Wille ist frei und auf das Gute gerichtet, welches dann sittlich gut ist, wenn es der Vernunft gemäß ist. Das sittliche Gute aber gründet im höchsten Sein, in Gott. Die Prinzipien der Sittlichkeit sind die in der menschlichen Vernunft liegenden Prinzipien des **„natürlichen Sittengesetzes"**; sie werden gedacht als „die

Thomas nennt dieses Gesetz auch *lex naturalis* oder *ratio naturalis* und sagt, es habe teil am ewigen Gesetz, an der *lex aeterna*, an der ewigen göttlichen Vernunft.
vgl. Kap. I.3.2.2 Die Wertordnung der Stoa

Diese Begründung der eudämonistischen Handlungstheorie ist zu Beginn des 2. Teils seines Hauptwerks, der *Summa theologica*, dem Hauptwerk des Thomas, ausführlich entwickelt. Sie ist noch in der Ethik des heutigen Thomismus maßgebend. Dieser Teil der *Summa* stellt das Streben der vernunftbegabten Geschöpfe zu Gott dar.

Teilhabe am göttlichen Gesetz von seiten der vernünftigen Kreatur".

Gott, der Inbegriff alles Guten, ist der Urheber der Welt, und alles Seiende wendet sich auf ihn zurück, um ihn als das höchste Ziel zu erstreben. Gott gut zu nennen bedeutet, ihn als das Ziel des Begehrens zu bezeichnen. Das Verhältnis des endlichen Guten (bonum per participationem) zur höchsten Gutheit Gottes (bonum per essentiam) wird dahingehend bestimmt, daß das endliche Gute aufgrund seines geschaffenen Seins wirklich in sich gut ist, aber diese Gutheit als teilhabende in sich selbst ein Bezug zu Gott als höchstem Gut ist. Der Mensch als Vernunftwesen ist, noch unvollkommen, deshalb auf selige Vollendung in Gott (beatitudo) angelegt.

3.2.3.2 Glückseligkeit als Ziel

In der Bindung des Willens an diese unbedingte Gutheit Gottes gründet nach Thomas die **Wahl- und Entscheidungsfreiheit**. Das Gute (ens bonum) ergibt sich aus dem Bezug zum Strebevermögen (vis appetitiva) des Menschen. Das natürliche und letzte Ziel des Menschen ist nun die **Glückseligkeit** (beatitudo). Thomas legt dar, daß der Mensch dieses letzte Ziel nicht nicht wollen kann, er kann nicht nicht glücklich sein wollen. Da das universale und höchste Gute, das der menschliche Intellekt erkennen und das sein Wille wollen kann, in Gott existiert, kann auch nur Gott den Menschen wirklich glücklich machen. Auf dieses letzte Ziel hin ist der Mensch determiniert.

Kontemplation

Thomas benützt in der Darstellung der Glückseligkeit die aristotelische Terminologie und erblickt sie darum in der vollendeten theoria, in der Schau Gottes, die das Ziel und die Befriedigung menschlichen Verlangens darstellt.

Der Aspekt des Guten, daß sein Begehrt- und Geliebtwerden für sein Gut-sein konstitutiv ist, findet sich in der scholastischen Formel ausgedrückt: „Alles Begehrte wird unter der Gestalt des Guten begehrt" (quidquid appetitur, sub specie boni appetitur).

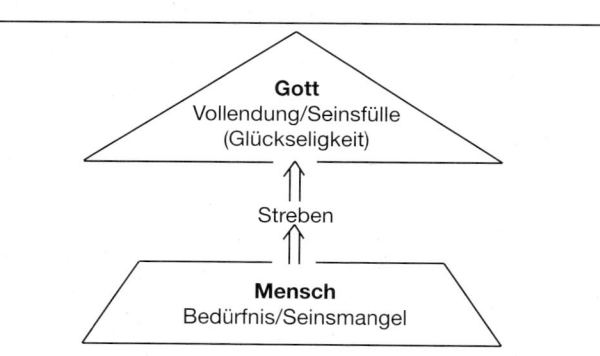

Thomas behauptet, daß sich aus der Tatsache, daß alles Streben ein Streben nach der Erlangung oder dem Besitz von etwas ist, sich ein Mangel im Sein des Strebenden ergibt, nämlich eben der Mangel dessen, wonach er strebt. Somit tendiert unser Streben im ganzen dahin, daß alle Seinsmängel in uns aufgehoben werden dadurch, daß wir entsprechende Güter bzw. *ein* entsprechendes umfassendes, unser Sein zur Vollendung bringendes Gut erlangen. Dieses Vollendung bringende (und zugleich selbst vollkommene) Gut aber ist nichts anderes als die **Glückseligkeit**. Dieses menschliche Streben ist aber nicht notwendig egoistisch ausgerichtet, denn es findet seine höchste irdische Erfüllung in der Art von Liebe (amor amicitiae), wie wir sie gegenüber Freunden und Angehörigen empfinden und die zwischen dem Liebenden und dem Geliebten eine Einheit der Liebe (unio amoris) zustandebringt.

3.2.4 Bonum commune

Die christliche Ethik war lange die beherrschende Ethik des Abendlandes. Ihre Bestimmung des Guten und der Glückseligkeit war **theozentrisch** orientiert, auch wenn sie das Glück des Individuums zum Ziel hatte. Mit dem ausgehenden Mittelalter vollzieht sich der Wechsel zur Neuzeit, eingeleitet durch den Humanismus und die Aufklärung, die die Begriffe des Guten und des Glücks **anthropozentrisch** bestimmen.

Das Weltbild ist
in der Antike: **kosmozentrisch**;
im Mittelalter: **theozentrisch**;
in der Neuzeit: **anthropozentrisch**
(griech. *anthropos* „Mensch" und *kentron* „Mittelpunkt")

Der antike Eudämonismus bestimmte das geglückte Dasein als Ziel des menschlichen Strebens, als individuelles Ziel und als Aufgabe jedes einzelnen. Zwar gehörte es auch zur Tugend, nicht nur die eigene Glückseligkeit, sondern auch die der Mitmenschen zu verfolgen, die Rücksichtnahme auf die Glückseligkeit der anderen wurde dabei doch wesentlich im Hinblick auf die je eigene Glückseligkeit des einzelnen empfohlen.
Auch in der Ethik des Thomas von Aquin, die auf der aristotelischen aufbaut, wird der antike individual-eudämonistische Gesamtansatz nicht aufgegeben, wenngleich hier nun unter Anlehnung an die aristotelische Politik die Rücksicht auf das **Gemeinwohl** (bonum commune) eine stärkere Bedeutung gewinnt. Erst in der Neuzeit, im 15./16. Jh. wird der alte individual-eudämonistische Ansatz zugunsten eines grundsätzlichen Sozial-Eudämonismus überwunden. Mehr und mehr tritt der Gedanke in den Mittelpunkt, daß das Gemeinwohl nicht mehr nur den Rahmen des von allen Menschen als erstrebt vorausgesetzten Endziels der eigenen Glückseligkeit abgeben soll, sondern daß ihm ein eigener, überlegener Wert zukomme. Nach und nach bildet sich der typisch neuzeitliche Gedanke heraus, der später zu der Grundlage der utilitaristischen Ethik wird, daß das bonum commune, bzw. die Rücksicht auf das Gemeinwohl das oberste sittliche Prinzip darstellt. Durch die Formulierung des ethischen Grundprinzips, es sei das ober-

Der heilige Thomas von Aquin

ste Ziel, „das größte Glück der größten Zahl" zu erreichen, stellt sich die Ethik zunehmend als ein System zur Beförderung der *allgemeinen* Glückseligkeit dar. Damit ist der Übergang zu einem andersartigen ethischen System vollzogen, das nicht mehr das Ziel des eigenen Daseinsglücks, sondern das der menschlichen Gemeinschaft in den Mittelpunkt stellt.

3.3 Die Wertethik

> **Phänomenologie:** die Lehre von den Erscheinungen. Im 20. Jh. von Husserl als Bewußtseinsphilosophie neu begründet, die Geltungsansprüche durch Analyse von Bewußtseinsakten einlösen oder als unbegründet zurückweisen will. Keine Lehre vom Wesen selbst, sondern von der Wesensschau, vom wesensschauenden Bewußtsein, dessen wichtigste Beschaffenheit die Intentionalität ist.
>
> **Phänomen** (griech. *phainomenon* „das Erscheinende, Einleuchtende"), die Erscheinung eines Gegenstands der Außenwelt in den Sinnen.

Am Beginn des 20. Jh. treten mit der **phänomenologischen Wertethik** Max Schelers und Nicolai Hartmanns die antiken Fragen wieder in den Mittelpunkt der ethischen Überlegungen: „Was ist das Gute und woran erkennen wir es? Was für ein Leben wollen wir? Was für ein Leben sollen wir führen?" Im Grunde ist schon die Ethik des Aristoteles als Wissenschaft vom guten Leben eine Wert- und Tugendlehre, insofern sie nach dem höchsten Gut und seiner Realisierung durch den Menschen fragt. Die Wertethiker gehen in ihren Untersuchungen aber nicht mehr von den konkreten Lebensformen aus, sondern von den **Phänomenen** des sittlichen Bewußtseins, die im Wesen der sittlichen Person gegeben sind. Um die Frage nach dem Wertvollen und Tugendhaften zu beantworten, kann man ihrer Meinung nach dann nicht zu einer materialen Ethik des aristotelischen Typs zurückkehren, da sie auf empirischen Aussagen gründet. Die materialen Wertethiker versuchen, **Apriorität** und Unabhängigkeit von empirischen Aussagen im Bereich des Sittlichen zu begründen, indem sie übereinstimmend die Werte als letzte, nicht weiter zurückführbare Gegebenheiten auffassen. Damit wenden sie sich gegen jede Art von Wertrelativismus; Max Scheler besonders gegen den Subjektivismus, der alle Werte auf den Menschen zurückführt, Hartmann gegen den Historismus, der keinen einheitlichen Wertmaßstab in der Vielzahl der in der Geschichte aufgetretenen menschlichen Verhaltensweisen mehr kennt.

3.3.1 Die Materiale Wertethik

> **Max Scheler** (1874–1928), Philosoph und Soziologe, übertrug die phänomenologische Methode Husserls auf die Gebiete der Ethik, der Kultur- und Religionsphilosophie, indem er die sittlichen Werte als unwandelbare Wesenheiten darstellte und der Ethik Kants eine materiale Wertlehre

Max Schelers Werk ist der Versuch einer Grundlegung des ethischen Personalismus. Zum Wesen der **Person** gehört ein von empirischen Annahmen unabhängiger Bezug zu einem objektiven **Reich der Werte**. Diese Werte sind uns nicht durch Erfahrung, sondern in apriorischer Einsicht, in anschaulich-unmittelbarer Werterfassung gegeben. Werte als **materiale Werte** sind phänomenologisch emotive, d. h. in Fühlakten gegebene Gehalte. Sie sind ideale

Gegenstände, die dem Gefühl und nicht dem Verstand zugänglich sind, sie sind objektiv und unwandelbar.

In seiner Begründung beruft sich Scheler auf eine neue Erkenntnisquelle, ein **apriorisches Wertfühlen**. Da die materialen Werte unabhängig von der Güterwelt durch menschliche Handlungen verwirklicht werden können, müssen sie zuvor als ideale Objekte in ihrer Wertqualität anschaulich erfaßt oder gefühlt werden. Mit dieser apriorischen Einsicht in die Werte, die Scheler auch als **Apriorismus des Emotionalen** bezeichnet, stimmt er im Grunde mit den Intuitionisten überein. Alle moralische Stellungnahme ist darum intuitiv, ist unmittelbar da und wartet nicht erst auf den urteilenden Verstand. Das primäre Verhalten des Menschen zur Welt besteht somit in „wertnehmenden Fühlakten".

Die **Fühlakte** können nach zwei Seiten hin betrachtet werden: der Vitalseite und der Personenseite. **Vitalwerte** gehen auf daseinsrelative Werte, d. h. Werte, die es mit dem Wesen des Lebens zu tun haben. **Personenwerte** sind dagegen dadurch charakterisiert, daß sie vom Wesen des Lebens unabhängig gefühlt werden können. Sie werden nicht aus dem Leben abgeleitet, sondern sind vom Leben losgelöste, d. h. absolute Werte. Sie sind noch von den **Sachwerten** zu unterscheiden. „Unter ‚Personenwerten' verstehen wir hier alle Werte, die der *Person* selbst *unmittelbar* zukommen. Unter Sachwerten aber alle Werte von Wert*dingen*, wie sie die ‚Güter' darstellen. Unter den ‚Gütern' kann es dann wieder materielle Güter (Genußgüter und Nutzgüter), vital wertvolle Güter (wie z. B. alle Wirtschaftsgüter) und ‚geistige Güter', wie z. B. Wissenschaft und Kunst usw., d. h. die eigentlichen ‚Kulturgüter' geben. Dagegen gehören zu den *Personenwerten* 1. *die Werte der Person ‚selbst'* und 2. *die Tugendwerte*. In diesem Sinne sind nun Personenwerte ihrem *Wesen* nach *höhere Werte* wie *Sachwerte*." (Scheler, S. 99)

Scheler versucht, die ganz verschiedenartigen Werte in einer Wertrangordnung unter verschiedenen Klassen (Wertmodalitäten) zu ordnen (s. Abb. auf S. 80).

Im pyramidenartigen Aufbau bilden die **Rangordnung** der Werte und die Rangordnung der wertnehmenden Handlungen zusammen einen streng gesetzlich regierten **Stufenbau**, in dem wertnehmende Handlungen und Werte wechselseitig aufeinander bezogen sind.

Sittlich gut ist der wertrealisierende Akt, der auf eine moralische Intuition, das **sittliche Wertfühlen** zurückgeht, das Scheler bei allen Menschen gleichermaßen voraussetzt. Eine das Moralische verfehlende Handlung beruht auf einem mangelnden oder verkümmerten Wertfühlen,

gegenüberstellte. Hauptarbeitsgebiete: verstehende Psychologie, Soziologie des Wissens, Geschichts- und Kulturphilosophie, Ethik. Begründer der philosophischen Anthropologie.

vgl. G. E. Moores Grundthese des **Intuitionismus**: „Gut" ist eine nicht-natürliche, nichtempirische, einfache, undefinierbare Qualität, die in einem intuitiven Akt unmittelbar eingesehen werden kann.
(Kap. I.1.1.)

Vitalwerte: Lebenswerte (edelgemein, gut-schlecht), die allen Lebewesen (Menschen, Tieren, Pflanzen) zu eigen sind; von Dingen aber nur analogisch gebraucht werden. Lebewesen sind keine dinglichen Einheiten, sondern sie stellen nach Scheler eine letzte Art kategorialer Einheiten dar.

„Person ist die konkrete, selbst wesenhafte Seinseinheit von Akten verschiedenartigen Wesens.
Das Sein der Person fundiert alle wesenhaft verschiedenen Akte."
(Scheler, S. 398)

Edmund Husserl (1859–1938) bezeichnet die ursprüngliche Gegebenheit von Werten, die in einem Akt stattfindet, als **Wertnehmen** und setzt sie zum Wahrnehmen in Parallele.

Wertrangordnung: Es gibt fünf materiale, d.h. inhaltlich verschiedene Werträge. Die Person trägt die fünf Wertarten mit sich wie ein Gehäuse, gleich wie weit sie in den Raum vorstößt. Die steigende Ordnung der Werträge ist das Prisma der fünf Werträge selbst: der ordo amoris.

Spitze:
absolutes Sein
höchste Form des
personalen Seins

4. Stufe
Werte des religiösen Fühlens

Werte des Heiligen und
Unheiligen;
verwirklicht in personaler Liebe
Liebe/Haß, Glaube/Unglaube;
Personentypus: Heilige;
Gemeinschaftsform:
Glaubensgemeinschaft.

3. Stufe
Werte des geistigen Fühlens

Werte des Schönen/Häßlichen, Rechten/Unrechten,
Wahren/Falschen;
verwirklicht im geistigen Fühlen;
am Beispiel in Freude und Trauer;
Personentypus: Künstler, Gesetzgeber, Philosoph;
Gemeinschaftsform: Nation.

2. Stufe
Werte des vitalen Fühlens

Werte des Edlen/Gemeinen, Guten/Schlechten;
werden erfahren in Lebensgefühlen: Gesundheit, Krankheit, Tod, Alter;
existieren relativ auf Leben;
Personentypus: Held;
Gemeinschaftsform: Lebensgemeinschaft.

1. Stufe
Werte des sinnlichen Fühlens

Werte des Angenehmen/Unangenehmen und des Nützlichen;
werden erfahren in sinnlicher Lust und sinnlichem Schmerz;
existieren relativ auf sinnliche Natur;
Personentypus: Lebenskünstler (Genießer);
Gemeinschaftsform: Masse.

Basis: umfaßt alles Seiende

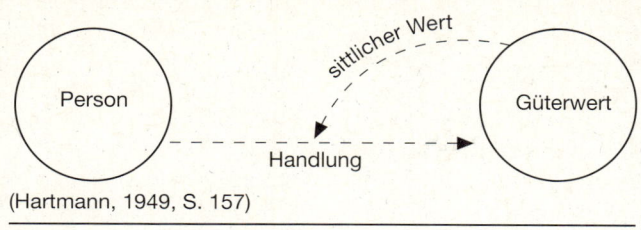
(Hartmann, 1949, S. 157)

einer selbstverschuldeten **„Wertblindheit"**. Gut und Böse sind keine materialen Werte, sondern **moralische Werte**, ihre Verwirklichung geschieht „auf dem Rücken des Aktes", in welchem wir einen anderen Wert zu verwirklichen streben.

Moralische Werte werden an der emotiven Gesinnungsbereitschaft einer Person deutlich, indem sie einen höheren Wert einem niederen vorzieht. Gut ist derjenige Akt, der auf die Realisierung des höheren Wertes abzielt, böse dagegen ist der Akt, in dem wir uns für die Wirklichkeit eines negativen Wertes einsetzen. Die zwischen den Werten bestehenden Beziehungen, insbesondere Rangordnungen, sind ebenfalls a priori in Fühlakten einsichtig.

Wertblindheit: Begriff der Axiologie; bezeichnet die Unfähigkeit, Werte überhaupt zu empfinden und sie sich im Erleben zu eigen zu machen.

Hartmann sieht hier eine Analogie zur Mathematik: „Auch die mathematischen Verhältnisse erkennt man nicht ohne Schulung, ja, mancher begreift sie nie, und doch bestehen sie an sich und werden apriorisch erschaut. Auch die dem Nichtbegreifenkönnen der mathematischen Gesetze entsprechende Wertblindheit spricht nicht gegen, sondern eher für das Ansichsein der Werte. Die Wertblindheit ist nichts anderes als das Fehlen des Wertgefühls für bestimmte Werte." (Hartmann, 1949, S. 169)

3.3.2 Teleologie der Werte

Diese Wertlehre hat **Nicolai Hartmann** weiter zu einer Lehre von den Werten als **Wesenheiten** entwickelt, denen die Seinsweise Platonischer Ideen zukommt. Die Werte haben ein ideales Ansichsein, das vom realen Sein der uns umgebenden Welt grundsätzlich unabhängig ist, und sie bilden so ein **ideales Wertreich**, das gegenüber der realen Welt a priori besteht. Innerhalb des Wertreichs gibt es eine Rangordnung, die sich nach Hartmann so darstellt:

Nicolai Hartmann (1882–1950), Philosoph. Ontologie und Probleme des Sein. In seiner „Ethik" (1926), die manche Gedanken Max Schelers fortführt, entwickelt er eine materiale Wertethik, die sowohl den Sinn und Inhalt des „Guten" zu ermitteln sucht, als auch den absoluten Anspruch der moralischen Pflicht mit den historischen Wandlungen der Werte in Übereinstimmung bringen will.

Sittliche Werte
Vitalwerte
Güterwerte
Lustwerte

(S. 167)

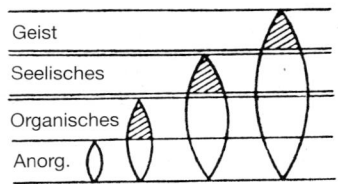

Der Aufbau des Wertreiches ist analog dem Aufbau der realen Welt zu verstehen. Die niederen Werte sind die fundamentaleren und stärkeren; sie sind für uns existenznotwendig und die Bedingungen der höheren. Sie sind schon gegeben, z.B. in der Ordnung, in der wir leben, und verlangen ihre Erhaltung, ihr Nichtverletztwerden. Die höheren Werte dagegen sind ohne das Fundament der niederen nicht denkbar; sie sind aber die eigentlich zu erstrebenden, die sinngebenden. Der höhere Wert ist der, dessen Realisierung mit der tieferen Befriedigung verbunden ist. Sittliche Werte haften immer noch an Personen. In ihnen liegt eine doppelte Bezogenheit.

„Es lassen sich, (wie die Zeichnung verdeutlichen soll) vier Schichten in der realen Welt ausmachen; Materie (Anorganisches), Organisches, Seelisches und Geist. Der Extension nach ist die materielle Schicht die größte. Je höher die Schicht, um so weniger verbreitet ist sie. Nur auf einem kleinen Teil des anorganischen Seins baut sich das organische auf, wieder nur in den am höchsten entwickelten organischen Gebilden findet sich Seelisches, und nur in einer Art der beseelten Lebewesen gibt es Geist."
(Hartmann, 1949, S. 121 f.)

„Sie sind einmal relativ (i. S. von Bezogenheit) auf eine Person als ihren Träger. Nur ein Wesen, das frei ist, das wollen, handeln, Zwecke setzen und verwirklichen, Gesinnungen hegen und Werte fühlen kann – nur eine Person also kann überhaupt sittliches Verhalten an den Tag legen. Zum anderen sind die sittlichen Werte bezogen auf eine Person als Objekt; denn jeder sittliche Wert ist der Wert eines Verhaltens; Verhalten aber ist allemal Verhalten gegen jemanden. In zweierlei Hinsicht ist also der sittliche Wert auf die Person bezogen; als (aktives) Subjekt und als (passives) Objekt."
(Hartmann, 1949, S. 154)

Person (lat. *persona* „Maske eines Schauspielers") schon bei Cicero ein Begriff mit unterschiedlichen Bedeutungen (Rolle, Eigenschaft, Ansehen). Die rechtsfähige Person unterscheidet sich von der Sache (lat. *res*) dadurch, daß sie über sich selbst verfügen und ihr Handeln selbst bestimmen konnte.

Die Vermittlung zwischen realer Seins- und idealer Wertsphäre geschieht über die **Person**. Der Mensch ist ein Bürger zweier Welten: der realen Welt, die einer unausweichlichen Gesetzmäßigkeit untersteht, und der Wertwelt, für deren Sollensforderungen er empfänglich ist. Nur über den Einsatz der Person, in ihrem freien Handeln können Werte verwirklicht werden. Die menschliche Freiheit setzt nach Hartmann daher eine zweifache **Determination** voraus, die **kausale** im Sinne von Naturnotwendigkeit und eine **finale** durchs Wertreich. Für die sittliche Person besteht dann die Möglichkeit, die ihr Handeln bestimmenden Prinzipien selbst auszuwählen, da sie sowohl den Werten als auch der Naturnotwendigkeit gegenüber frei ist.

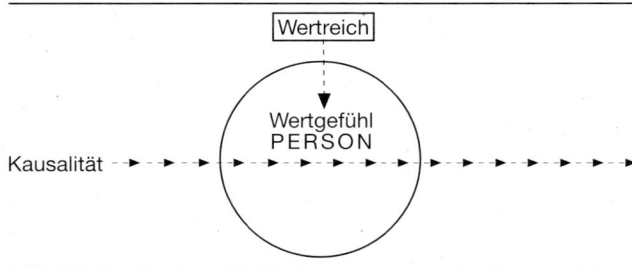

Daher können die Wertprinzipien auch nur dann über uns Macht gewinnen, wenn wir ihre Berechtigung selbst einsehen, d. h. wenn sie unserem Wertgefühl gerade so, wie sie fordernd an uns herantreten, berechtigt erscheinen. Das Wertgefühl ist die entscheidende Instanz, durch die die Wertprinzipien a priori eingesehen werden können. Es ist einem „axiologischen Höhensinn" vergleichbar, der uns mit den Werten verbindet und uns ein Kriterium für ihre Höhenunterschiede gibt.

Das Wertgefühl ist dem Menschen nicht in seiner Vollkommenheit gegeben, es unterliegt einem individuellen Reifungsprozeß. Dieses Reifen des Wertorgans überträgt Hartmann auf die ganze Menschheit, wenn er vom Wandel der Moral spricht, d. i. die Erscheinung, daß im Laufe der Geschichte immer wieder neue Wertgruppen in das Bewußtsein der Menschheit treten, daß immer wieder andere Werte bevorzugt werden und die Moral beherrschen.

„Aber der Mensch ist kein satanisches Wesen; er richtet nicht sein Ziel unmittelbar auf das Böse. Er tut nur Böses, indem er beim Erstreben eines Wertes einen anderen, einen höheren verletzt. Es ist bei ihm also umgekehrt wie bei der Vorstellung vom Satan, der ‚stets das Böse will und stets das Gute schafft'." (Hartmann, 1949, S. 166)

Exkurs

„Denn es ist Tatsache, daß wir immer nur einen Ausschnitt aus dem Wertreich erfassen, für die übrigen Werte aber blind sind. Im Wandel der Moral wechseln nun die Ausschnitte. Der jeweilige für die Menschen einer Zeit gültige Wertblick bildet gewissermaßen einen Lichtkreis (M1 der Zeichnung) im Wertreich. Die Werte, die von ihm bestrahlt werden, sind die für das betreffende Zeitalter verbindlichen. In einer späteren Zeit, in der neue Werte entdeckt werden, alte verlorengehen, wird ein anderes Feld des Wertreiches von dem Lichtfleck erhellt (M2), und eine Epoche später ist der Lichtkreis abermals an eine andere Stelle (M3) gerückt usw. Man kann also von einem Wandern des Wertblicks auf der Ebene der ansichseienden Werte sprechen.

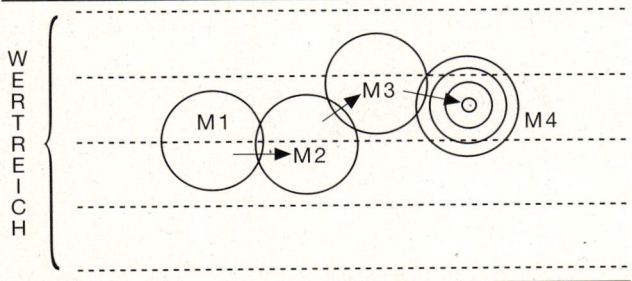

In diesem Bild spiegelt sich die Vielheit und Vergänglichkeit der Moralen. Man hat dieses Phänomen des Wanderns des

Wertblickes auch Wertrelativismus genannt – in der irrigen Ansicht, die Werte selber vergingen und entstünden im Wandel der Moral, während sich in Wahrheit doch nur der Wertblick verschiebt.

Gegenüber dem verhältnismäßig fest umrissenen Kreis der von der ganzen Menschheit während einer Zeitepoche erfaßten Werte ist im Wertgefühl des einzelnen Menschen deutlich ein Wachstum festzustellen. Der Umfang des Kreises wächst stetig an (vgl. die konzentrischen Kreise in M4) bis zu den Grenzen, welche die Zeit ihm zieht." (1949, S. 176)

Für Hartmann gibt es „ein für sich bestehendes Reich der Werte, einen echten **Kosmos noetos**, der ebenso jenseits der Wirklichkeit, wie jenseits des Bewußtseins besteht." (Hartmann, 1962, S. 156)

Hartmann konstruiert hiermit ein übergeschichtlich gedachtes **Reich der Werte**, dem ein objektiver und a priori begründeter Status zukommt und aus dem ein allgemeinverbindliches Sollen abgeleitet werden kann. Einen Beweis sieht er darin, daß es menschliche Werte und Wertungen gibt, die ihre Grundlage in der allgemeinen Wesensstruktur und Grundverfassung des Menschen haben: In diesen fundamentalen Güterwerten, die der Selbsterhaltung des Menschen dienen, liegt ebenso wie in den grundlegendsten Werten des Rechts und der Gerechtigkeit ein echtes übergeschichtliches Apriori vor.

3.3.3 Umwertung der Werte

Friedrich Nietzsche (1844–1900), Studium der Theologie und klassischen Philosophie. 1869 Professor in Basel, mußte das Lehramt 10 Jahre später wegen schwerer Krankheit aufgeben; Freundschaft mit Richard Wagner. 1889 geistiger Zusammenbruch und Umnachtung, die bis zu seinem Tod anhielt.

Die radikalste Kritik aller objektiven und subjektiven Wertsetzungen und die Umwertung aller Werte findet sich in der Philosophie **Friedrich Nietzsches**. Sie zerstört von einer Position **„Jenseits von Gut und Böse"** aus die in der abendländischen Tradition überlieferten Werte und Normen und führt so auch einen unerbittlichen Kampf gegen die überlieferte Philosophie, Religion und Moral. Zu den Grundthemen seiner Moralkritik gehört die Frage nach der Herkunft, dem **Ursprung der Wertbegriffe** Gut und Böse, die für Nietzsche gleichbedeutend ist mit der Frage, unter welchen Bedingungen sich der Mensch jene Werturteile erfand.

„Wo ich Lebendiges fand, da fand ich Willen zur Macht; und noch im Willen des Dienenden fand ich den Willen, Herr zu sein."

„Nur, wo Leben ist, da ist auch Wille: aber nicht Wille zum Leben, sondern – so lehre ich's dich – Wille zur Macht!" (Nietzsche, II, S. 371f.)

Ursprünglich, das ist Nietzsches Hauptthese, steht alles Geschehen unter der Herrschaft der Instinkte, die sich manifestiert als **Wille zur Macht**. In der Entwicklung des Lebens setzt sich der mächtigste Instinkt durch, denn das Leben selbst wertet in den Kategorien Stärke und Schwäche. In Nietzsches materieller Deutung des Lebens ist der Geist nur eine andere Form des Triebgeschehens, und seine Stärke besteht vor allem im Wissen um den Willen zur Macht. Die aus dem lebenserhaltenden, machtstrebenden Instinkt heraus entstehenden Wertsysteme sind gekennzeichnet durch Stärke, Gesundheit und Macht.

Im Unterschied zu allen anderen Lebewesen ist der Mensch das „abschätzende Tier an sich". Schaffen, d. i. Schätzen und Werten, das zu seinen Grundtätigkeiten und Grundüberlebenstechniken gehört, ist aus den Bedürfnissen des Menschen zu erklären und erhebt ihn über das Tier. Aus seiner wertsetzenden Tätigkeit ergibt sich für den Menschen eine **moralische Interpretation** der Welt, die ursprünglich den Wert „gut" setzt für ein axiologisches Höhersteigen, für eine Überwindung des Schlechten, des Schwachen.

„Wahrlich, die Menschen gaben sich alles ihr Gutes und Böses. Wahrlich, sie nahmen es nicht, sie fanden es nicht, nicht fiel es ihnen als Stimme vom Himmel." (Nietzsche, II, S. 323)

Moral ist für Nietzsche dann die Lehre von den Herrschaftsverhältnissen, unter denen das Phänomen Leben entsteht. Da es keine angeborenen moralischen Wertungen gibt, gilt als Maßstab der Beurteilung die Tatsache, ob moralische Normen und Werte die menschliche Entwicklung hemmen oder fördern, ob sie Zeichen von Notstand, Verarmung, Entartung des Lebens sind, oder ob sich umgekehrt in ihnen die Fülle, Kraft, der Wille des Lebens, sein Mut, seine Zuversicht und Zukunft verrät.

„Werte legte erst der Mensch in die Dinge, sich zu erhalten, – er schuf erst den Dingen Sinn, einen Menschen-Sinn! Darum nennt er sich ‚Mensch', das ist: der Schätzende." (Nietzsche, II, S. 323)

Als Manifestation des Willens zur Macht ist die Moral im Dienste des Lebens wesentlich ein **Herrschafts- und Unterdrückungsmechanismus**. Historisch sieht Nietzsche die Entstehung der Moralkodizes zunächst als Leistung der Völker; ihnen diente die Moral zur Selbsterhaltung und Selbstverwirklichung eines Volkes. Die wertsetzenden Instanzen sieht Nietzsche in der Kriegerkaste oder Aristokratie der antiken Völker. Aus einer aktiven, autonomen Wertsetzung entsteht eine vornehme **Herrenmoral**, entsprungen aus dem **Pathos der Distanz**. Sie ist eine Moral der **Rangordnung**, sie operiert mit dem Gegensatz **gut – schlecht**. Gut ist alles, was den einzelnen erhebt, seinem Wesen gemäß ist, gut ist was dem Dasein Adel und Größe gibt. Repräsentant dieser Moral ist der Held, der Krieger. Darum ist die Herrenmoral auch eine ritterliche Moral, ihre Tugenden sind Kriegertugenden: Stolz, Dankbarkeit, Selbstvervollkommnung, Freundschaft, Instinktsicherheit. Die Herrenmoral achtet nur die, die gleichen Ranges sind; die Niedrigen, die Gemeinen werden verachtet, denn das Niedrige ist das Schlechte.

„JEDE Erhöhung des Typus ‚Mensch' war bisher das Werk einer aristokratischen Gesellschaft – und so wird es immer wieder sein: als einer Gesellschaft, welche an eine lange Leiter der Rangordnung und Wertverschiedenheit von Mensch und Mensch glaubt und Sklaverei in irgendeinem Sinne nötig hat. (Nietzsche, II, S. 727)

Gegen diese aristokratische Denkweise wendet sich die **Sklavenmoral** (das Ressentiment). Sie ist erfüllt von dem Instinkt der Rachsucht gegen das höhere Leben, sie will alles gleichmachen und verherrlicht die große Brüderlichkeit aller Menschen, die Nächstenliebe, die Friedfertigkeit. Die Sklavenmoral operiert mit dem Wertgegensatz **gut – böse**; das Böse wird nicht verachtet als das Geringe, sondern gefürchtet und gehaßt als Gefahr. Denn das herrische Leben, die Herrenmoral, das seiner Macht und

Herren-Moral/Sklaven-Moral sind die am häufigsten mißverstandenen Begriffe in Nietzsches Philosophie. „Diese Begriffe sind oft angeprangert worden als Zeichen eines unerträglichen Hochmutes, einer Ungerechtigkeit, die sich selbst noch als Moral zu bezeichnen die Stirn habe. Mit Entrüstung und Abscheu aber ist noch nichts begriffen." (Fink, S. 126)

Umwertung aller Werte – von Nietzsche geprägte Formulierung, meint sowohl Vernichtung bisheriger Moralwerte als auch Loslösung und ihre Umwandlung in Werte mit entgegengesetztem Inhalt.

„*Umwertung aller Werte*: das ist meine Formel für einen Akt höchster Selbstbesinnung der Menschheit." (Nietzsche, II, S. 1152)

Friedrich Nietzsche

Nihilismus (lat. *nihil* „nichts"): Standpunkt der absoluten Verneinung, im ethischen Sinn Negation aller Werte und Normen des Handelns.
Nietzsche: „Nichts ist wahr, alles ist erlaubt."

„Der Nihilismus steht vor der Tür: woher kommt uns dieser unheimlichste aller Gäste? [...] Der Untergang der moralischen Weltauslegung, die keine Sanktion mehr hat, nachdem sie versucht hat, sich in eine Jenseitigkeit zu flüchten: endet im Nihilismus. ‚Alles hat keinen Sinn'." (Nietzsche, III, S. 881)

Mächtigkeit bewußt ist, ist für den Sklaven eben das Gefährliche, das Böse.

Ein wichtiger Unterschied der beiden Moraltypen besteht in der entgegengesetzten Art der Wertsetzung; während die vornehme Moral aktiv wertschaffend, wertsetzend ist, findet die Sklavenmoral nur Werte vor, sie ist wesentlich passiv. Die Repräsentanten für diesen Typ von Moral sind vor allem die Priesterkasten verschiedener Kulturen, Religionen wie das Judentum und das Christentum, aber auch die Utilitaristen und Sozialisten zählt Nietzsche zu dem Typ der instinktkranken und lebensverneinenden Moral. Die von der Sklavenmoral vollzogene **Umwertung der Werte** stellt Nietzsche so dar:

Herkunftshypothesen der Werturteile

gut-schlecht	gut-böse
Aktion der Starken aktiv-autonome Wertsetzung	**Reaktion der Schwachen** passiv-heteronome Wertsetzung
Setzung des Grundwertes g u t vornehm, mächtig, rein	**Umwertung** in b ö s e egoistisch, grausam
abgrenzender Wert = s c h l e c h t niedrig, schlicht	entgegengesetzter Wert = g u t altruistisch, mitleidig
antike Tugendlehren + Wertsysteme	Judentum/Christentum Utilitaristen/Sozialisten

Konsequenz = Nihilismus + Dekadenz

erneute Umwertung der Werte:
jenseits von Gut und Böse
Ziel: Übermensch als souveräner Wertsetzender der Zukunft

Die Folge der Umwertung der Herren- in die Sklavenmoral, die Nietzsche als erste Umwertung aller Werte begreift, ist ein zunehmender Verfall der lebenserhaltenden Instinkte, eine zunehmende Schwächung und Verneinung des Lebens, die eine Verkleinerung des Typus Mensch ins Mittelmäßige zur Folge hat. Nietzsche prägt dafür den Ausdruck **Dekadenz**, deren Kennzeichen Wertnihilismus, Wertrelativismus sind.

Nietzsches Moralphilosophie will dieser heraufziehenden Gefahr des „europäischen Nihilismus" begegnen durch eine erneute Umwertung der Werte, d. h. den Sturz alter Wertetafeln und die Errichtung neuer. Dazu muß zunächst die Zwei-Welten-Lehre des Platonismus und des Christentums zerstört werden, weil sie alle Geltung der Werte und damit das Schwergewicht des Seins in ein Jenseits verlegen und damit das Diesseits entwerten. In dieser Verlagerung und Entwertung des Irdischen, Leiblichen sieht Nietzsche den eigentlichen Grund für das Heraufkommen des abendländischen Nihilismus, dem „unheimlichsten Symptom unsrer unheimlich gewordenen europäischen Kultur".

Das entscheidende Ereignis der Umwertung faßt Nietzsche in der Formel **„Gott ist tot"** zusammen, die gleichbedeutend ist mit dem Untergang der abendländischen Metaphysik und der christlichen Moral. Sie kennzeichnet das Ende für jenen „Christenglauben, der auch der Glaube Platos war, daß Gott die Wahrheit ist, daß die Wahrheit göttlich ist", der immer mehr unglaubwürdig wird, da sich nichts mehr als göttlich erweist, „es sei denn der Irrtum, die Blindheit, die Lüge, – wenn Gott selbst sich als unsere längste Lüge erweist?". Diese Einsicht bringt auch das ganze Gebäude der abendländischen Moral zum Einsturz, weil „alles, nachdem dieser Glaube untergraben ist, nunmehr einfallen muß, weil es auf ihm gebaut, an ihn gelehnt, in ihn hineingewachsen war". Nietzsche propagiert eine neue Epoche der Aufklärung, die die jahrhundertealte Wertsetzung in Religion, Metaphysik und Moral als einen einzigen ungeheuren Irrtum, als die größte Lüge und Unwahrhaftigkeit entlarvt.

Die neue, am Diesseits orientierte Wertsetzung ist verbunden mit den Gedanken des **Übermenschen**, einer zukunftsleitenden Idee in Nietzsches Moralkritik. Der zukünftige Mensch setzt den Sinn des Daseins in die Erde, das Diesseits, das Leben. Er hat alle bisherigen Werte als Illusionen idealistischer Selbstentfremdung durchschaut und schafft in einem Akt der Selbstbefreiung neue Werte und neue Ideale. Der Mensch, von Nietzsche gedacht als ein sich selbst überwindendes Wesen, kehrt nach dem Tod Gottes aus der Selbstentfremdung zurück in die schöpferische Freiheit, die ihre Götter, ihre Ideale selbst schafft. Die Verneinung der Transzendenz hat auf der anderen Seite ein „heiliges Ja-Sagen" zur Immanenz zur Folge, das aber über die pathetische Formel hinaus kein konkretes zukünftiges Wertsystem liefert, um dem Wertrelativismus oder dem drohenden Nihilismus ernsthaft begegnen zu können.

„Wir Europäer befinden uns im Anblick einer ungeheueren Trümmerwelt, wo einiges noch hoch ragt, wo vieles morsch und unheimlich dasteht, das meiste aber schon am Boden liegt, malerisch genug – wo gab es je schönere Ruinen? – und überwachsen mit großen und kleinem Unkraute. Die Kirche ist diese Stadt des Unterganges: wir sehen die religiöse Gesellschaft des Christentums bis in die untersten Fundamente erschüttert, – der Glaube an Gott ist umgestürzt, der Glaube an das christlich-asketische Ideal kämpft eben noch einen letzten Kampf."
(Nietzsche, II, S. 229 f.)

Übermensch – Ideal eines zukünftigen Menschenwesens, das nach dem Tod Gottes der Sinn der Erde ist. „Tot sind alle Götter: nun wollen wir, daß der Übermensch lebe." Bleibt in Nietzsches Werk nur formal umrissen, inhaltlich weitgehend unbestimmt.

„Der Mensch ist etwas, das überwunden werden soll. [...] Alle Wesen bisher schufen etwas über sich hinaus: und ihr wollt die Ebbe dieser großen Flut sein und lieber noch zum Tiere zurückgehn, als den Menschen überwinden?"

„Der Übermensch ist der Sinn der Erde. Der Mensch ist ein Seil, geknüpft zwischen Tier und Übermensch, – ein Seil über einem Abgrunde."

„Was groß ist am Menschen, das ist, daß er eine Brücke und kein Zweck ist: was geliebt werden kann am Menschen, das ist, daß er ein ÜBERGANG und ein UNTERGANG ist."
(Nietzsche, II, S. 279 ff.)

3.3.4 Relativität der Werte

Der Relativismus, der behauptet, aufgrund der Verschiedenheit von Normen und Werten sei in der Moral letztlich alles relativ und man dürfe keine normativ verbindlichen ethischen Aussagen über die Gültigkeit von moralischen Normen machen, ist so alt wie die Moralphilosophie selbst. Das Argument der Relativität nimmt seinen Ausgang von der allgemein bekannten Tatsache der Verschiedenheit moralischer Regelsysteme sowohl von Gesellschaft zu Gesellschaft als auch von einer Epoche zur anderen, schließlich noch von der Tatsache unterschiedlicher moralischer Überzeugungen der verschiedenen Gruppen und Klassen innerhalb ein und derselben Gesellschaft. Diese Verschiedenheit als solche ist ein bloßes Datum der deskriptiven Ethik, eine anthropologische Tatsache.

Die Verschiedenheiten der konkreten moralisch akzeptierten Verhaltensregeln und Werturteile, wie sie Völkerkunde, Soziologie und Geschichtswissenschaft ermittelt haben, stellt der **deskriptive Relativismus** zusammen. Die Diskussion entzündete sich stets an Beispielen des gelebten kulturellen Ethos, der Alltagsmoral. Schon in der Antike führte der Vergleich verschiedener Kulturkreise mit ihren ganz unterschiedlichen moralischen Verhaltensregeln und Normen zu der These des **kulturellen Relativismus**, daß alle moralischen Maßstäbe und Werte relativ auf die Kultur zu sehen sind, aus der sie sich herleiten.

Hiervon muß der **ethische Relativismus** unterschieden werden, der im wesentlichen auf den drei Behauptungen, die der Philosoph **Protagoras** aufstellte, beruht.

„1. Die ethischen Urteile verschiedener Individuen oder Gruppen unterscheiden und widersprechen sich häufig in grundlegender Weise.
2. Wenn die Urteile verschiedener Individuen oder Gruppen voneinander abweichen, ist es nicht immer möglich, einige von ihnen als richtig zu erweisen; im Gegenteil, manchmal sind einander widersprechende Prinzipien gleichermaßen gültig oder richtig.
3. Die Menschen sollten nach jenen moralischen Prinzipien leben oder zu leben versuchen, denen sie jeweils anhängen."
(Brandt, S. 44)

Die These des ethischen Relativismus, nach der es keine allgemeinverbindlichen Urteile darüber gibt, was moralisch richtig oder falsch ist, wird häufig nonkognitivistisch (emotivistisch) begründet. So behauptet ein moderner Vertreter des Wertrelativismus, **J. L. Mackie**, daß wir vielfach etwas als gut oder böse beurteilen, weil irgend etwas

---

In unserer Zeit haben Ethologie und Soziologie ein umfangreiches und bedeutsames Tatsachenmaterial zusammengestellt, das die verschiedenen Verhaltensnormen in verschiedenen Gesellschaften betrifft. Es gibt z. B. bei mehreren Stämmen die Vorschrift, daß erwachsene Kinder ihre Eltern, wenn diese alt und schwach werden, töten sollen, (Eskimos, Tschuktschen). Hier besteht die Pflicht der Kinder, dafür zu sorgen, daß die Eltern nicht krank und schwach sterben, was oft nur durch einen gewaltsamen Tod zu erreichen ist. Dagegen steht die Forderung des antiken/jüdisch-christlichen Kulturkreises, „Vater und Mutter zu ehren".
In beiden Fällen liegt ein moralisches Axiom zugrunde, die Kindesliebe, nach der Kinder ihren Eltern Gutes erweisen sollen und verpflichtet sind, sie vor Leid und Elend zu bewahren, soweit sie dazu imstande sind.
(nach Patzig, S. 80 f.)

„Haben wir wirklich guten Grund, zum Beispiel unsere eigene Form des Zusammenlebens der Geschlechter, die Monogamie, alternativen Formen, wie sie etwa Orientalen für richtig halten und praktizieren, vorzuziehen? [...] Gibt es nicht unterschiedliche, jeweils zu akzeptierende Auffassungen? Läßt sich irgendwie beweisen, ob Homosexualität unmoralisch ist oder nicht; ob jemand, der dem Staat Steuern hinterzieht oder Waren schmuggelt, nicht nur gegen das Recht, sondern auch gegen die Moral verstößt?" (Hoerster, S. 24)

in uns unmittelbar eine bestimmte Reaktion hervorruft, obwohl bei anderen eine völlig entgegengesetzte Reaktion hervorgerufen würde. „Die Instanz, der wir unsere grundlegenden moralischen Überzeugungen tatsächlich verdanken, läßt sich wohl viel eher mit ‚moralischem Gefühl‘ oder ‚moralischer Eingebung‘ beschreiben als mit ‚sittlicher Vernunft‘." (Mackie, S. 40–43)

Daraus folgern die Relativisten:
- Die Frage nach der rationalen Methode der Begründung moralischer Urteile und nach den gültigen Grundsätzen moralisch richtigen Handelns bleibt prinzipiell unbeantwortbar.
- Der Anspruch auf allgemeine Gültigkeit (Objektivität), den schon unsere Alltagsurteile erheben und der moralisches Urteilen und Rechtfertigen auszeichnet, wird geleugnet.
- Einige einander widersprechende Moralprinzipien, die von verschiedenen Menschen bzw. Kulturen vertreten werden, sind gleichermaßen gültig. Es gibt keine rationale Methode der Überprüfbarkeit ethischer Prinzipien.

Entscheidend für die moralphilosophische Begründung ist es, ob es sich bei verschiedenen moralischen Überzeugungen, die sich oft widersprechen, auch um einen Unterschied in den grundlegenden moralischen Axiomen handelt.

Dazu muß man zwischen Normen 1. und 2. Ordnung unterscheiden und untersuchen, ob die These des ethischen Relativismus nur auf die **abgeleiteten Normen** (2. Ordnung), also auf die relativ konkreten Alltagsnormen zutrifft, oder auch auf die **Grundnormen**, die fundamentalen ethischen Prämissen 1. Ordnung. Ein kultureller Relativist ist danach jemand, der annimmt, daß sich die grundlegenden ethischen Axiome verschiedener Individuen widersprechen; er wendet sich gegen die Zumutung, die moralische Welt habe ihre bleibenden Prinzipien, die über der Geschichte und den Völkerverschiedenheiten stehen.

Der amerikanische Ethnologe **Melville J. Herskovits** folgert daraus das moralische Postulat gegenseitiger Respektierung und Toleranz in bezug auf fremde Verhaltensweisen und kulturspezifische Wertvorstellungen.

„1. Das Individuum verwirklicht seine Persönlichkeit im Rahmen seiner Kultur; daher bedingt die Achtung individueller auch die Achtung kultureller Verschiedenheiten."

„2. Die Achtung kultureller Unterschiede folgt aus der wissenschaftlichen Tatsache, daß noch keine Methode zur qualitativen Bewertung von Kulturen entdeckt worden ist."

„Müssen wir grundsätzlich alles tolerieren, was nicht auf unserem Boden geschieht; dürfen wir uns z. B. in die nach unseren Maßstäben ungerechtfertigten Hinrichtungspraktiken in anderen Ländern nicht einmischen, weil sie möglicherweise nach deren Anschauung legitim sind? [...] Wir dürfen uns nicht deshalb einmischen, weil wir meinen, eine bessere Moral oder Religion zu haben, die absolut gilt, sondern weil wir davon ausgehen, [...] daß es so etwas wie einen überregionalen Bereich gibt, in dem man sich über das, was wir als Menschenrechte bezeichnen, die jedem Menschen unangesehen seiner Rasse, Religion und Volkszugehörigkeit unverbrüchlich zustehen, verständigen kann."
(Pieper, 1991, S. 52)

Melville J. Herskovits, einer der führenden amerikanischen Ethnologen, verfaßte 1947 eine Stellungnahme zur Kodifizierung von Menschenrechten, wie sie von den Vereinten Nationen geplant wurde. (hieraus stammen die Thesen). Die „Amerikanische Gesellschaft für Anthropologie" machte sich diese Stellungnahme offiziell zu eigen und legte sie der Menschenrechtskommission der Vereinten Nationen vor. 1948 verfaßte die Weltorganisation die „Allgemeine Erklärung der Menschenrechte". (nach Birnbacher/Hoerster, 1978, S. 29)

Grundwerte, die elementar verbindlich sind, werden unterschiedlich formuliert: Menschenwürde/Freiheit/ Gerechtigkeit/Gleichheit/ Humanität/ Toleranz

Art. 1 GG:
1) Die Würde des Menschen ist unantastbar. Sie zu achten und zu schützen ist Verpflichtung aller staatlichen Gewalt.
2) Das Deutsche Volk bekennt sich darum zu unverletzlichen und unveräußerlichen Menschenrechten als Grundlage jeder menschlichen Gemeinschaft, des Friedens und der Gerechtigkeit in der Welt.

Konvention zum Schutze der Menschenrechte und Grundfreiheiten
(Europarat 1950)
Art. 2. (1) Das Recht jedes Menschen auf das Leben wird gesetzlich geschützt.
Art. 3. Niemand darf der Folter oder unmenschlicher oder erniedrigender Strafe oder Behandlung unterworfen werden.
Art. 4. (1) Niemand darf in Sklaverei oder Leibeigenschaft gehalten werden.

„Nicht die Moral, sondern die Zeiten haben sich geändert, nämlich die Bedingungen, unter denen moralische Forderungen in die Praxis eingeführt werden müssen." (Patzig, S. 84)

„3. Maßstäbe und Werte sind relativ auf die Kultur, aus der sie sich herleiten. Daher würde jeder Versuch, Postulate zu formulieren, die den Überzeugungen oder dem Moralkodex nur einer Kultur entstammen, die Anwendbarkeit einer Menschenrechtserklärung auf die Menschheit als ganze beeinträchtigen." (Herskovits, S. 39 ff.)
Als Grundnorm fordert Herskovits:

„Weltweite Maßstäbe der Freiheit und Gerechtigkeit müssen die Grundlage bilden, und man muß ausgehen von dem Prinzip, daß der Mensch nur frei ist, wenn er so lebt, wie seine Gesellschaft Freiheit definiert, und daß er die Rechte erhält, die er als Glied seiner Gesellschaft akzeptieren kann. Umgekehrt kann eine dauerhafte Weltordnung nicht anders konzipiert werden als in der Form, daß sie die ungehinderte Persönlichkeitsentwicklung aller Mitglieder der sie konstituierenden Gesellschaften zuläßt und ihre Stärke aus dem Wechselspiel einer Vielzahl unterschiedlicher Persönlichkeiten gewinnt." (S. 41)

So kann es durchaus sein, daß sich das, was zunächst als bloße Relativität erscheint, bei näherem Zusehen als „die aufgrund unterschiedlicher sozio-kultureller Randbedingungen voneinander abweichende Ausprägung eines Freiheitsverständnisses" erweist, „das sich in gemeinsamen Basisnormen wie Gerechtigkeit, Gleichheit, Humanität etc. artikuliert, die sich wiederum in bestimmten, durch die Anerkennung einer Handlungsgemeinschaft getragenen Geltungsregeln materialisieren bzw. konkret werden." (Pieper, 1991, S. 49)
Der **prinzipielle Relativismus**, der aus der Verschiedenheit konkreter Verhaltensregeln und Stellungnahmen auf die Verschiedenheit der ihnen zugrundeliegenden allgemeinen Grundsätze schließt, übersieht nach **Günther Patzig** dabei den Unterschied zwischen der konkreten Anwendung bestimmter moralischer Normen und den übergreifenden moralischen Prinzipien, die den einzelnen Vorschriften und Stellungnahmen zugrunde liegen. Auch der **normative Relativismus**, der darüber hinaus behauptet, daß die Verschiedenheit nicht nur vorhanden, sondern auch sittlich gerechtfertigt ist, übersieht, daß Unterschiede in moralischer Normierung und moralischem Urteil auf die Verschiedenheit von Situationen, von Vorstellungen und auf Informationsgefälle zurückgehen können, ohne daß deshalb Differenzen im Hinblick auf die zugrundeliegenden moralischen Prinzipien vorausgesetzt werden müßten. Daher ist es auch möglich, daß man trotz der sich zeigenden Verschiedenheiten in den Kulturen einen unabhängigen „Standpunkt der Moral" einnehmen kann, um von ihm aus eine rationale Abwä-

gung zwischen den verschiedenen moralischen Prinzipien, die miteinander konkurrieren, vorzunehmen.

„Der normative Relativismus verfehlt den Sinn moralischer Urteile. Diese müssen nämlich ihrem Sinne nach Allgemeingültigkeit und Objektivität beanspruchen, können dies aber nach Auffassung des normativen Relativismus nicht widerspruchslos tun. Der deskriptive Relativismus bietet ein vielfarbiges Bild lokaler und historischer Besonderheiten, das aber erst interpretiert werden muß. Der prinzipielle Relativismus interpretiert diese Verschiedenheiten als Beweis der Verschiedenheit der zugrundeliegenden moralischen Prinzipien. Hier im Bereiche der moralischen Prinzipien liegt erst das eigentliche Feld der philosophischen Argumentation." (Patzig, S. 78–92)

Um den ethischen bzw. normativen Relativismus zu überwinden und so für eine, sich als rationale Disziplin verstehende normative Ethik Raum zu schaffen, muß es möglich sein, ein allgemeingültiges Verfahren aufzuweisen, das es zumindest im Prinzip gestattet, zwischen einander widersprechenden moralischen Normen und Urteilen verbindlich zu entscheiden. Mit dieser Fragestellung wird sich in der Hauptsache der zweite Teil dieses Bandes beschäftigen.

„Beispiele für einen **normativen Relativismus** findet man vor allem in jedem radikalen Nationalismus, den Rassenideologien, der revolutionären Klassenmoral. „So gibt es Menschen, die meinen, daß für Weiße ein anderer Verhaltenskodex gelten müsse als für Farbige, für Proletarier ein anderes Verhalten sittlich richtig sei als für Bürger und Kapitalisten oder daß für Deutsche andere Regeln gelten müssen als für Angehörige anderer Nationen." (Patzig, S. 78)

II DAS SOLLEN – Moralische Normen

„Was soll ich tun?" ist eine Frage, der wir nicht lange ausweichen können; die Probleme des Verhaltens, wenn sie auch manchmal weniger unterhaltsam sind als Kreuzworträtsel, müssen gelöst werden in einer Weise, wie Kreuzworträtsel nicht gelöst werden müssen. Wir können nicht auf die Lösung in der nächsten Nummer warten, denn was in der nächsten Nummer geschieht, hängt von der Lösung der Probleme ab." (Hare, 1983a, S. 19)

Nach Immanuel Kant läßt sich „das Feld der Philosophie [...] auf folgende Fragen bringen:
1) Was kann ich wissen?
2) Was soll ich tun?
3) Was darf ich hoffen?
4) Was ist der Mensch?
Die erste Frage beantwortet die Metaphysik, die zweite die Moral, die dritte die Religion und die vierte die Anthropologie. Im Grunde könnte man aber alles dieses zur Anthropologie rechnen, weil sich die drei ersten Fragen auf die letzte beziehen."
(Kant, IX, S. 25)

Der zweite Teil dieser Darstellung der normativen Ethik beschäftigt sich mit den ethischen Theorien, die das Problem der **Normen** und der **Normbegründung** zu ihrem Gegenstand machen. Vor der Frage: „Was sollen wir tun?" stehen wir in jedem Augenblick. Sie erwächst sowohl aus dem Alltagsleben mit seinen vielen kleinen einzelnen Entscheidungsfällen als auch aus den großen, entscheidenden Lebensfragen, vor die der einzelne sich hin und wieder einmal gestellt sieht. Was wir tun sollen, ist schwerer zu beantworten, als was wir wissen können. Dem Wissen steht sein Gegenstand fest; das Tun bringt ihn erst hervor.

1 Grundbedeutung von „Sollen"

1.1 Normative Grundbegriffe

„Man vergißt den aktuellen Sinn der Grundfrage nur zu leicht über den lauten Tagesfragen – als wären es nicht gerade diese, die in jener wurzeln und von ihr allein aus beantwortet werden können. Nicht freilich als sollte philosophische Ethik überall unmittelbar mitreden. Ihre Sache ist nicht das aktuelle Programm, nicht die Einseitigkeit der Parteinahme. Umgekehrt, gerade die prinzipielle Fernstellung gegen das Gegebene, Heutige, Umstrittene macht sie frei und gibt ihr die Kompetenz, hier etwas zu lehren." (Hartmann, 1962, S. 2)

Da, wie schon die Einleitung ausführte, menschliches Verhalten im Unterschied zu den Tieren nicht vollständig determiniert ist, muß der Mensch sich die **Normen** und **Regeln** (Orientierungshilfen), nach denen er sein Verhalten ausrichtet und die allein ein gewaltfreies Zusammenleben ermöglichen, selbst geben. Er muß einen **Bewertungsmaßstab** für Handlungen entwickeln, der es ihm ermöglicht, aus einer Menge von Handlungsalternativen die beste auszuwählen. Normen, die dem Menschen ein bestimmtes Verhalten vorschreiben, können diese Hilfe geben. Je mehr ein Mensch eine Norm verinnerlicht hat und ihre Vernünftigkeit einsieht, um so weniger empfindet er ihre Einhaltung als Zwang. Da er sich hier durch die Anerkennung vernünftiger Normen die Grundsätze seines Handelns selbst gibt, wird die Freiheit des einzelnen auch durch die Forderung, bestimmte Normen einzuhalten, nicht eingeschränkt. (nach Schüler-Duden, Philosophie, S. 291)

Damit eine **Norm** diese von einer vernünftigen Ethik gestellten Forderungen erfüllt, muß sie eine Verhaltensvorschrift sein, die für alle Menschen in gleichem Maß gilt: sie erhebt damit einen Anspruch auf Universalität.

Die normative Ethik, um die es uns hier geht, sieht ihre Aufgabe nun darin, **grundsätzliche Normen** im Sinne von Richtlinien für unser Tun und Lassen aufzustellen. Ihr geht es weiter um die **moralischen Verpflichtungsurteile**, in denen wir Handlungen oder Typen von Handlungen als moralisch richtig, falsch oder pflichtgemäß bezeichnen. Sie müssen von den Urteilen, in denen wir von Personen, Charaktereigenschaften usw. sagen, sie seien moralisch gut oder schlecht, tugend- oder lasterhaft, unterschieden werden.

Norm (lat. *norma* „Regel, Muster, Maßstab, Vorschrift, leitender Grundsatz") Begriff mit den Bedeutungen:
1. fester, vorgegebener **Maßstab**, der nach pragmatischen Gesichtspunkten festgelegt wurde (DIN, Spielregeln),
2. empirisch ermittelter **Durchschnittswert** (Normalität)
3. **Idee**, Grenzbegriff einer Eigenschaft im Status unüberschreitbarer Vollkommenheit,
4. rechtlicher oder moralischer **Imperativ**, der Menschen zu bestimmten Handlungen auffordert.

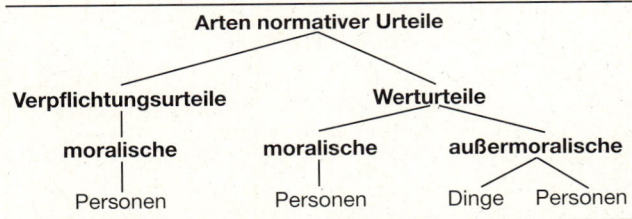

Nach der logischen Methode der Ethik, der **deontischen Logik**, geben deontische Sätze wie Gebote, Verbote, Erlaubnisse, die Antwort auf die Frage: Was sollen wir tun?. Die in ihnen verwendeten wichtigsten deontischen Begriffe (normative Begriffe) sind **Gebotensein/Verbotensein/Erlaubtsein**, wobei der Gebotsbegriff als einziger Grundbegriff zu verstehen ist, durch den sich alle anderen Begriffe definieren lassen. Das wichtigste Prinzip der deontischen Logik ist das Prinzip vom ausgeschlossenen deontischen Widerspruch: „Was geboten ist, ist nicht verboten / Was geboten ist, ist auch erlaubt", denn in einem Normensystem kann eine Handlung nicht zugleich geboten und verboten sein.

Gebote beziehen sich primär auf Handlungen oder Handlungsweisen und haben meist die Form: „Es ist geboten, F zu tun" oder „Es ist der Person a geboten, F zu tun". Die Logiker unterscheiden **Gebotssätze, Imperative und Aussagen über Normsetzungen** in der Weise, daß Imperative Normen setzen, daß ein Gebotssatz behauptet, daß eine Norm gilt, und daß eine Aussage über eine Normsetzung behauptet, daß jemand eine Norm setzt.

Die analytische Ethik unterscheidet:
I. Ethische oder moralische Urteile
A. Moralische Verpflichtungsurteile
1. Spezielle, z. B. (unter der Voraussetzung, daß die Begriffe in ihrer moralischen Bedeutung gebraucht werden)
„Ich sollte jetzt nicht aus dem Gefängnis fliehen."
2. Allgemeine, z. B.
„Wir sollten uns an unsere Vereinbarungen halten."
B. Moralische Werturteile
1. Spezielle, z. B.
„Mein Großvater war ein guter Mensch."
2. Allgemeine, z. B.
„Wohlwollen ist eine Tugend."
II. Außermoralische Werturteile, z. B.
„Das ist ein guter Wagen."
(nach Frankena, 1975, S. 28)

deontische Logik (auch Logik des Sollens) Disziplin der philosophischen Logik, die die logischen Beziehungen zwischen normativen Urteilen untersucht. Siehe hierzu auch Einleitung 3 Die philosophische Ethik

Erschwert wird diese Unterscheidung von Gebotssätzen, Imperativen und Sätzen über Normsetzungen im Deutschen dadurch, daß das Wort **Gebot** sowohl einen **Akt des Gebietens**, also eine Normsetzung, als auch eine **Verpflichtung** bedeutet. (nach Kutschera, S. 1–10)

Handlung: ein Tun, bei dem der Handelnde vom Vollzug der Handlung einerseits und vom Handlungsziel andererseits unterschieden wird. Handlung wird sowohl von Bewegung wie auch von Verhalten unterschieden.

Die enge Verbindung von Moral und Handeln verleitet die engl. Philosophin **Gertrude Elizabeth Margaret Anscombe** (*1919) zu ihrer provokanten These, daß es sich zum gegenwärtigen Zeitpunkt gar nicht lohne, Metaethik zu betreiben, da es dazu erst einer philosophischen Handlungstheorie (Philosophie der Psychologie) bedürfe. So auch der Oxforder Philosoph **John Longshaw Austin** (1911–1960): „Ehe wir uns ansehen, welche Handlungen gut oder schlecht, richtig oder falsch sind, ist es ratsam, sich zuerst anzusehen, was mit dem Ausdruck ‚eine Handlung vollziehen' bzw. ‚etwas zu tun' gemeint ist und was alles unter ihn fällt." (Grewendorff/Meggle, S. 24 f.)

Mit der deontischen Logik kann man allein aber keine inhaltlich relevanten moralischen oder rechtlichen Normen begründen. Die Ethik als **normative Theorie** des Handelns muß über die reine philosophische Logik hinausgehen und **Handlungsphilosophie** werden. Hier geht sie auf Probleme ein, die im Begriff der Handlung selbst liegen. Man unterscheidet Handlungen gewöhnlich unter verschiedenen Aspekten:

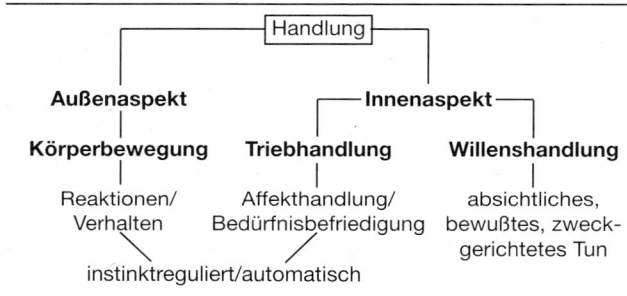

Aus dieser Differenzierung folgt, daß menschliches Handeln stets bedürfnis- und zweckgebunden ist. Wenn wir sagen, daß wir handeln, um irgendwelche Bedürfnisse zu befriedigen, dann unterscheiden wir einen **intentionalen Aspekt**, der die Absicht oder den Willen des Handelnden betrifft sowie die **Mittel** zur Verwirklichung dieser Absicht, von einem **teleologischen Aspekt**, der auf den Zweck der Handlung geht.

Danach läßt sich das folgende **Handlungsmodell** konstruieren:

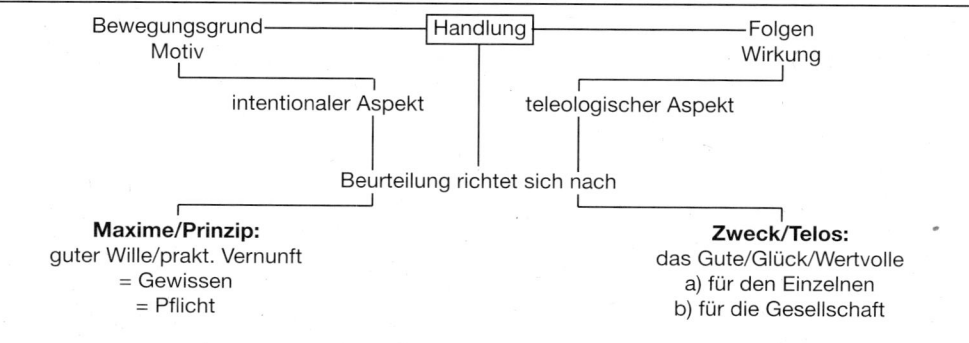

Handlungsmotive können vielerlei sein: neben Bedürfnissen und Zwecken auch Imperative, also Aufforderungen durch andere oder durch sich selbst; ferner Wertvorstellungen darüber, was gut, wertvoll oder erfreulich, was zweckmäßig, vernünftig oder realisierbar ist. Motive treten nie isoliert auf, sondern stets sind mehrere Motive miteinander vermischt.

So haben wir **Bedürfnisse** aufgrund von biologischen Notwendigkeiten, z. B. Selbsterhaltung und Fortpflanzung; sie determinieren die Handlung aber nicht naturgesetzlich durchgängig wie beim Tier, denn der Mensch kann durch Denken und Sprache die Bedürfnisse als Motive seiner Handlung aufnehmen, sie verwirklichen, modifizieren oder unterdrücken. Er hat dadurch ein freieres, willentliches Verhältnis zu seinen Bedürfnissen.

Wir setzen uns im Handeln Ziele und Zwecke. **Zweck** im engeren Sinne ist das, was durch (bewußten) Einsatz bestimmter Mittel in Handlungen geplant und verfolgt wird, was diese als zweckmäßig bestimmt und durch diese erreicht wird. Im Gegensatz zum **Ziel**, das ein Mensch haben und bestimmen kann, auch ohne über die zu seiner Realisierung notwendigen Mittel reflektiert zu haben, ist die Verfolgung eines Zwecks gebunden an die Absicht des Menschen, bestimmte Mittel einzusetzen. Zweck und Ziel sind insofern identisch, als jedes Ziel, dessen Verwirklichung konkret geplant und unter Verwendung bestimmter Mittel angestrebt wird, als Zweck anzusehen ist und jeder Zweck ein Ziel ist, das verwirklicht werden soll.

Bewußtes Wollen als Bestimmungsgrund der Handlung ist weder Wunsch noch Willkür, sondern ein freies Verhalten von rationalen Personen. Frei besagt hier, daß der Betreffende sich auch anders hätte verhalten können. In diesem Sinne wird Handeln auch oft als freies Verhalten definiert. Für diese **bewußten** und **absichtlichen** Handlungen und die dafür geltenden moralischen Normen konstitutiv ist der Begriff der **Maxime**; sie ist eine selbstgesetzte Handlungsregel. Bedürfnisse und Zwecke bestimmen zwar das Handeln, Maximen aber sind die selbstgesetzten Grundsätze aufgrund dieser Bestimmungen.

1.2 Moralische Verpflichtungsurteile

Imperative sind Akte des Gebietens. Man muß unterscheiden zwischen unbedingten und bedingten Geboten. Was unbedingt geboten ist, ist unter allen Bedingungen geboten, hier kann es keine Ausnahmen geben. Ein solches Gebot ist ein **kategorischer Imperativ**, nach der kantischen Ethik das schlechthin höchste Gebot, das ohne jede

---

Motiv (lat. *movere* „bewegen") Beweggrund, Triebfeder, Zweck, Ursache, Sammelbegriff für alles, was menschliches Handeln ankurbelt und in eine bestimmte Richtung, auf ein bestimmtes Ziel lenkt. Weil Motive komplexe, empirisch schwer faßbare Gefüge sind, nennt man sie auch **hypothetische Konstrukte**.

Bedürfnis. Begriff der Psychologie: infolge von Bedarfs- und Mangelzuständen auftretendes psychisches Spannungsgefälle, das die Aktivität des Individuums anregt, auf die Beseitigung des zugrundeliegenden Mangels hinzuwirken (Bedürfnisbefriedigung).

Maxime: subjektiv-praktischer Grundsatz, persönlicher Lebensgrundsatz. Maximen sind sowohl subjektive Gründe einer Handlung, die als solche auf ihre Berechtigung hin befragt werden können, als auch allgemeine Regeln, nach denen eine Handlung oder Beurteilung vollzogen wird.

Imperativ (lat. *imperare* „befehlen, anordnen"): eine Regel, die ein Sollen ausdrückt, seit Kant Bezeichnung für eine allgemeingültige Vorschrift der praktischen Vernunft.

Ein **hypothetischer** Imperativ gilt nur unter gewissen Bedingungen;
ein **kategorischer** Imperativ drückt ein unbedingtes, unausweichliches Sollen aus.

Einschränkung gültig ist. Ein **hypothetischer Imperativ** dagegen fordert zu Handlungen auf, die in bezug auf etwas anderes gut sind; er ist ein Gebot der pragmatischen Vernunft, der Klugheit. Ein prima-facie-Gebot ist kein unbedingtes, d. h. unter allen Umständen geltendes Gebot. So ist es prima facie, abgesehen von besonderen Umständen, verboten, jemanden zu töten. Das schließt nicht aus, daß es unter gewissen Bedingungen erlaubt sein kann zu töten.

So wie Werturteile, die den Ausdruck „gut" verwenden, können auch Sollenssätze verschiedene Bedeutungen haben. Das Wort „sollte" wird in seiner allgemeinen Bedeutung sowohl in hypothetischen wie auch moralischen (kategorischen) Imperativen zum Vorschreiben (präskriptiv) gebraucht.

Der Ausdruck „A sollte X tun" kann ersetzt werden durch einen allgemeinen, gleichbedeutenden Ausdruck: „Es gibt einen Grund dafür, daß A X tut." Dabei bringen die verschiedenen Gebrauchsweisen von „sollen" unterschiedliche **Arten von Gründen** ins Spiel. Gründe sind bestimmte Tatsachen, die jemand, der eine Handlung bestimmter Art beabsichtigt, dafür oder dagegen anführen kann. So ist z. B. die Tatsache, daß eine Handlungsweise im eigenen Interesse ist, ein Grund für diese Handlungsweise.

„Das Sollen drückt eine Art von Notwendigkeit und Verknüpfung mit Gründen aus, die in der ganzen Natur sonst nicht vorkommt. Der Verstand kann von dieser nur erkennen, was da ist, oder gewesen ist, oder sein wird. Es ist unmöglich, daß etwas darin anders sein soll."
(Kant, KrV, B 575)

Diese Gründe müssen von den **Ursachen** einer Handlung unterschieden werden, denn es handelt sich hier um zwei grundverschiedene Arten des Zustandekommens von Ereignissen. „Es gibt einen Bereich der Welt, in welchem die Ereignisse dadurch zustandekommen, daß Ursachen gegeben sind, aus denen sie hervorgehen. Es gibt einen anderen Bereich der Welt, in welchem Ereignisse dadurch zustandekommen, daß Gründe gegeben sind, die einen Handelnden veranlassen, ein bestimmtes Ereignis (= eine Handlung) zu erzeugen. [...] Gründe, die ein Handelnder für eine Handlung hat, zwingen ihn nicht, sondern geben nur einen Gesichtspunkt an, unter dem

„Die Kausalität nach Gesetzen der Natur ist nicht die einzige, aus welcher die Erscheinungen der Welt insgesamt abgeleitet werden können. Es ist noch eine Kausalität durch Freiheit zur Erklärung derselben anzunehmen notwendig."
(Kant, KrV, B 472)

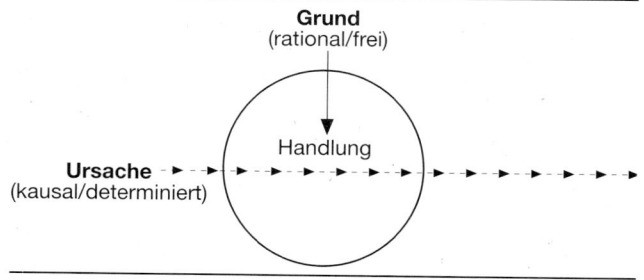

die Handlung sinnvoll, geboten, richtig erscheint. Der Handelnde selbst ist, auch wenn es ‚starke' Gründe für eine Handlung gibt, immer noch frei, ihnen zu folgen oder nicht." (Pothast, S. 26)

Eine praktische Begründung, die eine Handlung z. B. als moralisch richtig darstellt, braucht darum nicht befolgt zu werden. Personen tun oft das Falsche und wissen es. Ursachen erzeugen aber ihre Wirkungen mit gesetzmäßiger Gleichförmigkeit. Also sind Gründe keine Ursachen.

Die zentrale Aufgabe jeder normativen Ethik ist es, auf der Ebene philosophischen Argumentierens das Problem der moralphilosophischen **Begründung** fundamental anzusetzen und durchzuführen. Die Grundgedanken einiger Klassiker der philosophischen Ethik, die im zweiten Teil vorgestellt werden, können in diesem Sinne auch als historische und aktuelle Diskussionsbeiträge zu diesem normativen praktischen Diskurs verstanden werden. Innerhalb dieses Diskurses finden sich wichtige **normativ-ethische Positionen**, z. B. die Positionen einer egoistischen, utilitaristischen, deontologischen oder kommuni-

„Ein Grund kann einen nicht zwingen, vernünftig zu sein. Ein Grund ist ein Appell an die Vernunft. Der Gebrauch von Zwang ist etwas anderes. Man kann also weiterhin irrational oder unmoralisch sein, ganz gleich, wie viele Gründe dagegen sprechen. [...] Man könnte sich nicht der Hoffnung hingeben, einen Caligula davon zu überzeugen, daß er moralisch sein sollte oder daß er dies eher als das hätte tun sollen, nicht, weil es hier keine guten Gründe gäbe, sondern weil ein Caligula unmoralisch ist." (Singer, S. 366)

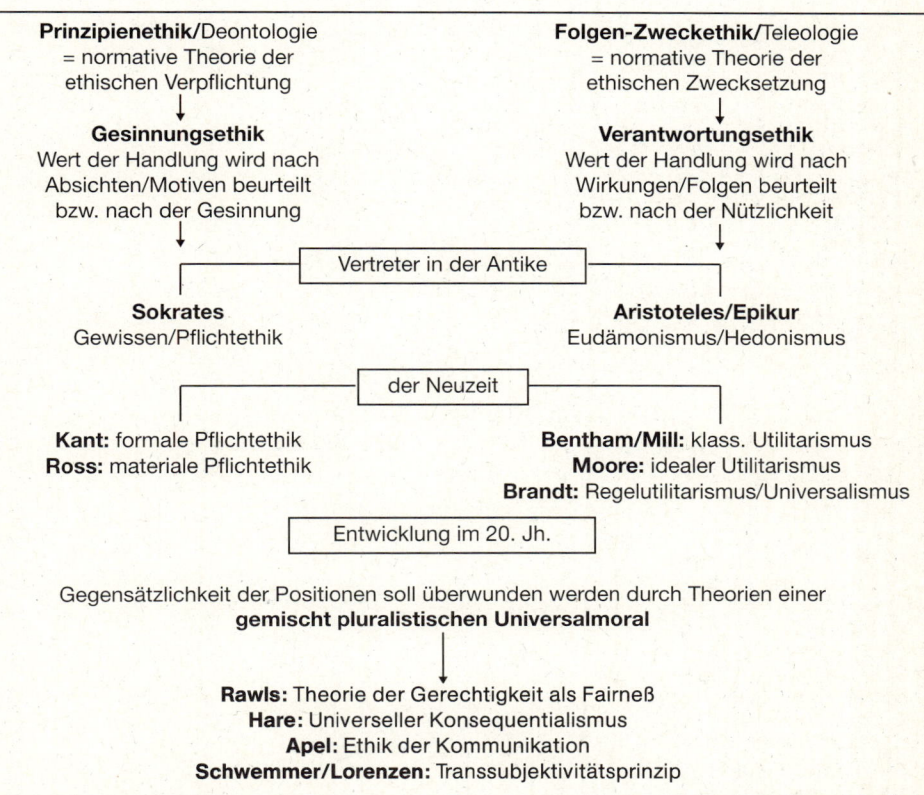

kativen Ethik, die verschiedene Kriterien zur Begründung und Beurteilung von Handlungen und Handlungsweisen anbieten.

Sie argumentieren entweder auf der Seite der Beweggründe, der Gesinnung oder der Folgen, der Zwecke (vgl. Abb. auf S. 97).

2 Die Ethik des Sollens

2.1 Die Goldene Regel

Ahimsa (Sanskrit „Nichttöten"): eines der Hauptgebote im Brahmanismus, Dschainismus, Buddhismus und Hinduismus. Es erstreckt sich auf alle Lebewesen und beruht auf der Überzeugung vom Geburtenkreislauf (Samsara), wonach alle Lebewesen irgendwie beseelt sind und nicht gewaltsam getötet werden dürfen. Im Buddhismus wird die Ahimsa nicht nur negativ als Verbot des Tötens verstanden, sondern zugleich als Gebot friedlicher und freundlicher Gesinnung allen Wesen gegenüber. (Brockhaus)

In der Entwicklungsgeschichte der Moral finden sich schon sehr früh sozial-ethische Normen, die das menschliche Tun und Handeln regulieren. Zu den ältesten Normen gehören das aus dem indisch-orientalischen Raum stammende **Ahimsa-Prinzip**, ein Grundprinzip der materialen Ethik, und das in fast allen Kulturen formulierte Prinzip der **Goldenen Regel**, ein formales ethisches Grundprinzip:

KONFUZIANISMUS
„Was ihr nicht wollt, daß man euch zufügt, fügt es andern nicht zu."
(6. Jh. v. Chr.)

BUDDHISMUS
„Füge andern nicht Leid durch Taten zu, die dir selber Leid zufügten."
(5. Jh. v. Chr.)

DJINISMUS
„Im Glück und im Leiden, in Freude und Schmerz müssen wir allen Geschöpfen mitfühlend begegnen und uns hüten, ihnen ein Leid anzutun, dem wir selber entgehen möchten."
(5. Jh. v. Chr.)

ZARATHUSTRA
„Fügt andern nichts zu, was nicht gut für euch selbst ist."
(5. Jh. v. Chr.)

ANTIKE
„Kind, was dir schlecht scheint, sollst du deinen Genossen nicht antun."
(babylonische Achikar-Erzählung. 5. Jh. v. Chr.)

„Ich werde das, was ich am Nächsten tadle, nach Möglichkeit selbst nicht tun."
(Maiandrios von Samos, nach Herodot. 5. Jh. v. Chr.)

„Soll ich mich andern gegenüber nicht so verhalten, wie ich möchte, daß sie sich mir gegenüber verhielten?" (Platon, 4. Jh. v. Chr.)

HINDUISMUS
„Füge andern nichts zu, das, geschähe es dir, dich schmerzen würde."
(Mahabharata, 3. Jh. v. Chr.)

JUDAISMUS
„Was du nicht leiden magst, das tue niemandem an."
(Altes Testament, Buch Tobit, 200 v. Chr.)

CHRISTENTUM
„Alles, was ihr wollt, daß euch die Menschen tun, also tuet auch ihr ihnen."
(Neues Testament, Matth. 7,12)

„Was ihr wollt, das euch die Leute tun sollen, das tut ihr auch ihnen."
(Luther)

2.1.1 Die geschichtliche Herkunft

Die Goldene Regel hat, wie die Beispiele zeigen, eine lange Geschichte und kommt in verschiedenen Kulturen in mannigfachen Formulierungen vor. Schon im vorphilosophischen Leben wurde sie als eines der ältesten Moralprinzipien normativer Art vertreten, wobei sie das noch ältere Moral- bzw. **Rechtsprinzip der Vergeltung**, nach dem Gleiches nur mit Gleichem vergolten werden soll, überwindet. Ihre Popularität und ihre weite Verbreitung unter allen Kulturvölkern baut sicher auf der Erfahrung auf, daß ein gesundes Maß an Selbstliebe eine Ausgangsbasis sein kann, die Interessen anderer zu respektieren, und daß man auf dieser Basis bereits elementare Regeln und Normen für ein zuträgliches menschliches Zusammenleben entwickeln kann. Insofern ist sie streng genommen ein **egoistisch-utilitaristisches Prinzip**.

Da die Goldene Regel aber schon in einer sehr direkten Weise ein **Sicheinfühlen** oder Sichversetzen in die Lage des anderen nahelegt, bildet sie eigentlich die Voraussetzung moralischen Handelns auf einer niederen Stufe moralischer Urteilsbildung. Selbst im frühen Kindesalter kann man den Standpunkt der Moral gut klarmachen, wenn man dazu auffordert, sich in die Lage des anderen zu versetzen mit Hilfe der Goldenen Regel: „Was würdest du sagen, wenn man dir das täte?". In der Entwicklung der moralischen Urteilsfähigkeit wird beim Kind damit eine Stufe erreicht, auf der menschliche Beziehungen als **Aus-**

Talionsprinzip (lat. *ius talionis*): „Auge um Auge, Zahn um Zahn". Formel im *Alten Testament* für den Rechtsfall der Körperverletzung und Begrenzung der Schädigung z. B. im Fall der Blutrache (nur *ein* Leben für ein Leben, nur *ein* Auge für ein Auge). Wahrscheinlich aus dem frühen Nomadentum übernommen, aus einer Gesellschaftsstruktur, in der nicht personenbezogenes, sondern viel stärker gruppenbezogenes Rechtsdenken vorherrscht. Das Talionsprinzip diente dazu, das gegenseitige Verhältnis der Menschen im Gleichgewicht zu halten.

Die Talionsformel gilt darum für die Rechtsprechung zwischen Rechtsgemeinschaften und ist kein Grundsatz für das Verhalten zwischen Personen, z. B. „wie du mir, so ich dir" oder *do ut des* „ich gebe, damit du mir gibst" (altrömische Rechtsformel).

tauschbeziehungen** verstanden werden, in denen schon Elemente von **Fairneß, Gegenseitigkeit** und **Gleichheit** des Teilens vorhanden sind, ohne noch vollentwickelt zu sein.

Übertragen auf die Entwicklung des moralischen Bewußtseins in der Geschichte der Menschheit, wird mit der Goldenen Regel die erste Phase überwunden, in der das Moralprinzip ein primitives Prinzip der strategischen Gegenseitigkeit darstellt, das das strategische Benutzen des anderen zum eigenen Vorteil ausdrückt. Die Goldene Regel argumentiert auf einer höheren Stufe. Als noch unkritischer und naiver Ausdruck eines praktischen Vernunftprinzips fordert die Regel, daß die eigenen Interessen nicht mehr und nicht weniger berücksichtigt werden sollen als die der anderen. Da sie dem Ich und seinen Bedürfnissen keinen höheren Wert zumißt als den Bedürfnissen der anderen, rechtfertigt sie weder einen radikalen Egoismus, der den anderen lediglich als Mittel zur Befriedigung der eigenen Bedürfnisse betrachtet, noch einen radikalen Altruismus, der das eigene Selbst nur in den Dienst fremder Zwecksetzungen stellt.

Vgl. Samariterbeispiel (NT, Luk 10,30–39)

Populär ist sie in unserem Sprachraum besonders durch das **Neue Testament** geworden. In der Bergpredigt zeigt sich die Goldene Regel in der Forderung Jesu: „Alles nun, was ihr wollet, daß euch die Leute tun sollen, das tut ihnen auch ihr." In Verbindung mit dem Liebesgebot: „Liebe deinen Nächsten wie dich selbst" (Neues Testament, Matth. 7,12; Lk 6,31) ist sie schon umfassender Ausdruck der Sittlichkeit. Beide Regeln werden in der Bibel an vielen Gleichnissen, Parabeln und Beispielerzählungen demonstriert, die deutlich machen, wie sie in bestimmten Situationen verstanden werden sollen.

Nach **M. G. Singer** kann die Regel, wenn man sie wörtlich nimmt, sogar eine Gemeinheit gebieten, (ein Masochist müsse zum Sadisten werden: „jemandem, der gerne von anderen gequält werden möchte, wird befohlen, andere zu quälen"). (Singer, S. 37)

Nach **Kant** würde der Verbrecher „aus diesem Grunde gegen seine strafenden Richter argumentieren" (GMS, 430. Anm.)

Diese Ergänzungen bewahren besonders die Goldene Regel vor der **Fehlinterpretation**, daß sie ein **Vergeltungsprinzip** im Sinne des Alten Testaments ist. Ein weiteres Mißverständnis liegt in der Ansicht vor, daß sie zu **unmoralischem Verhalten** auffordert, da der Handelnde von seinem eigenen Wünschen und Wollen ausgehen müsse, die auch Unsittliches einschließen. So zeigen die Beispiele in der Bibel, aber auch die späteren Formulierungen, daß nur sittlich erlaubte Verhaltensweisen zugelassen werden dürfen, was eine Bestimmung des sittlich Guten dann allerdings schon voraussetzt. Durch erläuternde Beispiele (Samariter) versucht die Bibel auch den „Mangel" der Goldenen Regel zu beheben, der darin gesehen wird, daß in ihr die von der Sittlichkeit geforderte Einschränkung des egoistischen Wünschens und Wollens nur ungenügend zum Ausdruck kommt. Denn als Prinzip der Sittlichkeit kann sie im christlichen Verständnis nur gelten, wenn sie im Sinne einer **Gegenseitigkeitsregel** der Gottes- und Nächstenliebe aufgefaßt wird, die die Klugheitsregel im egoistischen Sinne ausschließt.

2.1.2 Prinzip der natürlichen Sittlichkeit

Als eine den Egoismus einschränkende **Gegenseitigkeitsregel** wird die Goldene Regel dann später von der philosophischen Ethik aufgegriffen und ausdrücklich als **moralische Grundregel** und **Prinzip der natürlichen Sittlichkeit** bezeichnet. Sie findet weite Verbreitung in der abendländischen Tradition, wobei man sich weniger auf die Bibel als auf die populäre und philosophische Ethik der Antike stützt. In Griechenland war die Goldene Regel schon vor Platon von den Sophisten formuliert worden, so in den Grundsätzen einer Sozialethik bei **Demokrit**: „Wohltätig ist nicht, wer auf Vergeltung ‚bei seinem Tun' rechnet, sondern wer ohne jede Nebenabsicht gewillt ist, wohlzutun" oder „Wer niemanden lieb hat, der wird wohl auch von niemandem geliebt". Auch die Grundnorm des Sokrates, nach der es eher geboten ist, Unrecht zu erleiden als anderen Unrecht zuzufügen, ähnelt der Goldenen Regel. Die griechische Aufklärung überwindet so das egoistische Prinzip der Gegenseitigkeitsforderung von Tausch und Vergeltung und formuliert eine nichtegoistische Fassung eines schon in Ansätzen **universalen Gegenseitigkeitsprinzips**. Es beruht, wie besonders Demokrit zeigt, auf der elementaren menschlichen Fähigkeit des Sicheinfühlenkönnens und zielt ganz im Sinne der Bibel auf eine **Sozialethik**. Ausgangspunkt bleibt das eigene Wünschen oder Wollen in der Forderung, daß wir ein Erleiden, das wir nicht wünschen, auch anderen nicht antun sollen; denn wir sollen uns aufgrund eigener leidhafter und schmerzhafter Erlebnisse in die Lage des anderen hineinversetzen, einfühlen und Rücksicht nehmen.

Für viele Theologen und Philosophen des Mittelalters ist die Goldene Regel darum nicht nur eine populäre Sittlichkeitsnorm, sondern auch die Formulierung des Grundprinzips der **natürlichen Sittlichkeit**. Bei **Augustinus** sind die Gesetze des Guten wie auch die der natürlichen Sittlichkeit „ins Herz geschrieben". Als Gottes „ewig gültigen Gebote ewig währenden Heils" fordern sie „als die Stimme des Gewissens, daß wir dem andern nicht tun dürfen, was wir selbst nicht leiden wollen".

Diese Regel, die „jedermann ins Herz geschrieben ist", wie auch **Luther** erklärt, wird dann im Zuge der Säkularisierung im Zeitalter der europäischen Aufklärung als Regel der natürlichen Sittlichkeit in einem nicht mehr nur

Demokrit (460–371), griech. Philosoph. Er hieß schon in der Antike der „lachende Philosoph", weil er die Lehre vertrat und auch befolgte, daß das höchste Glück die Glückseligkeit, d.i. Heiterkeit und Ruhe der Seele sei. Erreicht wird sie durch ein sittlich gutes, maßvolles Leben. Vgl. hierzu auch Epikur: Kap. I.3.1.2 Seelenruhe als höchste Lust

Prinzip des Sokrates: „Unrecht ist weder zu tun noch zu vergelten"
Ausführlicher hierzu vgl. Kap. II.2.3.1 Deontologisches Argumentieren

Naturgesetz/Naturrecht (lat. *lex naturalis*), in der Aufklärung als **Vernunftrecht** verstanden, das sich im Unterschied zur stoisch-christlichen Tradition allein aus der Vernunft ergibt und ohne göttliche Offenbarung erkannt werden kann.

John Locke (1632–1704), engl. Philosoph, Vertreter des Empirismus. Einflußreich durch seine Erkenntnistheorie (Analyse des empirischen Bewußtseins) und Staatslehre (Volkssouveränität, Gewaltenteilung).

Johann Gottfried Herder (1744–1803), Hofprediger und Philosoph. Bedeutende Sprachphilosophie, Volksliedsammlung und Geschichtsphilosophie. „Geschichte ist fortschreitende Entwicklung zur Humanität."

Prinzip der Billigkeit (Epikie), in der Rechtslehre die Forderung, vom Buchstaben des geltenden Rechts abzuweichen, wenn die Anwendung einer allgemeinen Rechtsregel im besonderen Einzelfall zu offensichtlich nicht gerechten Ergebnissen führt.

Grundformen der Goldenen Regel (nach Reiner, 1964)
1. *Einfühlungsregel.* „Ein Erleiden, das wir nicht wünschen, [. . .] sollen wir andern nicht antun." Zugrundegelegt wird hier ein Einfühlen in die Wünsche und Interessen des anderen.
2. *Autonomieregel,* weil wir „uns damit diese Normen durch unsere eigene freie Tat auch selbst auferlegt" haben. Hier liegt Begründung des sittlichen Sollens in eigenem Wollen und insofern Autonomie vor.
3. *Klugheitsregel* sozialen Verhaltens, Regel im außermoralischen Sinne, sie legt ein Verhalten gegenüber anderen nahe, das sich im Hinblick auf die eigene Zwecksetzung optimal auszahlt.

Die Verbindung der ersten beiden Formen ergibt eine *Gegenseitigkeitsregel* oder *Rückbezüglichkeitsregel.*

christlich begründbaren **Naturgesetz** (lex naturae) übernommen. Für **John Locke**, der den Ursprung der Moral im egoistischen Streben der Menschen nach Glück sieht, ist sie die „unerschütterlichste moralische Regel und Grundlage aller sozialen Tugend". Er verbindet die negative und positive Fassung zu dem Prinzip „so zu handeln, wie man behandelt sein will", das zu einer allgemeinverbindlichen Verhaltensnorm wird. Für den deutschen Aufklärer **Johann Gottfried Herder** ist sie als „Regel der Gerechtigkeit und Wahrheit" sowohl Ausdruck der natürlichen Sittlichkeit als auch das **Prinzip der gesamten Sittlichkeit** überhaupt. Dieses große Gesetz der **Billigkeit** und des **Gleichgewichts** wird im Innern des Menschen zur Richtschnur: „Was du willst, daß andre dir nicht tun sollen, tue ihnen auch nicht; was jene dir tun sollen, tue du auch ihnen. Diese unwidersprechliche Regel ist auch in die Brust des Unmenschen geschrieben. [. . .] Das Gesetz der Billigkeit und Wahrheit macht treue Gesellen und Brüder; ja wenn es Platz gewinnt, macht es aus Feinden selbst Freunde. Den ich an meine Brust drücke, drückt auch mich an seine Brust; für den ich mein Leben aufopfere, der opfert es auch für mich auf." (Herder, Ideen, IV, 5)

Mit dieser Gegenseitigkeitsformel hat sich eine neue Form der Goldenen Regel herausgebildet, nach der das eigene Wollen so eingeschränkt werden muß, daß das daraus folgende Handeln dem andern auch ernstlich zumutbar ist. Die egoistischen Wünsche des Handelnden werden so mit denen des Betroffenen zu einem billigen Ausgleich gebracht.

Ausgangspunkt dieser Gegenseitigkeitsregel oder auch **Rückbezüglichkeitsregel** ist die Grundnorm, die **Einfühlungsregel**, aber statt auf eigenes Erleiden bezogenes Wünschen und Wollen wird auch dasjenige eigene Wollen genommen, welches das Verhalten der andern zu uns zum Gegenstand hat.

Die Goldene Regel wird so ein **idealtypisches sittliches Prinzip**, das die soziale Ordnung begründen kann, wenn man eine Gemeinsamkeit der Bedürfnisse und allgemeinen Interessen voraussetzt.

2.1.3 Grundsatz des rationalen Egoismus'

Geht man aber davon aus, daß die egoistischen Wünsche und Bedürfnisse nicht harmonieren, so wird die Goldene Regel zu einem Rat der Klugheit eines rationalen, weitsichtigen Egoismus, der es dem einzelnen anempfiehlt, das eigene Wünschen und Wollen zugunsten des langfristig gesehenen eigenen Vorteils einzuschränken. Als **Klugheitsregel** des sozialen Verhaltens, die ein Handeln nahelegt, das sich im Hinblick auf die eigene Zwecksetzung optimal auszahlt, hat die Goldene Regel eine zentrale Stelle in der Moralphilosophie von **Thomas Hobbes**. Er erklärt die Vielfalt der menschlichen Verhaltensweisen als Ergebnis der beiden grundlegenden Strebungen nach **Selbsterhaltung** und **Lustgewinn**. Der Mensch ist von Natur nicht gesellig, sondern er sucht das gesellschaftliche Zusammensein nur insoweit, als es seinen individuellen Zielen nützt. Ursprünglich hat er ein „Recht auf alles", auf das er aber aus egoistischen Gründen verzichten soll zugunsten eines „gleichen Rechts für alle". Hobbes sieht hierin die Basis einer konfliktfreien Gesellschaft, die er aus der Goldenen Regel ableitet. „Dem entspricht dieses Gesetz der Heiligen Schrift: *was ihr wollt, daß euch andere tun sollen, das tut ihnen,* sowie dieses für alle Menschen geltende Gesetz: *Quod tibi fieri non vis, alteri ne feceris*." (Hobbes, S. 100)

Thomas Hobbes

Thomas Hobbes (1588–1679), engl. Staatsmann und Philosoph. Vertreter des Empirismus. Lehnt die spekulative Metaphysik ab; entwickelt einen konsequenten Materialismus, der alles aus rein mechanischen Prinzipien zu erklären versucht. Hobbes' Menschenbild und Staatslehre sind stark von den Erlebnissen des englischen Bürgerkrieges geprägt.
Sein berühmt gewordener Grundsatz: *homo homini lupus* (lat. „der Mensch [ist] dem Menschen ein Wolf").

Notwendig wird die **freiwillige Selbsteinschränkung** der ursprünglichen Freiheitsrechte durch den in einem vorstaatlichen Naturzustand herrschenden „Krieg eines jeden gegen jeden", der zwangsläufig entstehen muß, da die Menschen physisch und psychisch annähernd gleich sind und als radikale Individualisten nach Selbsterhaltung und Lustgewinn streben. Sie verfolgen ihre egoistischen Interessen mit den direktesten Mitteln, so daß eine allgemeine Konfliktsituation entsteht, in der jeder seines Lebens weder sicher sein, noch es angemessen genießen kann, „es herrscht, was das Schlimmste von allem ist, beständige Furcht und Gefahr eines gewaltsamen Todes – das menschliche Leben ist einsam, armselig, ekelhaft, tierisch und kurz".

Die Furcht vor dem gewaltsamen Tod ist aber dem Glücksverlangen und der Begierde nach Dingen, die zum angenehmen Leben notwendig sind, entgegengesetzt. Darum rät die Vernunft im Interesse der Selbsterhaltung und des Wohllebens, die eigene Willkür zugunsten eines rechtsstaatlichen Zustandes einzuschränken. Durch eine **Gegenseitigkeitsregel**, die nichts anderes ist als eine zweckrationale Kalkulation im Dienste des individuellen Selbstinteresses, fordert sie, die Gleichheit der anderen als Konkurrenten zu respektieren und aus Gründen eben dieses Selbstinteresses das eigene natürliche Recht auf alles, was im Naturzustand galt, aus strategischen Gründen selbst einzuschränken. Daraus folgen „natürliche Gesetze, die den Frieden als Mittel zur Selbsterhaltung der in einer Menge lebenden Menschen befehlen" und die der Goldenen Regel verwandt sind:

Vernunft als **zweckrationale Kalkulation**: pragmatischer Vernunftbegriff bei Hobbes. Er unterscheidet ihn von den klassischen Naturrechtslehren, welche dem Menschen als *animal rationale* die Fähigkeit unterstellen, allein durch die Leitung der Vernunfteinsicht Frieden und Gerechtigkeit zu suchen.

> *„Jedermann soll freiwillig, wenn andere ebenfalls dazu bereit sind, auf sein Recht auf alles verzichten, soweit er dies um des Friedens und der Selbstverteidigung willen für notwendig hält, und er soll sich mit soviel Freiheit gegenüber anderen zufrieden geben, wie er anderen gegen sich selbst einräumen würde. Denn solange jemand das Recht beibehält, alles zu tun was er will, solange befinden sich alle Menschen im Kriegszustand." (S. 100)*

Da aber nicht vorausgesetzt werden kann, daß die Individuen sich als gleichberechtigt anerkennen und die selbstgegebenen Gesetze auch einhalten, fordert Hobbes die Einsetzung einer mit **souveräner Macht** ausgestatteten Instanz, der die einzelnen **absoluten Gehorsam** schuldig sind und die dafür **absoluten Schutz** gewährleistet. Der alleinige Weg zur Errichtung einer solchen zwingenden Gewalt liegt nach Hobbes darin, daß die Menschen ihre gesamte Macht und Stärke auf eine Instanz übertragen, in der alle Einzelwillen auf einen reduziert werden; sie tritt als eine Person, als der große Leviathan auf und verkörpert die durch Vertrag entstandene und zur Person vereinte Menge, den **Staat**. Motiviert durch wohlverstandenes Selbstinteresse vereinbart jeder mit jedem anderen, in Zukunft einem Dritten absoluten Gehorsam zu leisten: „Ich autorisiere diesen Menschen oder diese Versammlung von Menschen und übertrage ihnen mein Recht, mich zu regieren, unter der Bedingung, daß du ihnen ebenso dein Recht überträgst und alle ihre Handlungen autorisierst". Der Übergang von einem Naturzustand in den staatlichen Rechtszustand ist so auch ein Übergang von der **absoluten Anarchie** zur **absoluten Herrschaft** (vgl. Abb. auf S. 105).

In der Hobbes'schen Moralphilosophie ist die Goldene Regel ein Prinzip des **ethischen Egoismus**, das besagt, daß jeder in seinem Handeln und Urteilen auf lange Sicht seinen eigenen Vorteil zum Maßstab nehmen sollte. Allgemein befolgt würde diese Handlungsmaxime zu einer konfliktfreien Gesellschaft führen, wie sein Staatsmodell zeigen will. Das funktioniert aber nur unter der Voraussetzung, daß der eigene Vorteil mit dem aller anderen zusammenfällt, was empirisch höchst zweifelhaft ist. Ebenso problematisch ist die Tatsache, daß der ethische Egoismus die gesamte Moralität auf das **Gebot der Klugheit** reduziert mit der Behauptung, daß wir nicht nur das Recht haben, sondern auch moralisch verpflichtet sind, stets unser eigenes Wohlergehen zu berücksichtigen. Zwar ist es so, daß das Prinzip der Klugheit eine bessere Richtschnur darstellt als die Leidenschaften, dennoch kann es kein umfassendes Prinzip der Sittlichkeit sein. Denn der moralische Gesichtspunkt unterscheidet sich

---

Leviathan (hebr. „krumme, gewundene Schlange"), mythisches vielköpfiges Meeresungeheuer; im Buche Hiob des Alten Testaments als eine den Menschen demütigende Naturgewalt geschildert; von Hobbes als Gleichnis für den allmächtigen Staat (den „sterblichen Gott") benutzt.

Leviathan, oder von Materie, Form und Gewalt des kirchlichen und bürgerlichen Staates. (1651). Hobbes' umfangreichstes und bedeutsamstes Werk. Das Werk gilt als Wegbereiter einer modernen, liberalistischen Auffassung, die den Staat auf das vernünftige Interessenkalkül der Bürger gründet. Als politische Philosophie bis heute von großer Aktualität.

„Die von Hobbes begründete Legalität einer Rechtsordnung unterscheidet sich prinzipiell nicht von der einer erfolgreichen Räuberbande – so wie dies von Augustinus in bezug auf den weltlichen Staat, der allein auf die ‚Selbstliebe' der Bürger gegründet ist, behauptet wurde. Deshalb liegt für Hobbes die Legitimation einer rechtsstaatlichen Ordnung allein schon darin, daß der ‚Souverän' in der Lage ist, eine Friedensordnung mit Gewalt aufrechtzuerhalten."
(FK 2, S. 61)

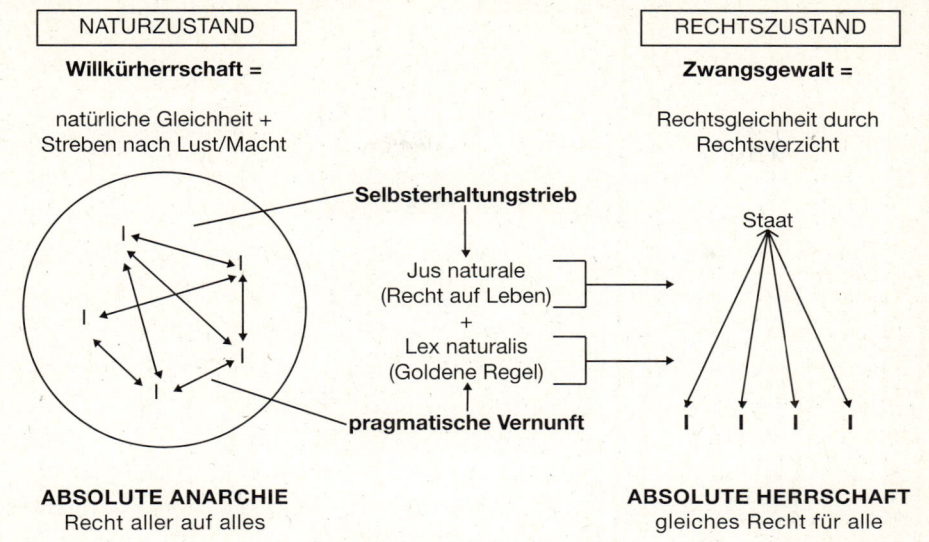

vom Gesichtspunkt der Selbstliebe dadurch, daß er nicht interessengebunden, sondern unparteiisch ist. Darum kann der ethische Egoist nicht argumentieren, „jeder von uns sollte deshalb seine eigenen Interessen optimal fördern, weil auf diese Weise das allgemeine Wohl am wirksamsten gefördert werde. Denn jemand, der so argumentiert, ist im Grunde ein Universalist (Utilitarist), nicht ein Egoist." (Frankena, S. 40)

2.1.4 Universeller Konsequentialismus

Im ethischen Denken des 20. Jh., besonders in der angelsächsischen Ethik, setzt sich ein Verständnis der Goldenen Regel als praktisches Vernunft- und Gegenseitigkeitsprinzip zur Erzeugung und Begründung von Moralnormen durch. Besonders **R. M. Hares** Forderungen nach **Präskriptivität** und **Universalisierbarkeit** moralischer Normen und Urteile zeigen deutliche Parallelen zur Goldenen Regel auf. Die Beurteilung einer Handlung wird davon abhängig gemacht, wie der Urteilende ihr Ergebnis und ihre Wirkungen an sich erfahren würde, wäre er der von ihnen Betroffene – d. h. er soll sie nicht nur danach beurteilen, ob sie seinen Neigungen entsprechen oder nicht, sondern er muß bereit sein, die Neigungen und Interessen des anderen so zu beachten, als ob es seine eigenen wären. Dadurch wird aus rationalem Egoismus echtes moralisches Überlegen.

In seinem **Goldene-Regel-Test**, der auf einem zunächst einfachen Gedankengang beruht, dient die Goldene

Konsequentialismus: allgemeine Bezeichnung für die ethische Begründungsweise, nach der die Konsequenzen von Handlungen als deren Auswirkungen oder Resultate wichtig sind. Vgl. auch Utilitarismus: Kap. II.2.2.1

Richard Mervyn Hare entwickelt im Anschluß an seine logische Untersuchung der Moralsprache und seine Theorie des universellen Präskriptivismus eine konsequentialistische bzw. utilitaristische Position. (Zu den Begriffen vgl. Kap. I.1.1)

Goldene-Regel-Argument:
„Die Natur des Arguments wird klarer werden, wenn wir bei unserer Bitte an B, sich selbst in der Lage desjenigen vorzustellen, der durch sein Handeln betroffen wird, unsere Frage niemals in der Form ‚Was *würdest* du sagen, fühlen oder denken, oder wie hättest du es gerne, wenn du er wärest?', sondern stets in der folgenden Form stellen: ‚Was sagst du (*in propria persona*) über einen hypothetischen Fall, in dem du in der Lage des Betroffenen bist?'"
(Hare, 1983b, S. 127)

Gläubiger-Parabel der Bibel: Matthäus 18,23–34

Gläubiger-Beispiel
„Das Gleichnis Jesu war für seine damaligen Zuhörer durchsichtig auf das unbegrenzte Erbarmen Gottes mit den Sündern hin: Der Statthalter, im Gleichnis als ‚Knecht' bezeichnet, schuldet seinem Herrn einen immensen, für Jesu Zuhörer unvorstellbar großen Betrag – 10 000 Talente. Auf sein flehentliches Bitten hin erläßt er ihm die gesamte Schuld. Der Statthalter hat aber nun auch seinerseits einen Schuldner, der ihm 100 Denare schuldet – eine im Verhältnis zu den 10 000 Talenten lächerlich kleine Summe. Trotz inständigen Bittens bleibt der Statthalter hart und weigert sich, auch

Regel als Instrument zur Rechtfertigung von Moralnormen: Wer sein eigenes, vergangenes oder zukünftiges Handeln moralisch beurteilen möchte, soll sich auch als ein von diesem Handeln Betroffener vorstellen. Und wer nicht bereit ist, selbst die Konsequenzen seines Handelns für den Fall zu tragen, daß er nicht Handelnder, sondern Betroffener wäre, kann auch bei Strafe der Inkonsistenz nicht bereit sein, anderen diese Konsequenzen zuzumuten, sofern sie sich mit denselben Interessen versehen, in derselben Situation befinden. In einem **imaginativen Rollentausch**, in dem der Handelnde sich vorstellungsmäßig in die spezifische Situation und die relevanten Wünsche und Neigungen des Betroffenen hineinversetzt, führt Hare ein musterhaftes moralisches Argumentieren im Sinne der Goldenen Regel durch.

Das Beispiel (analog zur Gläubiger-Parabel der Bibel): „A schuldet B Geld, und B schuldet C Geld, und nach dem Gesetz steht es Gläubigern frei, ihre Schulden dadurch einzutreiben, daß sie ihre Schuldner ins Gefängnis stecken. B fragt sich: ‚Kann ich behaupten, daß ich diese Maßnahme gegen A ergreifen sollte, um ihn dadurch zum Zahlen zu bringen?'"

Die Argumentation (golden-rule-arguments):

„Teste die moralischen Grundsätze, die sich dir anbieten, indem du auf ihre Konsequenzen schließt und dann nachsiehst, ob du diese akzeptieren kannst."

1. B fällt ein **Moralurteil**, das dem Anspruch der **Präskriptivität** genügt: „Ich *sollte* A ins Gefängnis stecken, weil er mir nicht zahlen will, was er mir schuldet."

2. B universalisiert seine Maxime, da ein moralisches Einzelurteil dem Anspruch der **Universalisierbarkeit** genügen muß: „Jeder in meiner Lage sollte seinen Schuldner ins Gefängnis stecken, wenn er nicht zahlt."

3. B muß unter Strafe der Inkonsequenz und Inkonsistenz nun folgern: Da C ihm gegenüber in der gleichen Lage des Gläubigers ist, und die Fälle sonst identisch sind, und gleichzeitig gilt, daß jeder in dieser Lage seine Schuldner ins Gefängnis stecken sollte, muß er dann die moralische Vorschrift akzeptieren: „C sollte mich ins Gefängnis stecken."

4. B kann dies nicht akzeptieren, da es seinem Wollen widerspricht, er muß sich also eingestehen, daß er bei gleicher Gelegenheit nicht die Behandlung will, die er einem anderen gegenüber beabsichtigt und gutheißt – er will also nicht so behandelt werden, wie er einen anderen behandeln möchte. Dies widerspricht dem Goldene-

Regel-Test, der ein moralisches Prinzip ja danach überprüft, ob man als Betroffener dieses Prinzip immer noch akzeptieren könnte.
In Analogie zu „was du nicht willst, das man dir tu', das füg' auch keinem andern zu!" kann B auch sein ursprüngliches Urteil nicht mehr akzeptieren, daß er A wegen dessen Schulden ins Gefängnis stecken sollte. Selbst wenn B's reale Abhängigkeit von C nicht existieren würde, und „wenn B sagte: ‚In meinem Fall ist aber nicht zu befürchten, daß irgend jemand einmal in die Lage geraten wird, auch mir anzutun, was ich A anzutun vorschlage'", muß er nach Hare bereit sein, A's Neigungen und Interessen so zu beachten, als ob es seine eigenen wären. (nach Hare, 1983 b, S. 109)

Der imaginative Rollentausch, der in der allgemeinen Formulierung: „Was sagst du über einen hypothetischen Fall, in dem du in der Lage des Betroffenen bist?" durchgeführt wird, hat aber seine Grenzen z. B. beim Fanatiker, bei dem die golden-rule-arguments nichts ausrichten. Da der Goldene-Regel-Test davon abhängig ist, ob einerseits die Menschen willens sind, eigene und fremde Neigungen angemessen zu respektieren, sie aber andererseits, wenn sie sich in die Lage eines anderen versetzen, stets von den eigenen gegenwärtigen Vorlieben, Wertvorstellungen und Idealen ausgehen, ist es hier immer noch möglich, eine unfaire Stellungnahme in bezug auf die eigenen Ideale abzugeben. Das wird deutlich am Beispiel des NS-Fanatikers, der wünscht, „daß die Juden ausgerottet werden sollen". Weil sein Wunsch universell ist und einem Ideal entspricht, wünscht er auch, daß jeder, der diejenigen Eigenschaften hat, aufgrund derer er die Juden ausrotten will, gleichermaßen ausgerottet werden soll. Hare argumentiert: „Wenn er aufrichtig ist und klar denken kann, dann folgt daraus, daß er wünscht, auch selbst vernichtet zu werden, wenn er die für Juden charakteristischen Eigenschaften bekommen würde. [...] er würde sich nicht widersprechen, wenn er sagte: ‚Juden sind etwas derart Abscheuliches, daß man mich und meine ganze Familie in die Gaskammer schicken sollte, wenn wir Juden wären'." (1983 b, S. 192)

Hare zeigt selbst am Beispiel der Auseinandersetzung zwischen einem Liberalen und zwei Nazis, daß auch diese Stufe überwunden werden muß durch eine höhere Universalisierungsstufe, die Hare durch mehrseitige Anwendung des Arguments der Goldenen Regel in seinem **universellen Konsequentialismus** erreicht. Die Argumentationsstrategie nimmt wieder ihren Ausgang von der Goldenen Regel, mit der ein Krimineller seinem Richter gegenüber argumentiert: „Sie würden selbst nicht gerne ins Gefängnis geschickt werden, wenn Sie an

nur eine Spur jenes Erbarmens zu zeigen, das ihm zuteil wurde. Er läßt seinen Untergebenen ins Gefängnis werfen und seine Familie in die Sklaverei verkaufen, um an sein Geld zu kommen.
(Wimmer, S. 396)

„Man kann jedoch nicht leugnen, daß selbst dann, wenn man die Intensität von Wünschen verschiedener Personen vergleichen könnte, noch viele, notorisch schwierige Probleme auftauchen. Um ein wohlbekanntes Beispiel zu nehmen: Angenommen, es stelle sich die Frage, ob man das letzte Viertel Wasser A oder B geben soll, und A zwar das Wasser will, aber nur mit geringer Intensität, während B wirklich sehr stark danach verlangt; A aber liege im Sterben, während B aller Wahrscheinlichkeit nach noch ein langes Leben vor sich hat. Wir stellen uns vor, wir selbst wären A und B, behandeln jeden als einen und keinen mehr als einen; doch zu welchem Schluß führt diese Übung?" (Hare 1983b, S. 140)

Hares Theorie ist der Versuch, im moralischen Begründen **deontologisches** und **teleologisches** Argumentieren zu verbinden.	meiner Stelle wären; wie können Sie somit Ihre Vorschrift, mich ins Gefängnis zu schicken, universalisieren?" (1983 b, S. 135 f.) Hare zeigt, daß das Argument des Kriminellen nicht zwingend ist, da – anders als im Gläubiger-Beispiel – viele Parteien im Spiel sind und der Richter daher nicht nur seine eigenen Interessen und die des Kriminellen berücksichtigen muß, sondern auch die der Gesellschaft. Durch die **Universalisierung der Maxime**: Kriminelle sollten ins Gefängnis gesteckt werden, werden die Interessen aller betroffenen Parteien berücksichtigt. Der Richter muß seine Entscheidung so treffen, als sei er zugleich in der Situation aller und sei in einer Person sowohl von allen Vorteilen wie Nachteilen, wie sie sich verschieden auf alle verteilen, betroffen.
„Sollen wir immer so handeln, daß sich, aufs Ganze gesehen, die bestmöglichen Folgen ergeben? Sind alle Handlungsanleitungen und -beschränkungen, von denen wir wünschen, daß die Menschen sie sich zu eigen machen, von der Form ‚Handle so, daß aus deiner Handlung x auf bestmögliche Weise resultiert'?" (Mackie, S. 197)	Dieses Prinzip der **Maximierung guter Folgen**, das sich aus der mehrseitigen Anwendung der Goldenen Regel ergibt, ist aber utilitaristisch. Hares Verfahren der Verallgemeinerung ist ein Gedankenexperiment, in dem man sich die Frage stellen muß, ob die zur Untersuchung stehende Maxime als ein allgemeines Gesetz des Lebens und Zusammenlebens gedacht und gewollt werden kann. Bei der Überprüfung einer Maxime auf ihre Verallgemeinbarkeit kommt es Hare auf empirisch-pragmatische Kenntnisse, auf Überlegungen zu Folgen sowie auf deren Beurteilung im Licht des menschlichen Wohlergehens an. So ist das Versprechen eine Institution im Sinne einer sozial verbindlichen Handlungsregel, denn bei einer Verallgemeinerung des Versprechensbruchs gäbe es keine Möglichkeit zum vernünftigen Miteinanderleben mehr. Der Kanon, den das Argument der Verallgemeinerung bietet, lautet: Die Folgen davon, daß jeder in einer bestimmten Weise handelt, dürfen nicht derart sein, daß sie nicht wünschenswert wären.

2.1.5 Das Prinzip der Umkehrbarkeit

David Hume (1711–1776), bedeutendster Philosoph der engl. Aufklärung, schottischer Diplomat, Historiker, formuliert in seiner Ethik schon beispielhaft den **Standpunkt der Moral**: „Er muß darum hier von seiner persönlichen, besonderen Lage absehen und einen Standort wählen, den er mit anderen gemein hat. Er muß auf irgendein allgemeines Prinzip der menschlichen Natur einwirken und eine Saite anschlagen, die bei allen Menschen wider-	Eine andere Möglichkeit, den universalistischen Kern der Goldenen Regel zu erfassen, zeigt ihre Betrachtung vom **Standpunkt der Moral** aus. In der Ethik des 20. Jh. ist dies der Standpunkt eines unabhängigen, vorurteilslosen, unparteilichen, objektiven, leidenschaftslosen, neutralen **Beobachters**, von dem aus moralische Regeln beurteilt werden, deren Befolgung im Interesse von jedermann liegt. Moralisch richtig ist hiernach das Verhalten, dem alle unparteiisch Urteilenden und rational Denkenden zustimmen können. Der Standpunkt der Moral verbindet den Standpunkt des Eigeninteresses mit der Forderung, daß moralische Regeln zum Nutzen von jedermann ohne Unterschied sein müssen. So ist es im Interesse von jeder-

mann ohne Unterschied durchaus gestattet, seinen eigenen Vorteil zu verfolgen, solange das nicht den Interessen eines anderen zuwiderläuft. Darum ist es z. B. notwendig, daß sich jeder an die Regel „Du sollst nicht töten" hält, denn jemand zu töten, wenn ich dabei mein Interesse verfolge, würde dessen Interesse zuwiderlaufen.

Diese elementare Morallehre faßt die negative Version der Goldenen Regel zusammen: „Was du nicht willst, was man dir tu', das füg' auch keinem andern zu." **Kurt Baier** sieht die allgemeinste Form dieses Verbots in der moralischen Regel: „Tu nichts Böses." Seine Argumentationsstrategie beruht auf dem **Prinzip der Umkehrbarkeit** (Reversibilität):

„Böses tun ist das Gegenteil von Gutes tun. Wenn ich jemand anders etwas Gutes tue, dann tue ich etwas, was ich für mich selbst täte, wenn ich mit einem Grund – des Eigeninteresses – handelte. Böses tun heißt, einer anderen Person das tun, was der Vernunft widerspräche, wenn ich es mir selbst täte. Einen anderen schädigen, einen anderen verletzen, einem anderen das tun, was er nicht will, das sind die besonderen Formen, die dieses Handeln annimmt. Töten, Grausamkeit, Schmerz zufügen, verstümmeln, quälen, täuschen, betrügen, vergewaltigen, ehebrechen sind Beispiele für dieses Verhalten. Sie verstoßen alle gegen die Bedingung der ‚Umkehrbarkeit', d. h. eines Verhaltens, das für die betreffende Person annehmbar sein muß, unabhängig davon, ob sie ‚Ausgang' oder ‚Ziel' der Handlung ist." (Baier, S. 191)

So verstößt jeder gegen den Standpunkt der Moral, der ein nicht umkehrbares Verhalten ausübt, denn dieses Verhalten ist „unrecht an sich, unabhängig von individueller oder gesellschaftlicher Anerkennung, unabhängig von seinen Konsequenzen". Daher können wir sagen, daß jedes nicht umkehrbare Verhalten moralisch falsch ist; daß also jeder, der sich so verhält, etwas tut, was er prima facie nicht tun darf. Wir müssen nicht darauf achten, ob das Verhalten schädliche Folgen hat, ob es durch die Moral der betreffenden Gruppe untersagt wird oder ob der Betreffende selbst es für unrecht hält.

Das Prinzip der Umkehrbarkeit legt dem moralisch Handelnden aber nicht nur bestimmte Verbote auf, sondern auch bestimmte positive Gebote. Es ist zum Beispiel moralisch falsch, im Sinne einer Unterlassung, einer anderen Person in Not nicht zu helfen, wenn wir dazu imstande sind. Dieselbe Aussage beinhaltet in allgemeinerer Form die positive Version der Goldenen Regel: „Tu anderen nur das, von dem du auch willst, daß man es dir tut." Vom Standpunkt der Moral aus können so mit dem klingt. Wenn er also zum Ausdruck zu bringen sucht, der und der Mensch besitze Eigenschaften, deren Tendenz der Gesellschaft verderblich sei, so hat er damit schon diesen gemeinsamen Standpunkt gewählt und das Prinzip der Menschenliebe berührt, an dem jeder in irgendwelchem Maß teil hat." (Hume, 1972, S. 121)

David Hume

Prinzip der Umkehrbarkeit moralische Regeln begründet werden. Denn auf die Frage: „Was soll ich tun?", die die Frage impliziert: „Was ist die Handlungsweise, die die besten Gründe für sich hat?" muß die Antwort lauten, daß moralische Gründe Gründen des Eigeninteresses überlegen sind und daß diejenige Welt eine bessere sein muß, in der moralische Gründe immer von jedermann vorrangig vor eigennützigen Gründen behandelt werden.

2.2 Der Utilitarismus

2.2.1 Grundmerkmale des Utilitarismus

Der Glaube, demzufolge die Nützlichkeit oder das Prinzip des größten Glückes das Fundament der Moral bildet, behauptet, daß Handlungen in dem Maße gut sind, als sie Glück vermitteln, und schlecht, wenn ihr Ergebnis das Gegenteil von Glück ist. Das Wort Glück bedeutet Vergnügen oder Abwesenheit von Leiden; das Wort Unglück besagt Leiden und Abwesenheit von Glück.
John Stuart Mill, Der Utilitarismus

John Stuart Mill

„Der beliebte Vorwurf, der Utilitarismus sei doch nur ein Prinzip zur Maximierung des Eigennutzes und des Profits, ist ungefähr so triftig wie der Vorwurf gegenüber Kant, bei seinem kategorischen Imperativ handle es sich um ein Prinzip des Gehorsams für Untertanen." (Williams, S. 8)

In der idealtypischen Darstellung des Arguments der Goldenen Regel wurde deutlich, daß sie nur dann zu einem brauchbaren Prinzip der Sittlichkeit wird, wenn die Berücksichtigung der Interessen anderer nicht nur aus einem Eigeninteresse heraus geschieht, sondern wenn von einem objektiven überparteilichen **Standpunkt der Moral** das Wohl aller von der Handlung Betroffenen und die Berücksichtigung ihrer Wünsche, Neigungen, Interessen zum ethischen Entscheidungskriterium werden. Nun ist es so, daß in einer pluralistischen Gesellschaft die Mitglieder ganz unterschiedliche, einander oft widerstreitende, oft auch nicht moralisch legitime Interessen verfolgen. Wenn man nun nicht die Hobbes'sche Lösung einer konfliktfreien Gesellschaft akzeptieren, sondern im Sinne einer zunehmenden Universalisierung der Goldenen Regel weiterdenken will, wie für alle wünschenswerte Lebensverhältnisse festgelegt werden können, kommt man unweigerlich zu einer utilitaristischen Argumentationsweise. Die Folgen- oder **Nützlichkeitsethik** geht von einem vergleichsweise simplen Gedankenexperiment aus, das allerdings auf einer höheren Stufe der Universalisierung steht als die Goldene Regel: „Was würde geschehen, wenn jeder so handelte? Stell dir vor, was es für Folgen hätte, wenn alle sich so verhielten!"

Der Utilitarismus ist keine einheitliche Moraltheorie, sondern seit seiner Begründung im 18. Jh. haben sich verschiedene ethische Positionen entwickelt, die aber einige Gemeinsamkeiten in den Grundgedanken aufweisen (nach Höffe, 1975a):

Die Grundfrage: „Was ist moralisch verbindlich und wie kann man es rational begründen?" weist ihn als eine Position der normativen Ethik im Sinne einer Untersuchung der Ziele und inhaltlichen Prinzipien moralisch richtigen Handelns aus.

Aus der Grundformel, der Maxime, die sich mit ihren vier Teilkriterien (Konsequentialismus/Hedonismus/Universalismus/Utilität) als eine **teleologische Argumentationsweise** ausweist, ergibt sich das Kriterium der moralischen Beurteilung von Handlungen/Normen:

Historische Situation: 18. Jhd. Industrielle Revolution und Entstehung des Kapitalismus hatten auf der einen Seite durch Entwicklung neuer Produktionstechniken gewaltige Produktions- und Handelsgewinne, auf der anderen Seite durch die Entstehung des Proletariats massives Elend der arbeitenden und arbeitslosen Bevölkerung zur Folge.

Diejenige Handlung bzw. Handlungsregel ist moralisch richtig, deren Folgen für das Wohlergehen aller Betroffenen optimal sind.

1.	3.	4.	2.
Konsequenzen-Prinzip	hedonistisches Prinzip	universalistisches Prinzip	Utilitäts-Prinzip

---

1. **Konsequenzenprinzip:**
Als teleologische Ethik bestimmt sich die moralische Richtigkeit der Handlungen von den **Folgen** her (impliziert empirische Ausrichtung); daß die Ermittlung der Handlungsfolgen nur von den empirischen Wissenschaften erwartet werden kann, entspricht dem Ideal der Wissenschaftlichkeit.

2. **Utilitätsprinzip:**
Maßstab für die Beurteilung der Folgen ist ihr **Nutzen** für das, was an sich gut ist (impliziert Werttheorie). Gut und Wert müssen im außermoralischen Sinne verstanden werden.

3. **Hedonistisches Prinzip:**
Kriterium der Beurteilung der Folgen einer Handlung ist das menschliche **Glück**, das in der maximalen Bedürfnis- und Interessenbefriedigung bzw. der minimalen Frustration besteht. Entscheidend ist das Maß an Lust, das die Handlung hervorruft, vermindert um das mit ihr verbundene Maß an Unlust (impliziert Hedonismus).

4. **Universalistisches Prinzip:**
Ausschlaggebend für den Gratifikationswert ist das **Wohlergehen aller** von der Handlung Betroffenen (impliziert Sozialpragmatik). Die Ausrichtung auf das Glück aller und die Verpflichtung auf das allgemeine Wohlergehen

entspricht der moralischen Mindestanforderung und erfordert minimales soziales Engagement.

Der Utilitarismus ist eine Position der normativen Ethik, die weder rein rational noch rein empirisch argumentiert. Er versteht sich als Versuch, durch **rationale Reflexion** und mit **wissenschaftlichen Mitteln** allgemein verbindliche Normen zu begründen, ohne sich auf politische oder religiöse Autoritäten oder die Tradition zu berufen; er ist eine „Ethik ohne Metaphysik". Der höchste Wert ist das menschliche **Glück**. Seine **Grundlage** findet er in den fundamentalen Überzeugungen des alltäglichen sittlichen Bewußtseins. Die **Alltagsmoral** als empirischer Ausgangspunkt wird aber nicht mit allen ihren Vorurteilen, Unstimmigkeiten und Realitätsschwächen kritiklos akzeptiert, sondern durch ein rationales Verfahren aufgeklärt und überprüft.

Daher liefert der Utilitarismus auch keine Letztbegründung seines moralischen Prinzips, sondern nur die Aufforderung an das verallgemeinerte Wohlwollen: jeder soll das Glück oder gute Konsequenzen für alle Menschen erstreben.

2.2.2 Das Nützlichkeitsprinzip

Seit dem Ende des 18. Jh. entwickelt sich in England eine Strömung, die den Maßstab der moralisch guten Handlung in ihrer **Utilität** sieht, sie aber nicht, wie etwa Hobbes, egoistisch begründet, sondern davon abhängig macht, ob die dem Nützlichkeitsprinzip verpflichtete Handlung das höchstmögliche Wohlergehen aller Betroffenen zur Folge hat. Der Begriff Nutzen wird von den Utilitaristen verschieden interpretiert; immer jedoch wird er gleichgesetzt mit einer Vorstellung des Guten, des Glücks, dessen inhaltliche Bestimmung gemäß dem pluralistischen Ansatz offen bleibt.

Das Glück als das Ziel menschlichen Handelns wird nicht mehr wie in dem **individual-eudämonistischen** Ansatz der antiken Ethik wesentlich im Hinblick auf die je eigene Glückseligkeit des einzelnen bestimmt, sondern in der englischen Moralphilosophie des 16. Jh. setzt sich der Gedanke durch, daß das eigentliche Wesensmerkmal des sittlich Guten die Ausrichtung des menschlichen Handelns auf das Glück der Allgemeinheit oder den allgemeinen Nutzen ist. Den ersten Anstoß zu einer sozialeudämonistischen Ethik gibt **Francis Bacon**; er stellt dem traditionellen Endziel der eigenen Glückseligkeit, das von allen Menschen als erstrebenswert vorausgesetzt wird, das **Allgemeinwohl** (bonum communionis) als ein diesem überlegenes Endziel gegenüber. In seinem Werk über das

---

Begründungsdefizit: Häufig erhobener Vorwurf gegen die utilitaristische Theorie. Wie rechtfertigt man nicht bloß bestimmte Normen, sondern auch das Kriterium der Normen, das utilitaristische Prinzip?

Bestimmung des Nutzenbegriffs in der utilitaristischen Ethik: Prinzip der Moral als **Prinzip der Wohltätigkeit**, das eine Maximierung der Summe des Guten in der Welt (d. h. genauer des Übergewichts von Gutem gegenüber Schlechtem) fordert.

Francis Bacon (1561–1626), schrieb das erste philosophische Werk in englischer Sprache. Begründete den modernen englischen Empirismus: Vorbereiter der Herrschaft der naturwissenschaftlichen Denkens. Höchste Aufgabe der Wissenschaft ist die Naturbeherrschung und zweckmäßige Gestaltung der Kultur durch Naturerkenntnis.

Naturrecht kommt auch **Richard Cumberland** dem Standpunkt des Sozialeudämonismus sehr nahe, indem er als oberstes Prinzip der Sittlichkeit das Gemeinwohl (bonum commune) setzt. Es wird erreicht durch den höchsten Grad des Wohlwollens (benevolentia maxima), das jedes vernunftbegabte Wesen gegen alle beweist. Der Moralphilosoph **Francis Hutcheson** formuliert dann deutlicher und schärfer zuerst das utilitaristische Prinzip; er erklärt diejenige Handlung für die beste, die das **größte Glück für die größte Zahl** befördert. Er legt dabei Nachdruck auf einen „moralischen Sinn" oder das „moralische Gefühl", das sich auf das Gewissen gründet.

Eine neue Fassung und Ausgestaltung des Prinzips, daß das Glück der Allgemeinheit das eigentliche Wesensmerkmal des sittlich Guten ist, findet sich dann in den einflußreichen moralphilosophischen Schriften **David Humes**. Für ihn ist das **Nützlichkeitsprinzip** eine „Hauptquelle für moralische Unterscheidungen" und ein objektiver Grund der sittlichen Wertschätzungen. Darüber hinaus ist die Nützlichkeit „eine Quelle des moralischen Gefühls", das „alles, was zum Glück der Allgemeinheit beiträgt, [...] unserer Billigung und unserem Wohlgefallen unmittelbar nahelegt." Den Grund für das moralische Gefühl sieht Hume in der Fähigkeit des Mitempfindens mit den anderen und ihrem Wohlergehen (sympathy), die neben der objektiven eine entscheidende subjektive Voraussetzung der sittlichen Wertschätzungen ist. Hume begreift diese **soziale Emotion** ebenso wie den **Egoismus** als in der menschlichen Natur angelegt, die nicht aus den gesellschaftlichen Gegebenheiten erklärbar sind, sondern ihnen zugrunde liegen. Die **Sympathie** wird zum allgemeingültigen Prinzip der Moral, wenn sie als individuelles Allgemeininteresse auftritt, denn jede moralische Zustimmung basiert nach Hume auf einer bei allen Menschen gleichen Emotion, die bei der Einfühlung in das gemeinsame Interesse entsteht. Das **moralische Gefühl** (moral sense) ist dann, neben dem Nützlichkeitsprinzip, die Instanz der moralischen Bewertung.

> *„Der Begriff der Moral schließt ein allen Menschen gemeinsames Gefühl ein, das einen und denselben Gegenstand der generellen Billigung empfiehlt und eine durchgängige oder fast durchgängige Übereinstimmung der menschlichen Meinungen und Entscheidungen darüber zuwege bringt. Dieser Begriff schließt gleichzeitig ein Gefühl ein, welches so universell und umfassend ist, daß es sich auf alle Menschen erstreckt und das Tun und Verhalten selbst der Fernstehendsten zum Objekt der Billigung oder Mißbilligung macht, je nachdem dieses Tun mit der einmal anerkannten Norm des Rechts übereinstimmt oder nicht..." (Hume, 1972, S. 61)*

David Humes *Untersuchung über die Prinzipien der Moral* (1751) enthält eine Diskussion der in der britischen Moralphilosophie des 18. Jahrhunderts umstrittenen Frage, ob die Moral aus der Vernunft oder aus dem Gefühl herzuleiten sei, sowie eine umfassende Tugendlehre. Hume vertritt eine vermittelnde Position zwischen den Rationalisten und den Gefühlsmoralisten.

sympathy: Im Sinne der Goldenen Regel die Fähigkeit, von eigenen selbsterfahrenen Gefühlen auf andere zu schließen. Nach Hume ein psychischer Mechanismus, der als eine Art emotionaler Kommunikation durch wechselseitige Identifikation Voraussetzung jeder Sozialisation ist.

moral sense (engl. „moralischer Sinn"), moralisches Gefühl: eingeführt von **Lord Shaftesbury** (1671–1713); ist Quelle sittlichen Beurteilens und besteht sowohl im Fühlen sittlicher Antriebe *(feeling of generous moral affection)* und ist Motiv für Moralität als auch in einem Sinn für Recht und Unrecht *(sense of right or wrong)* und ist so ein spezifisches Erkenntnisorgan für Moralität.

Jeremy Bentham (1748–1832), englischer Jurist und Philosoph, eigentlicher Begründer des Utilitarismus, Anhänger der Assoziationspsychologie, machte das Prinzip des größten Glücks der größten Zahl zur Grundlage eines Systems des Utilitarismus, das über die Wissenschaft hinaus auf das öffentliche Leben Einfluß gewann. Seine Gedanken über Justizreform, Rechtsphilosophie, Volkswirtschaft wurden durch seinen Freund und Schüler Dumont von Frankreich aus bis Amerika, Spanien und Rußland verbreitet.

John Stuart Mill (1806–1873), ältester Sohn von James Mill, einem Freund Benthams; Anhänger der empiristischen Tradition Bacons, Lockes und Humes sowie der metaphysikkritischen Philosophie der französischen Aufklärung; unternimmt den Versuch, der empiristischen Erkenntnistheorie und der utilitaristischen Ethik Humes ein wissenschaftliches Fundament zu verschaffen.

„Sehen wir uns das Epikureische Argument für den Hedonismus an, das Mill auf eine so unkluge Weise aufzupolieren suchte: Lust ist gut, da alle Menschen danach trachten. Hier wird eine ethische Konklusion aus einer nicht-ethischen Prämisse abgeleitet." (Frankena, 1974, S. 87)

Jeremy Bentham, der als der eigentliche Initiator und Begründer eines von vornherein nicht-egoistisch verstandenen Utilitarismus gilt, legt die erste und systematische Exposition des Nützlichkeitsprinzips dar, das er unter Berufung auf die Philosophie von Hume formuliert, aber nun zum „alleinigen" Prinzip des sittlichen Handelns erklärt.

Das Prinzip der Nützlichkeit dient Bentham als Grundlegung eines Systems, dessen Ziel es ist, das „Gebäude der Glückseligkeit durch Vernunft und Recht zu errichten"; zu seiner Rechtfertigung weist er auf einen Trieb hin, dem die Natur „das Fortbestehen der Gattung und einen großen Teil ihres Glücks anvertraut hat". Er entwirft eine **Sozialethik**, die auf der Basis des Nützlichkeitsprinzips eine unerläßliche Grundlage für eine wissenschaftliche Gesetzgebung und rationale Gesellschaftsreform abgeben und das gesamte staatliche Wirken im Bereich der Administration, der Gesetzgebung und des Strafsystems normativ begründen soll. Die Aufgabe einer guten Regierung sieht Bentham dann analog darin, die größte Wohlfahrt für die größtmögliche Zahl der Bürger zu schaffen. Ausgerichtet ist die Nützlichkeit dabei auf das „größtmögliche Glück der größten Zahl", womit Bentham diese schon von Hutcheson gebrauchte Formel in den Mittelpunkt stellt.

Von Bentham übernimmt **John Stuart Mill** das Prinzip des auf das größte Glück der größten Zahl ausgerichteten Nutzens und baut es in mancher Hinsicht weiter aus. Grundprinzip der Moral und Quelle aller sittlichen Verpflichtungen ist für ihn das **Prinzip der Nützlichkeit**, das er gleichsetzt mit dem **Prinzip des größten Glücks**. Als ein einheitliches rationales Grundprinzip hat es den Status eines moralischen Axioms, das eine allgemeinverbindliche Grundlage moralischer Verpflichtung abgeben kann.

„Die Auffassung, für die die Nützlichkeit oder das Prinzip des größten Glücks die Grundlage der Moral ist, besagt, daß Handlungen insoweit und in dem Maße moralisch richtig sind, als sie die Tendenz haben, Glück zu befördern, und insoweit moralisch falsch, als sie die Tendenz haben, das Gegenteil von Glück zu bewirken. Unter ‚Glück' (happiness) ist dabei Lust (pleasure) und das Freisein von Unlust (pain), unter ‚Unglück' (unhappiness) Unlust und das Fehlen von Lust verstanden." (Mill, S. 13)

Mills Ziel ist die Rechtfertigung der utilitaristischen Glückstheorie, auch ohne den letzten Zweck menschlichen Handelns (das, was an sich selbst gut ist) selbst zu rechtfertigen. Den Beweis dafür, daß Lust und Freisein von Unlust als einzige Dinge als Endzwecke wünschenswert und darum nützlich sind, findet Mill in dem tatsächlichen Streben nach Glück.

Mit diesem Beweisgang macht er sich nach Moore des **naturalistischen Fehlschlusses** schuldig, insofern er aus einer Tatsache ein Sollen, aus einer Faktizität eine Norm ableitet. Die Gleichsetzung des Nützlichen mit dem Lustvollen oder Angenehmen versucht Moore durch seinen **nicht-hedonistischen** Utilitarismus aufzuheben und das Nützlichkeitsprinzip neutral als das zu definieren, was Mittel zur Erlangung von nicht-moralischen Gütern ist. Die Annahme, diese Güter seien nur als Mittel zur Lust gut, oder sie würden allgemein so verstanden, ist nach Moore keineswegs gerechtfertigt. Er argumentiert, daß es nicht auf die bloß nützlichen Handlungen ankommt, die nur als Mittel zur Lust gut sind, sondern darauf, was in letzter Instanz gut ist, d. h. was um seiner selbst willen zu existieren verdient. Diese Bestimmung des Nützlichkeitsprinzips kommt nicht mehr mit empirischen Daten aus, sondern muß durch eine erfahrungsunabhängige Wertlehre, die bestimmt, was in sich gut ist, ergänzt werden.

„Mill hat sich auf so naive und sorglose Weise des naturalistischen Fehlschlusses bedient, wie man es sich nicht besser hätte ausdenken können. ‚Gut‘, so behauptet er, bedeutet ‚begehrenswert‘, und man kann das Begehrenswerte nur herausfinden, wenn man herauszufinden sucht, was wirklich begehrt wird." (Moore, S. 110f.)

2.2.3 Der hedonistische Kalkül

Die hedonistische Bestimmung des Nützlichkeitsprinzips, wonach das als geboten gilt, was möglichst viel Vergnügen (pleasure) und möglichst wenig Leid (pain) schafft, begründet Bentham in zweierlei Hinsicht:

„Das **Prinzip der Nützlichkeit** ist die Grundlage jeder normativen Beurteilung, es bedarf selbst keines Beweises." (Bentham)

1. **deskriptiv (egoistisch):** Hedonistisch ist das Motiv oder die Ursache, die eine Handlung hervorbringt, indem sie auf das Bewußtsein eines Individuums wirkt. Ausgang ist die Grundthese, nach der die Natur den Menschen unter die „Herrschaft des Vergnügens und der Schmerzen (pain and pleasure) gestellt hat", sie sind nicht nur „Maßstab für Richtig und Falsch: sie beherrschen uns in allem, was wir tun, was wir sagen, was wir denken".
2. **normativ (altruistisch):** Hedonistisch ist der Grund oder die Rechtfertigung, die einen Gesetzgeber oder sonstigen Zuschauer berechtigen, diese Handlung mit Billigung zu betrachten.
Der **Endzweck** besteht in dem Höchstmaß an Lust für den einzelnen und die Gemeinschaft; das Nützliche ist das Mittel, im höchsten Maß eines solchen Glücks teilhaftig zu werden.

Der Grundgedanke, daß eine egoistische Motivationsstruktur durchaus zu altruistischem Handeln führen kann, setzt aber eine natürliche Kongruenz von persönlichem und allgemeinem Wohlbefinden voraus; ist diese nicht vorhanden, muß sie künstlich hergestellt werden.

Die vier einleitenden Kapitel der *Einführung in die Prinzipien von Moral und die Gesetzgebung* (1789) von Bentham stellen die Grundlagen der Ethik und Rechtsphilosophie dar. Es beginnt mit der programmatischen Aussage: „Die Natur hat die Menschen unter die Regierung zweier souveräner Herrscher gestellt – des Schmerzes und der Lust."

> „Der hedonistische Kalkül stammt aus dem spätfeudalen und frühkapitalistischen England. Angesichts der damals bestehenden Konzentration von Macht und Reichtum in den Händen einer dünnen Schicht Privilegierter enthält die in das Kalkül übersetzte Maxime, jeden ohne Unterschied zu berücksichtigen, eine geradezu revolutionäre Gesellschaftskritik". (Höffe, 1975a, S. 15)

Gratifikation: Befriedigung von Bedürfnissen oder Erfüllung von Wünschen und Interessen.

Bentham formuliert mit seinem hedonistischen Kalkül ein Grundmodell moderner wissenschaftlicher Entscheidungstheorien (Theorie sozialer Wahl), die anhand einer Nutzenkalkulation jene auswählen, deren Ergebnis angesichts der eigenen Wünsche und Zielvorstellungen zu einem Höchstmaß an Wert, Nutzen oder Befriedigung führt. Die zugrundeliegende Entscheidungsaufgabe lautet: „Mit welcher Handlung kann man das, was man faktisch begehrt, optimal erreichen?" Die einfachste und auch intuitiv plausibelste Maxime, die die Entscheidungstheorie aufstellt, heißt: „Maximiere den Nutzen", wobei Vorteile als positiver, Kosten, Verluste oder Nachteile als negativer Nutzen definiert werden. Danach kann man im Benthamschen Sinne eine **Nützlichkeitsmatrix** aufstellen; die Rationalität der Entscheidung beruht dann auf der Kalkulation des maximalen Nutzens. (nach Höffe, 1975b, S. 42ff)

Darum geht es Bentham nicht nur um die Formulierung eines letzten Kriteriums moralischen Handelns, des Glücks aller Betroffenen, sondern auch um eine präzise Methode, einen **Glücks-Kalkül**, in dem man mit Hilfe einer rationalen Kalkulation die Lust zu maximieren und das Leid zu minimieren sucht. Der hedonistische Kalkül ist ein Verfahren zur Messung des hedonistischen Werts von Empfindungen, also eine Berechnungsgrundlage für die Größe von Lust und Unlust, wobei das Glück additiv als eine positive Summe aus Lust- und Unlusteinheiten definiert ist, die von einer Handlung bewirkt werden können. Ausgehend von der Forderung, das „maximale Glück aller Betroffenen" zu berechnen, versucht der hedonistische Kalkül mit Hilfe des mathematischen Instrumentariums der Addition und Subtraktion die Bestimmung der **Gratifikationsbilanz**.

„Für eine Anzahl von Personen wird der Wert einer Freude oder eines Leids, sofern man sie im Hinblick auf jede von ihnen betrachtet, gemäß sieben Umständen größer oder kleiner sein: [. . .] nämlich

a) die Intensität,
b) die Dauer,
c) die Gewißheit *oder* Ungewißheit,
d) die Nähe *oder* Ferne,
e) die Folgenträchtigkeit,
f) die Reinheit *einer Freude oder eines Leids.*

Hinzu kommt ein weiterer Umstand, nämlich

g) das Ausmaß, *das heißt die Anzahl der Personen, auf die Freude oder Leid sich* erstrecken *oder (mit anderen Worten) die davon betroffen sind."*
(Bentham, S. 50)

Danach werden zunächst Gratifikation und Frustration für den einzelnen bestimmt und durch Subtraktion der Frustrationsmenge von der Gratifikationsmenge (Leidvon der Freudmenge) die individuelle (positiv oder negativ ausfallende) Gratifikationsbilanz (Glücksbilanz) errechnet. Um die Gesamtbilanz menschlichen Glücks, den kollektiven Gratifikationswert zu errechnen, fügt Bentham noch das Ausmaß, den Größenfaktor hinzu, um den Wirkungsradius nach der Zahl der Betroffenen zu berechnen. Der soziale Wert einer Handlung bemißt sich nach dem mathematisch gleicherweise einfach wie exakt kalkulierbaren Gratifikations-Netto. Als gesellschaftlicher Nutzen gilt nichts anderes als die arithmetische Summe des Wohlbefindens aller einzelnen. (nach Höffe, 1975a, S. 11–16)

Benthams Versuch einer rein quantitativen Glücksbestimmung, nach der sich Lust und Unlust genau messen und die gemessenen Glückswerte (Lust-/Unlustwerte) exakt miteinander vergleichen ließen, ist in der Folgezeit auf Kritik gestoßen. Schon Mill gibt gegen den rein **quantitativen Hedonismus** zu bedenken, daß menschliche Bedürfnisse auch qualitativ unterschieden werden müssen. Mill erweitert den hedonistischen Kalkül, indem er zu Recht auf verschiedene Arten von Lust aufmerksam macht. Um die Vielfältigkeit des menschlichen Fühlens und Wollens adäquat zu erfassen, entwickelt er im Gegenzug einen **qualitativen Hedonismus**. Zur Bestimmung seines qualitativen Nützlichkeitsbegriffs übernimmt Mill aus der Tradition positive und negative Definitionen des allgemein Wünschenswerten, die er in zwei Kategorien von Freuden unterteilt.

1. **Niedere Freuden**, vor allem körperliche Lüste (Essen, Trinken, Sexualität, Rauschgenüsse), die traditionell tierischen Lüste. Doch weist Mill nach, daß die Quellen auch der körperlichen, sinnlichen Lustempfindungen beim Menschen andere sind als bei den Tieren; die Lust des Tiers wird der menschlichen Vorstellung auch hier schon nicht gerecht.

2. Von den körperlichen Genüssen werden die **höheren Freuden** unterschieden, die Freuden des Verstandes, der Empfindung und Vorstellungskraft sowie des sittlichen Gefühls; ihnen wird ein weit höherer Wert zugeschrieben als denen der bloßen Sinnlichkeit. Die geistige Lust ist deswegen höherwertig, weil sie Dauerhaftigkeit, Verläßlichkeit, Unaufwendigkeit verspricht.

Mit dieser Hierarchisierung führt Mill einen Bewertungsmaßstab in der axiologischen Dimension ein, der keine

qualitativer Hedonismus: „Ein höher begabtes Wesen verlangt mehr zu seinem Glück, ist wohl auch größeren Leidens fähig und ihm sicherlich in höherem Maße ausgesetzt als ein niedriges Wesen; aber trotz dieser Gefährdungen wird es niemals in jene Daseinsweise absinken wollen, die es als niedriger empfindet." (Mill, S. 17)

Mill wendet sich hier gegen Angriffe, er vertrete eine **pig-philosophy**. Vorwurf des Ethikers Carlyle (in *Latter-Day Pamphlets* 1850): der Utilitarismus pervertiere die Ethik, indem sie die Befriedigung niedrigster Instinkte zum alleinigen Lebenszweck erkläre. „Auf Angriffe dieser Art haben die Epikureer stets geantwortet, daß nicht sie, sondern ihre Ankläger es sind, die die menschliche Natur in entwürdigendem Lichte erscheinen lassen, da die Anklage ja unterstellt, daß Menschen keiner anderen Lust fähig sind als der, deren auch Schweine fähig sind." (Mill, S. 14)

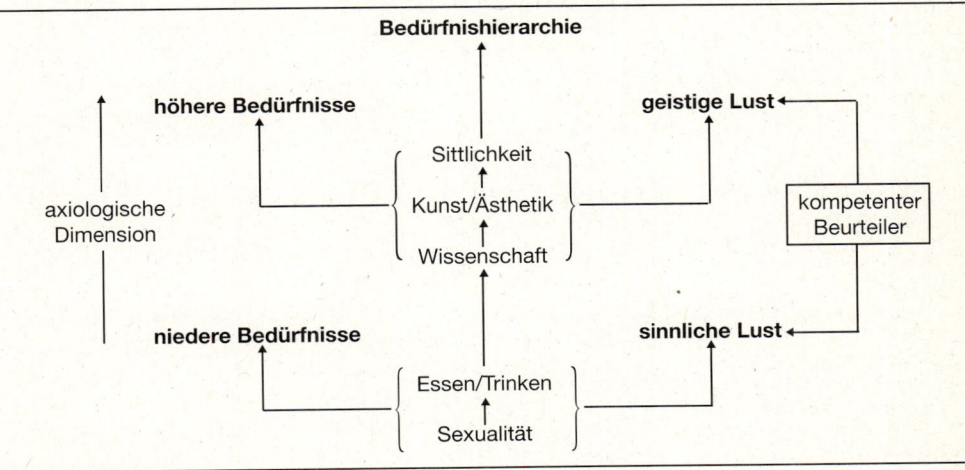

117

> Dagegen setzt Mill: „Es ist besser, ein unzufriedener Mensch zu sein als ein zufriedengestelltes Schwein; besser ein unzufriedener Sokrates als ein zufriedener Narr." (Mill, S. 18)

Mill will hier den Nützlichkeitsbegriff an einen Glücksbegriff binden, der der aristotelischen Glücksbestimmung, auch der Stoa und Epikur, sehr nahe kommt.

quantitative Hochrechnung von Glückswerten darstellt, sondern das **abwägende Beurteilen** eines moralisch kompetenten Beobachters, der alle Freuden bzw. Bedürfnisse kennt und der den geistigen den Vorzug gibt. Er hat mit beiden Arten Erfahrung und wird in einer vergleichenden Bewertung die geistigen Freuden stärker erstreben als die sinnlichen. Mill legt uns hier die Auffassung nahe, daß Menschen, die höhere Bedürfnisse, Charakterstärke, edlere Gefühle, geistige Interessen haben, auf moralischem Gebiet kompetenter sind. Mit der Berufung auf die Instanz des Empfindungs- und Urteilsvermögens der Erfahrenen fordert er von dem Handelnden, „mit strenger Unparteilichkeit zu entscheiden wie ein unbeteiligter und wohlwollender Zuschauer"; er nimmt dabei den **Standpunkt der Moral** ein. Dadurch überwindet Mill den einseitig auf Lust-Unlust bezogenen Hedonismus Benthams zugunsten einer pluralistischen Wertlehre; er verlagert damit allerdings das Problem des hedonistischen Kalküls auf das Problem einer **Hierarchie der Werte**.

2.2.4 Das größte Glück aller Betroffenen

Allgemeinwohl – Gemeinwohl: in der Tradition politischer Philosophie und Soziallehre meist im Gegensatz zu Privatinteresse. In der politischen Theorie der Neuzeit lassen sich drei Grundpositionen unterscheiden:
1. **Gesellschaftstheorien** (Grundlage: Gerechtigkeit)
2. **Naturrechtstheorien** (Grundlage: Geselligkeit)
3. **Utilitarismus** (Grundlage: Nützlichkeit)

Diesen **Kern der Ethik**, daß nicht individuelles Glück, sondern das Glück der von der Handlung Betroffenen Ziel der Moral ist, findet Mill auch in der **„goldenen Regel**, die Jesus von Nazareth aufgestellt hat, vollendet ausgesprochen". Die utilitaristische Ethik verstand sich als Nachfolgerin der Ethik der christlichen Nächstenliebe.

Als Maßstab des kompetenten Moralbeurteilers, des idealen Utilitaristen, gilt nicht das größte Glück des Handelnden selbst, sondern das größte Glück insgesamt. Zwar enthält schon der auf die Maximierung des kollektiven Gesamtnutzens ausgerichtete hedonistische Kalkül Benthams eine **Theorie** vom **Allgemeinwohl**, denn eine Handlung entspricht ja nur dann dem „Prinzip der Nützlichkeit", wenn die ihr innewohnende Tendenz, das Glück der Gemeinschaft zu vermehren, größer ist als irgendeine andere ihr innewohnende Tendenz, es zu vermindern". Die Gemeinschaft ist nach Bentham „ein fiktiver Körper, der sich aus den Einzelpersonen zusammensetzt, von denen man annimmt, daß sie sozusagen seine Glieder bilden". Das Interesse der Gemeinschaft besteht in der Summe der Interessen der verschiedenen Glieder, aus denen sie sich zusammensetzt. Das Bemühen um dieses größte Glück, das Gemeinwohl, steht darum dem egoistischen Einzelinteresse nicht entgegen, sondern kann widerspruchsfrei zur Triebkraft für das handelnde Individuum werden, das, psychologisch gesehen, auf den Erwerb seiner größtmöglichen Lust ausgerichtet scheint, denn die Lust wird dadurch, daß es anderen mit Wohlwollen begegnet, noch maximiert. Durch Hineinversetzen wird das Glück des anderen der Grund für die eigene Glückseligkeit, und die Ausbreitung dieses Zustands würde mithin psychologisch die Suche nach dem kollektiven Glück rechtfertigen. Entscheidend für den Utilitaristen ist es, „daß andere durch ihn glücklicher sind und daß die Welt insgesamt durch ihn unermeßlich gewinnt". (Mill, S. 21)

Das empirisch größte Glück aller Betroffenen ist der letzte Zweck, um dessentwillen alles andere wünschenswert ist; es wird inhaltlich vorgestellt als „ein Leben, das so weit wie möglich frei von Unlust und in quantitativer und qualitativer Hinsicht so reich wie möglich an Lust ist". Wenn auch der Inhalt des gesuchten Glücks nicht näher bezeichnet werden kann, sind doch die negative Bestimmung der **Leidensfreiheit** und die positive als ein Optimum an **Wohlergehen** allgemein konsensfähig. Aus dieser Grundhaltung, daß das Glück in diesem Leben machbar ist und das Leiden vermieden werden kann, formuliert schon Mill wichtige Grundsätze einer **Sozialethik**. Die größten Übel der Welt sind prinzipiell ausrottbar, „Armut, insoweit sie Leiden bedeutet, kann durch kluge Vorkehrungen seitens der Gesellschaft sowie durch Voraussicht und Vernunft seitens der Individuen gänzlich aus der Welt geschafft werden". Die wichtigsten Ursachen menschlichen Leidens lassen sich in erheblichem Umfang durch menschliche Mühe und Anstrengung beseitigen, wozu aber oft ein persönlicher Glücksverzicht notwendig sein kann. Der Entschluß, ohne Glück auszukommen, um das Glück in der Welt zu vermehren, kann am ehesten geeignet sein, so viel Glück zu bewirken, wie überhaupt nur erreichbar ist. Allerdings ist nicht der gesinnungsethische Selbstverzicht moralisch wertvoll, sondern nur das Opfer zum Wohl anderer, das den Gesamtbetrag des Glücks erhöht.

Mackie spricht hier von einer **Ethik der Illusionen**: „Man kann noch nicht einmal fordern, die Handlungen aller Menschen sollten ganz allgemein so beschaffen sein, daß sie das Glück aller mehren, gleichgültig ob dies auch das Motiv des Handelnden sein soll oder nicht. Selbst in einem kleinen Dorf oder in einer Kleinstadt wäre es noch zu viel verlangt, wollte man erwarten, daß das Bemühen aller Bewohner einzig und allein auf das Wohlergehen aller ausgerichtet sein sollte. Eine solche umfassende Zusammenarbeit ist erst recht auf der Ebene der Nationalstaaten unmöglich, ganz zu schweigen von der Ebene der gesamten Menschheit, einschließlich ihrer zukünftigen oder möglichen Glieder, und vielleicht sogar aller fühlenden Wesen." (Mackie, S. 164)

„Die utilitaristische Moral erkennt den Menschen durchaus die Fähigkeit zu, ihr eigenes größtes Gut für das Wohl anderer zu opfern. Sie kann jedoch nicht zulassen, daß das Opfer selbst ein Gut ist. Ein Opfer, das den Gesamtbetrag an Glück nicht erhöht (oder nicht die Tendenz hat, den Gesamtbetrag an Glück zu erhöhen), betrachtet sie als vergeudet. Der einzige Selbstverzicht, den sie billigt, ist die Hingabe an das Glück (oder einige der Voraussetzungen für das Glück) der andern, sei es das Glück der Menschheit insgesamt oder sei es – innerhalb der Grenzen, die durch das Gesamtinteresse der Menschheit gezogen sind – das Glück einiger bestimmter Individuen." (Mill, S. 29f.)

„Die Menschen sind einfach nicht geneigt, den Interessen all ihrer Mitmenschen denselben Rang einzuräumen wie ihren eigenen Interessen und Zielen sowie den Interessen ihrer im wörtlichen Sinn ‚Nächsten' · Weder ist ein solches universales Wohlwollen ihr tatsächliches Handlungsmotiv, noch sind sie geneigt, so zu handeln, als ob es dies wäre." (Mackie, S. 165)

Exkurs

Wenn der Utilitarismus im Unterschied zu jedem egoistischen Ansatz die Utilität nicht im Hinblick auf einen einzelnen, auch nicht in Relation auf Gruppen, Schichten, Klassen oder Nationen, sondern im Hinblick auf alle von der Handlung Betroffenen bestimmt, läßt er doch offen, ob sich dabei der Begriff „alle" nur auf Menschen bezieht oder ob er jedes Wesen (Tiere und evtl. Pflanzen eingeschlossen) meint, das Empfindungen hat. Die utilitaristische Norm „kann also definiert werden als die Gesamtheit der Handlungsregeln und Handlungsvorschriften, durch deren Befolgung ein Leben der angegebenen Art für die gesamte Menschheit im größtmöglichen Umfange erreichbar ist; und nicht nur für sie, sondern, soweit es die Umstände erlauben, für die gesamte fühlende Natur". (Mill, S. 21)

Ökologische Ethik: neuer Bereich der Ethik im 20. Jh., auch **Umweltethik**.

Anthropozentrische Position (griech. *anthropos* „Mensch"): versteht die Welt als auf den Menschen hingeordnet; alles dient seinen Zwecken, alles ist nur Mittel für ihn.

Pathozentrische Position (griech. *pathein* „fühlen, leiden"): schließt alle leidensfähigen Wesen, außer Menschen also auch alle Tiere, in die ethischen Überlegungen mit ein. Vgl. hierzu Schluß Kap. 2 Die Verantwortungsethik im 20. Jahrhundert

Auf dieses Problem macht besonders die ökologische Ethik im 20. Jh. aufmerksam, die sich um eine Überwindung des rein anthropozentrischen Standpunktes bemüht und hier im Utilitarismus einen Vorläufer sieht. Als erster hat Bentham die strikt eingehaltene Grenze einer nur dem Mitmenschen gegenüber geltenden Ethik überschritten und die Überzeugung geäußert, daß Menschen und Tiere auf ähnliche Weise leben, fühlen und leiden. Daher muß die ethische Grundforderung des Wohlwollens, bzw. der Glücksmehrung und Leidminderung auch auf diese mit der gleichen oder doch ähnlichen Schmerz- und Leidensfähigkeit ausgestatteten Lebewesen ausgedehnt werden. Bentham ist für die Umweltethik deshalb so wichtig, weil er als erster Philosoph der Neuzeit die menschliche Binnenethik durchbrochen hatte. In seinem Werk *An Introduction* „vergleicht er die Tiere mit Sklaven und drückt die Erwartung aus, daß auch ihnen eines Tages jene Rechte zugestanden würden, die ihnen bisher mit tyrannischer Hand vorenthalten worden seien. Der Grund, ihnen diese Rechte zu verweigern, könne doch nicht der sein, daß ihnen Vernunft fehlt, die kleine Kinder ja auch nicht hätten; die entscheidende Frage sei also nicht: können sie logisch denken oder können sie sprechen, sondern können sie leiden?" (Teutsch, S. 124)

Henry Sidgwick (1838-1900), engl. Philosoph, Nationalökonom und politischer Theoretiker. Versteht sich als „Utilitarier auf intuitionaler Basis":
1. Jeder Mensch sucht seine eigene Glückseligkeit.
2. Intuitiv anerkannt wird das ethische Axiom, daß jeder die allgemeine Glückseligkeit fördern soll.

Eine differenzierte Darstellung des klassischen Utilitarismus, die zugleich eine kritische Fortentwicklung enthält, findet sich bei **Henry Sidgwick**. Er übernimmt die normative Ethik des Utilitarismus, ergänzt sie aber durch einen **Intuitionismus**. Einerseits steht für ihn fest, daß jeder Mensch seine eigene Glückseligkeit sucht, das menschliche Handeln also durch das Prinzip des rationalen Selbstinteresses bestimmt wird; andererseits ist für ihn das utilitaristische Prinzip, daß jeder die allgemeine Glückseligkeit fördern soll, ein intuitiv anerkanntes **ethisches Axiom**. „Gegenüber dem Utilitarismus Benthams und Mills nimmt Sidgwick einige nachhaltige Veränderungen vor. So hält er vom Standpunkt einer empirischen Psychologie aus die Freude nicht für das einzige Ziel menschlichen Strebens. Auch erkennt er einige Schwierigkeiten, mit denen der hedonistische Kalkül beim empirischen Vergleich von Freude und Leid konfrontiert ist. Darüber hinaus meint er – in Vorwegnahme zeitgenössischer Kritik am Utilitarismus –, daß zur moralischen Verpflichtung nicht nur das Wohlergehen aller Betroffenen, sondern auch eine gerechte Verteilung gehört." (Höffe, 1975a, S. 19)

„Ist ein Zustand, in dem *ein* Mensch überglücklich ist, neun andere dagegen sehr unglücklich sind, besser als ein Zustand, in dem alle zehn gleich glücklich sind, vorausgesetzt, die Gesamtsumme an Glück ist im ersten Zustand größer als im zweiten?" (Makkie, S. 161)

In der Folgezeit wird, ausgelöst durch Mills Schrift, die utilitaristische Ethik intensiv diskutiert, aber auch vernichtend kritisiert. Ein gewichtiger Einwand besteht darin, daß die Probleme der moralischen **Verpflichtung** ebenso wie die **Verteilungsprobleme** im Grunde ungelöst bleiben, auch wenn man Benthams Forderung: „jeder solle als einer und keiner als mehr als einer zählen" als Verteilungsregel versteht. Ein besonders schwerwiegender Vorwurf gegen den Utilitarismus besteht darin, daß er das **Gerechtigkeitsproblem** nicht lösen kann, sondern daß sein Ziel, der maximale Gesamtnutzen aller Betroffenen, sich sehr wohl mit der rechtlichen und/oder ökonomischen Unterdrückung von Minderheiten oder einzelnen Personen vereinbaren läßt.

„Eine Sklaven- oder Feudalgesellschaft und auch ein Polizei- oder ein Militärstaat wären nicht nur erlaubt, sondern sogar sittlich geboten, sofern sie nur so organisiert sind, daß sie zwar extreme Eingriffe in den Freiheitsraum einzelner Bürger, überdies extreme und soziale Ungleichheiten mit sich führen, gleichwohl [...] einen maximalen Gesamt- oder [...] einen maximalen Pro-Kopf-Nutzen garantieren." (Höffe, 1975a, S. 291)

2.2.5 Handlungs- und Regelutilitarismus

Der klassische Utilitarist steht aber auch vor unvorhergesehenen **Anwendungsschwierigkeiten**, wenn er nach seiner Norm handeln will, die das größtmögliche Glück nicht einfach nur für den Handelnden selbst, sondern für alle von der Handlung in irgendeiner Weise Betroffenen hervorbringt, denn er ist gezwungen, in jeder Situation neu zu überlegen, welche Handlung, bezogen auf die Situation, die besten Folgen hat. Schon Mill hat dieses Problem, „daß vor dem Handeln nicht genügend Zeit bleibe, die Auswirkungen aller möglichen Handlungsweisen auf das allgemeine Glück zu berechnen und abzuwägen", gesehen und geraten, sich an allgemeinen Regeln zu orientieren und zu fragen, ob die Handlung zu einer Klasse gehört, die allgemein praktiziert, aufs Ganze gesehen nützlich oder schädlich wäre. Er unterscheidet zwischen zwei Arten von Handlungsregeln:

„Bentham illustriert seine utilitaristische Moral am Beispiel einer Notsituation. In einem brennenden Haus befinden sich zwei Menschen in Lebensgefahr: Isaac Newton, der große Physiker, und die Braut eines Feuerwehrmannes. Aufgrund der Lage kann aber nur *eine* Person noch gerettet werden. Der Feuerwehrmann ist dann verpflichtet, Newton zu retten, weil der für die Menschheit wertvoller ist. – Ein ähnliches Dilemma könnte es für Ärzte geben, die nur *eine* Herz-Lungen-Maschine und zwei gleich gefährdete Patienten zu versorgen haben." (FK, 10, S. 88)

- solche, die als **konkrete Regeln** für eine Einzelhandlung **unmittelbare Nützlichkeit** fordern, und
- solche, die als **allgemeine Regeln** eine Klasse von Handlungen betreffen und so auf **mittelbare Nützlichkeit** zielen.

Die allgemeine Regel der Wahrheitsliebe hat so zwar das größte gesellschaftliche Wohlergehen zur Folge, dennoch kann sie im Einzelfall eine Ausnahme zulassen. Mill sieht hier offensichtlich keine Probleme, die widerstreitenden Nützlichkeiten gegeneinander abzuwägen und die Handlung unmittelbar am obersten Prinzip, das das Glück zum Zweck und Ziel der Moral erklärt, zu prüfen.

Auf dieser zweistufigen Konzeption von **Primär- und Sekundärregeln**, die besonders das Anwendungsproblem, welches letztlich ein Problem der Folgenabschätzung ist, überwinden will, basiert die Weiterentwicklung des Utilitarismus im 20. Jh. Er setzt sich mit dem Problem auseinander, ob die ethische Richtigkeit von Handlungen nach den tatsächlichen Folgen dieser Handlung bemessen werden soll oder ob anstatt der Folgen der jeweiligen spezifischen Handlung die Folgen einer Klasse von Handlungen, der diese Handlung angehört, beurteilt werden sollen. Das führt zu der für den modernen Utilitarismus zentralen Unterscheidung des extremen oder eingeschränkten Utilitarismus bzw. des Handlungsutilitarismus oder Regelutilitarismus.

Ein wichtiger Vertreter des Handlungsutilitarismus im 20. Jh. ist **John J. C. Smart**. Mit den klassischen Utilitaristen Bentham, Mill und Sidgwick verbindet ihn die gemeinsame ethische Position, daß nur dasjenige Handeln richtig ist, das aufgrund seiner Konsequenzen nützlich ist für das größtmögliche Glück aller von der Handlung betroffenen Personen. Den **Handlungsutilitarismus** definiert Smart als diejenige Auffassung, nach der „die Richtigkeit oder Falschheit einer Handlung anhand der guten oder schlechten Konsequenzen dieser Handlung bestimmt werden muß". Der **Regelutilitarismus** besteht dagegen in der Auffassung, daß „die Richtigkeit oder Falschheit einer Handlung anhand der guten oder schlechten Konsequenzen einer Regel bestimmt werden muß, derzufolge jeder die Handlung in ähnlichen Umständen ausführen soll".

Der Handlungsutilitarist kommt dabei in die nicht unerhebliche Schwierigkeit, daß er in jeder konkreten Situation die wahrscheinlichen positiven Folgen für den einen Betroffenen gegen die wahrscheinlich negativen Folgen für den anderen Betroffenen aufrechnen muß; letztlich ein umständliches und irrtumsbeladenes Abwägen der

---

Handlungs-, Regelutilitarismus: Beide Begriffe stammen von Richard B. Brandt, *Ethical Theory*, 1959. John J. C. Smart (*1920) hatte schon 1956 eine ähnliche Unterscheidung getroffen: extremer und eingeschränkter Utilitarismus.

Handlungsfolgen. Bei Entscheidungen unter Zeitdruck oder in weitgehender Unkenntnis der aktuellen Folgen ist es daher empfehlenswert, sich an **Faustregeln** zu orientieren, nach denen gewohnheitsmäßig gehandelt wird. Diese Faustregeln sind verletzbare Regeln und dienen nur dazu, sich die Abschätzung der Gesamtfolgen der jeweiligen Handlung in bestimmten Fällen zu ersparen. Faustregeln haben die Bedeutung von Orientierungsdaten, sie zeichnen keine Handlungsweise als solche im guten oder schlechten Sinne moralisch aus, denn der Handelnde ist jederzeit moralisch dazu berechtigt, die Bewertung, so weit wie möglich, individuell durchzuführen und bei Resultaten, die von den Faustregeln abweichen, der eigenen Bewertung zu folgen. Eine Handlung ist moralisch richtig, weil sie das Wohlergehen der Betroffenen fördert, und nicht, weil sie einer Faustregel entspricht.

Das **Universalisierungsprinzip:** „Was wäre, wenn jeder so handelte?" wird von den Utilitaristen dann auch in verschiedener Weise ausgelegt. Der Handlungsutilitarismus interpretiert es kausal, denn bei der Bewertung einer Handlung sind die tatsächlich zu erwartenden Vor- und Nachteile zu berücksichtigen. Der Regelutilitarist liefert dagegen eine hypothetische Interpretation, bei der es nicht um die zu erwartenden wirklichen Folgen und Nebenfolgen geht, sondern um die Folgen, die sich, falls jeder so handelte, einstellen. (nach Höffe, 1975a, S. 26f.)

Auch für den **Regelutilitarismus** bleibt das höchste Kriterium für moralische Verbindlichkeit das allgemeine

Beispiel: „Häufig muß schnell gehandelt werden. Man stelle sich einen Mann vor, der jemanden ertrinken sieht. Er springt ins Wasser und rettet ihn. Zeit, die Angelegenheit zu durchdenken, besteht nicht; aber gemeinhin würde ein extremer Utilitarist, wenn er die Angelegenheit durchdächte, eben diesen Gang der Handlung anraten. Wäre der Ertrinkende jedoch 1938 in einem Fluß in der Nähe von Berchtesgaden am Ertrinken gewesen und hätte er die wohlbekannte schwarze Stirnlocke und den Schnurrbart Adolf Hitlers, dann würde ein extremer Utilitarist, wenn er die Zeit hätte, die Wahrscheinlichkeit errechnen, daß der Mann der üble Diktator sei, und würde ihn, wäre die Wahrscheinlichkeit groß genug, aus extrem utilitaristischen Gründen ertrinken lassen. Der Retter hat freilich keine Zeit. Er vertraut seinen instinktiven Gefühlen, taucht in das Wasser und rettet den Mann. Und dies Vertrauen auf Instinkte und Moralregeln kann mit extrem utilitaristischen Gründen gerechtfertigt werden. [...] (Das nächste Mal ist es vielleicht Winston Churchill, den der Mann rettet!)" (Smart, S. 212f.)

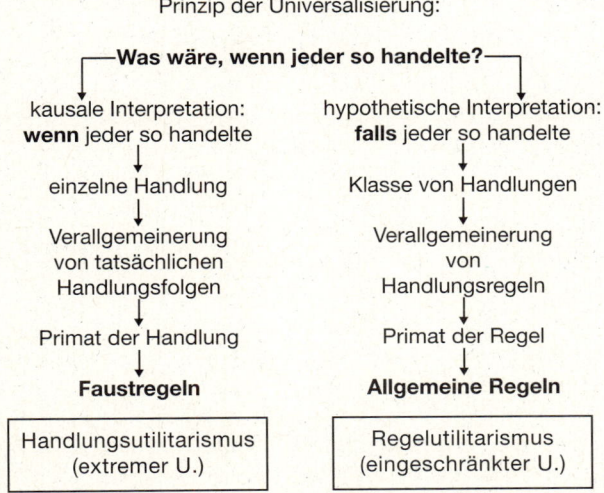

Beispiel RU1: „A hat sich von B ein Buch geliehen, was B aber schon vergessen hat, da ihm an dem Buch wenig gelegen ist. C sieht das Buch bei A und sagt ihm, daß er schon lange ein antiquarisches Exemplar dieses Buches suche. Hat A sittlich das Recht, sich gegenüber C als Eigentümer des Buches auszugeben und es ihm zu schenken?"

„A benutzt die Straßenbahn, ohne eine Fahrkarte zu lösen."

Beispiel RU2: „A hinterzieht dem Staat den größeren Teil der von ihm geschuldeten Steuern und macht von dem Geld lohnende Anschaffungen für seine Familie."

A entzieht sich in einer Situation nationaler Verteidigung durch betrügerische Manipulation der Wehrpflicht.

A hat keine Lust, bei den gerade stattfindenden Bundestagswahlen seine Stimme abzugeben. Zwar hat er die Zeit und die Gesundheit, um das nahe Wahllokal aufzusuchen, aber er zieht es vor, statt dessen gemütlich in der Sonne zu sitzen. Er weiß wohl, welcher Partei er seine Stimme geben würde; doch er sagt sich mit seinem Blick auf die Statistik der bisherigen Wahlen, daß seine eine Stimme bei der Verteilung der Abgeordnetensitze ohnehin völlig ohne Gewicht bliebe.
(Nach Hoerster, 1977)

Wohlergehen; es ist Prüfstein für die moralische Richtigkeit der Handlung. Die Regeln sittlichen Wohlverhaltens sind kein Selbstzweck, sondern bezogen auf das utilitaristische Ziel, aus dem sie abgeleitet werden. Der Ableitungsprozeß aus diesem Prinzip ist jedoch im Unterschied zum Handlungsutilitarismus zweistufig: Um die sittliche Richtigkeit einer konkreten Handlung zu bestimmen, muß man zum einen die Übereinstimmung dieser Handlung mit einer Handlungsregel und zum zweiten die Übereinstimmung dieser Regel mit dem Prinzip der Nützlichkeit feststellen. (nach Hoerster)
Hier lassen sich zwei Formen des verallgemeinernden Regelutilitarismus unterscheiden:

Regelutilitarismus	
R U 1	**R U 2**
Regelutilitarismus 1	Regelutilitarismus 2
Verboten ist eine Handlung, die **im allgemeinen** schlechte Folgen hat.	Verboten ist eine Handlung, deren **allgemeine Ausführung** schlechte Folgen hat.

Nach der ersten Form des Regelutilitarismus sind die Handlungen falsch, deren **Ausführung regelmäßig** schlechte Folgen hat (RU 1). Man fragt verallgemeinernd, ob die jeweiligen Folgen ähnlicher Einzelhandlungen schlecht sind, und es kommt darauf an, daß die betreffende Handlung zu einer Klasse von Handlungen gehört, die in der Regel schlechte Folgen haben.
Nach der zweiten Form des Regelutilitarismus sind die Handlungen falsch, deren **regelmäßige Ausführung** schlechte Folgen hat (RU 2). Man fragt verallgemeinernd, ob die gesamten Folgen einer allgemeinen Praxis der betreffenden Handlung schlecht sind, und es kommt darauf an, daß die betreffende Handlung derartig ist, daß ihre allgemeine Praktizierung in einem engen räumlichen und zeitlichen Zusammenhang schlechte Folgen hat.

Ein Problem besteht darin, daß die erste Form des Regelutilitarismus de facto mit dem Handlungsutilitarismus zusammenfällt, da hier ebenfalls alle folgenrelevanten Umstände berücksichtigt werden müssen. Auch die Zweistufigkeit der zweiten Form des Regelutilitarismus ist nur eingeschränkt praktikabel, denn es ist nicht möglich, einen annähernd vollständigen Katalog von Regeln aufzustellen, unter die sich alle utilitaristischen Handlungen subsumieren ließen. Durch die Notwendigkeit von Primär- und Sekundärregeln sind Regelkonflikte unvermeidbar, und oft kann der Konflikt nur durch eine direkte Anwendung des utilitaristischen Prinzips entschieden werden.

2.2.6 Idealer Regelutilitarismus

Den Ausweg aus diesem Dilemma haben einige Regelutilitaristen darin gesehen, zwischen einer Befolgungsutilität und einer Annahmeutilität zu unterscheiden. Bei der Bildung moralischer Regeln achtet man im ersten Fall darauf, ob ihre Befolgung dem Nützlichkeitsprinzip entspricht. Während das Kriterium der **Befolgungsutilität**, wie wir sahen, letzten Endes sich von einer direkten Anwendung des (handlungs-) utilitaristischen Kriteriums nicht mehr unterscheidet, gilt für das Kriterium der **Annahmeutilität** etwas anderes. Es fordert, bei der Bildung moralischer Regeln auf die Nützlichkeit ihrer Annahme durch die Gesellschaft zu achten. Diese „ideale" Form des Regelutilitarismus unternimmt dann den Versuch, die optimal möglichen Regeln zu formulieren und dabei die Zahl und Komplexität der empfohlenen Regeln so gering zu halten, daß ihre Annahme, d. h. der ernsthafte Versuch ihrer Befolgung, optimale Folgen hat.

In seiner **Theorie des idealen Moralkodex** präzisiert **Richard Brandt** eine Form des Regelutilitarismus, die anhand des Kriteriums der Annahmeutilität optimal mögliche Regeln einer Gesellschaft entwickelt. Ein **Moralkodex** setzt sich aus allgemeinen Regeln zusammen, die angeben, was man in gewissen Situationen tun soll, in die sich praktisch jeder gestellt sieht (du sollst tun, was du versprochen hast). Damit er in einer Gesellschaft gelten kann, muß ein großer Anteil der Erwachsenen in der Gesellschaft die moralischen Prinzipien anerkennen oder die moralischen Meinungen vertreten, auf denen der Kodex basiert, und daher gehören nur solche Prinzipien zum Moralkodex einer Gesellschaft, die als solche anerkannt sind. Ein Moralkodex ist dann **ideal**, „wenn seine Geltung in einer bestimmten Gesellschaft mindestens ebensoviel Gutes pro Person (das gesamte Gute geteilt durch die Anzahl der Personen) hervorbringen würde wie die Geltung irgendeines anderen Moralkodex". Die These dieses idealen Regelutilitarismus lautet dann: „Eine Handlung ist dann und nur dann richtig, wenn sie nicht von dem für die Gesellschaft idealen Moralkodex verboten würde"; und ein „Handelnder ist für eine Handlung moralisch zu tadeln (zu loben), wenn und in dem Ausmaß, in dem der für diese Gesellschaft ideale Moralkodex ihn dafür verurteilen (loben) würde". (Brandt, 1975, S. 142)

Richard Booker Brandt (*1910) bedeutender zeitgenössischer amerikanischer Moralphilosoph. Professor für Philosophie an der Universität von Michigan in Ann Arbor. Einflußreicher Vertreter einer idealen regelutilitaristischen Position.

Bernhard Gert formuliert Grundregeln, denen jeder rationale Mensch zustimmen und die er öffentlich befürworten könnte:
„Wir haben nun also zehn Regeln:
1. Du sollst nicht töten.
2. Du sollst keine Schmerzen verursachen.
3. Du sollst nicht unfähig machen.
4. Du sollst nicht Freiheit oder Chancen entziehen.
5. Du sollst nicht Lust entziehen.
6. Du sollst nicht täuschen.
7. Du sollst Deine Versprechen halten.
8. Du sollst nicht betrügen.
9. Du sollst dem Gesetz gehorchen.
10. Du sollst Deine Pflicht tun."
(Gert, S. 176)

Die Theorie enthält dem Handlungsutilitarismus gegenüber viele Vorteile, denn sie beurteilt nicht nur die moralische Richtigkeit/Falschheit der Handlung und ihren Wert, sondern sie enthält auch eine **Verteilungsregel**, nach der es möglich ist, ein eingeschränktes Prinzip der Nützlichkeit mit einer Moral der Gerechtigkeit oder Gleichheit zu verbinden. In dieser Fassung bietet Brandts Theorie auch eine **Prüfregel**, einen Test für die Moralität der Institutionen und der gesellschaftlich anerkannten Normen. Nach der Theorie des idealen Moralkodex bildet „ein institutionelles System den Rahmen, innerhalb dessen der beste (der den Nutzen maximierende) Moralkodex angewendet werden muß, und es ist jedermanns Pflicht, den besten moralischen Regeln in diesem institutionellen Rahmen zu folgen". Da die Gesellschaft als ganze nach einem **guten Leben für alle** strebt, könnte man die moralischen Regeln demgemäß als die Regeln verstehen, nach denen sich alle richten müssen, damit dieses Ziel erreicht werden kann. So enthält der ideale Moralkodex Regeln, die Unfairneß und Parasitentum unterbinden, und formuliert Grundverpflichtungen, Verpflichtung zur **Menschlichkeit** und Verpflichtung zur **Fairneß**, die den Utilitarismus aber letztlich sprengen.

„Ein idealer Moralkodex scheint einem Kanon absoluter Werte analog zu sein und deshalb denselben gewichtigen Einwänden gegenüberzustehen wie die materiale Wertethik eines M. Scheler und eines N. Hartmann. Er beinhaltet, so möchte man meinen, ein System übergeschichtlich gültiger Normen, das die soziokulturellen Besonderheiten der Gesellschaften und Epochen und damit das tatsächliche Wohlergehen geschichtlich bestimmter Menschen außer acht läßt. Indessen entgeht Brandt solchen Schwierigkeiten, indem er den Moralkodex nicht absolut, sondern ausschließlich relativ, nämlich in bezug auf die jeweilige Gesellschaft, ihre Situation und die in ihr lebenden Menschen definiert. Dadurch ist seine Theorie überhaupt eine utilitaristische." (Höffe, 1975a, S. 28f.)

2.2.7 Prinzip der Verallgemeinerung

Marcus George Singer stellt mit dem Prinzip der Verallgemeinerung ein System auf, das zwar gewisse Ähnlichkeiten mit der Theorie des idealen Moralkodex hat, in mancher Hinsicht aber einfacher ist. Die Form des Regelutilitarismus, die Singer entwickelt, ist eine Verbindung von Handlungsutilitarismus mit der kantischen Bedingung, daß moralisches Handeln verallgemeinerungsfähig sein muß. Sie behauptet, daß eine Handlung richtig ist, wenn allgemeines Handeln nach dieser Handlungs-Maxime keine schlechteren Folgen hervorbringen würde

---

„Es wäre nicht unmöglich, ein eingeschränktes Prinzip der Nützlichkeit mit einer Moral der Gerechtigkeit oder Gleichheit zu verbinden. Man könnte zum Beispiel sagen, eine Handlung sei nur dann richtig, wenn sie eine bestimmte Bedingung der Gerechtigkeit erfüllt und außerdem von allen gerechten Handlungen, die dem Handelnden möglich sind, die ist, die sowohl der Forderung der Nützlichkeit als auch irgendeinem anderen Anspruch genügt." (Brandt, 1975,S. 160)

„Die grundlegende Hypothese besagt, daß sich vollständig rationale Personen auf ein utilitaristisches Normensystem, also auf eine regelutilitaristische Position einigen würden. Diese These ist provokant, ja geradezu ketzerisch. Denn alle zeitgenössischen Ethikkonzeptionen, die ihre Begründungslast auf dem Wege einer Interpretation der Formel abtragen, daß ein Moralprinzip/Moralsystem dann gerechtfertigt ist, wenn sich rationale Individuen unter bestimmten anzugebenden Bedingungen darauf einigen würden, sind dezidiert anti-utilitaristisch." (Kersting, S. 92)

Marcus George Singer, amerikanischer Philosoph. Sein Werk *Verallgemeinerung in der Ethik* untersucht fundamentale Prinzipien moralischen Argumentierens und die Bedingungen, unter denen sie anwendbar und gültig sind. Sein spezifischer Ansatz geht aus vom Prinzip der Folgen, das er mit den Prinzipien der Verallgemeinerung, auch Prinzip der Gerechtigkeit, Fairneß, Unparteilichkeit verbindet.

als allgemeines Handeln nach einer anderen Maxime, nach welcher der Handelnde handeln könnte. Ausgehend von der alltäglichen Frage: „Was würde passieren, wenn das jeder täte?" gibt Singer zur Überlegung: „Wenn das jeder täte, wären die Folgen verheerend oder nicht wünschenswert; daher sollte niemand das tun." (Singer, S. 23) Damit folgt er zunächst dem sogenannten Verallgemeinerungsargument der zweiten Form des Regelutilitarismus, nach dem die allgemeine Praktizierung einer Handlung schlechte Folgen hat.

Die Beurteilung der Folgen einer einzelnen Handlung im Sinne „Was geschähe, wenn jeder das gleiche täte?" ist also nur ein Element des gesamten Beurteilungsvorgangs, das ergänzt wird durch die Bewertung der Folgen einer allgemeinen Praxis, die sich aus einer großen Zahl von Handlungen ein und derselben Art zusammensetzt. Singer formuliert mit dem **Prinzip der Verallgemeinerung** im Anschluß an den kategorischen Imperativ Kants ein **Metakriterium** der Moral: „Man sollte keine Handlung ausführen, deren allgemeine Ausführung schlechte Folgen hat." Im Unterschied zu Kant werden aber hier nicht Maximen, sondern Handlungen verallgemeinert, und in dem Verfahren werden Überlegungen, die Folgen betreffen, ausdrücklich erforderlich. Dabei geht es für Singer um moralisch relevante Handlungen, d. h. um Handlungen, die die Interessen und Bedürfnisse anderer betreffen.

Singers moralische **Argumentationsstrategie** läßt sich folgendermaßen darstellen:

Die 1. Prämisse besteht aus dem **Folgenprinzip**:
Wenn die Ausführung einer Handlung der Art H durch die Person x^1 aufs Ganze gesehen negative Folgen hat, dann darf x^1 diese Handlung nicht ausführen, es sei denn, sie hat dafür einen hinreichenden Grund.

Die 2. Prämisse stellt eine **Verallgemeinerung des Folgenprinzips** dar:
Wenn die Ausführung einer Handlung der Art H durch jeden aufs Ganze gesehen negative Folgen hat, dann darf nicht jeder H tun, es sei denn, er hat dafür einen hinreichenden Grund.

Die 3. Prämisse bildet das **Verallgemeinerungsprinzip**:
Wenn nicht jeder H tun darf, darf niemand H tun.

Aus der 2. und 3. Prämisse folgt Singer das **Verallgemeinerungsargument**:
Wenn die Ausführung einer Handlung der Art H durch jeden aufs Ganze gesehen negative Folgen hat, dann darf

In dem Beispiel, daß A die Straßenbahn benutzt, ohne eine Fahrkarte zu lösen, ist die Handlung A's nicht nur verwerflich, weil sie ein unsoziales Verhalten zeigt; sie kann auch keine allgemeine Handlungsregel werden, denn wenn jeder diese Handlung vollziehen würde, wären die Folgen dieser allgemeinen Praxis schlimm; deshalb darf niemand eine solche Handlung tun.

Es kann nützlich sein, einen Geizhals zu berauben und das Geld den Armen zu geben; denn das Geld würde zweifellos mehr Glück bewirken, wenn man es in Nahrungsmitteln und Kleidung für ein halbes Dutzend bedürftiger Familien anlegen würde, als wenn es bei einem Geizhals fest verschlossen in der Schublade läge. (Singer, S. 252)

„Präzise formuliert, würde die Goldene Regel unmittelbar aus dem Prinzip der Verallgemeinerung folgen. Sidgwick bemerkt, daß Samuel Clarkes ‚Gleichheitsregel' (Was immer ich für vernünftig oder unvernünftig halte, das an einer anderer für mich tun soll: mit dem gleichen Urteil muß ich es für vernünftig oder unvernünftig erklären, daß ich es *in der gleichen Situation* für ihn tue.) die präzise formulierte Goldene Regel sei." (Singer, S. 37)

niemand H tun, es sei denn, er hat dafür einen hinreichenden Grund.
(nach Wimmer, S. 306 f.)

Das Argument der Verallgemeinerung dient als Maß oder Kriterium der moralischen Qualität von Handlungen und gibt die Basis für moralische Regeln ab. Es setzt die traditionellen Prinzipien der Fairneß, Gerechtigkeit oder Unparteilichkeit voraus, weil „das, was für eine Person richtig (oder nicht richtig) ist, für jede andere Person mit ähnlichen individuellen Voraussetzungen und unter ähnlichen Umständen richtig (oder nicht richtig) sein muß". (Singer, S. 25)

Einen wichtigen Gegeneinwand kann aber auch diese letztlich ausschließlich auf die Folgen ausgerichtete Position nicht aus dem Weg räumen. Auf das Argument: Was würde geschehen, wenn jeder so handelte! ist der populäre Einwand: Aber es handelt doch nicht jeder so! empirisch berechtigt. Er kann letztlich nur durch eine ethische Argumentation widerlegt werden, die von einem gesinnungsethischen Standpunkt die Widersprüchlichkeit der Maxime aufzeigen könnte.

2.3 Die Pflichtethik

Pflicht: Sollensforderung, Anspruch, in bestimmten Handlungszusammenhängen nach festgelegten, als verbindlich geltenden Regeln zu handeln. In der Ethik wurde der Begriff der Pflicht erstmals von den Stoikern eingeführt. Vgl. Kap. I.3.2.2.3 Pflichtenlehre

deontologisch (griech. *to deon* „das Erforderliche", „die Pflicht"): in der modernen analytischen Moralphilosophie Terminus für ein Handeln aus Pflicht (W. K. Frankena).

Daß wir uns in der Moralphilosophie um eine vernunftgemäße Begründung von Moralität bemühen müssen, war der Ausgangspunkt der normativen Ethik. Unter den Moralphilosophen gibt es aber, wie die Geschichte der Philosophie zeigt, ganz unterschiedliche Begründungsversuche von Normen und Werten sowie verschiedene Ansichten darüber, wie der Maßstab für moralische Handlungen gefunden werden könnte. Im allgemeinen fallen die Begründungsversuche in zwei Kategorien: sie argumentieren entweder **deontologisch** und fragen nach dem Prinzip des Handelns oder **teleologisch**, d. h. sie behaupten, daß das grundlegende Kriterium dafür, was moralisch richtig, falsch, verpflichtend usw. ist, im Handlungszweck liegt.

Einig sind sich die **Teleologen** darin, daß die moralische Richtigkeit der Handlung nach ihren **Folgen** zu beurteilen ist, d. h. danach, ob und in welchem Umfang durch sie Güter und Werte wie Glück, Lust, Wohlergehen, Erkenntnis usw. geschaffen werden. Übereinstimmung herrscht auch in der Forderung, daß das Wohl der von der Handlung Betroffenen Ziel und Zweck sein soll; dagegen gibt es unterschiedliche Ansichten darüber, wessen Wohl man fördern sollte. So behauptet der ethische Egoist, daß man stets das tun sollte, was für einen selbst am besten ist; diese Ansicht vertreten Epikur und Hobbes. Für den Utilitaristen dagegen besteht das letzte Ziel im größten allgemeinen Wohl, und die moralisch gute Handlung soll das größtmögliche Übergewicht von guten gegenüber schlechten Folgen für alle Betroffenen herbeiführen.

Die **deontologischen Theorien** argumentieren auf der quasi „anderen Seite" des Handlungsschemas, sie suchen den Maßstab des Moralischen in der Triebfeder menschlichen Tuns, bzw. in der Maxime, im **Handlungsprinzip** und bestreiten, daß das moralisch Gute ausschließlich darin besteht, was das größte Übergewicht von guten gegenüber schlechten Folgen für einen selbst, für die Gesellschaft, für die Welt insgesamt herbeiführt. Für die Pflichtethiker sind teleologische Überlegungen zur Begründung sittlicher Gebote ausgeschlossen. Eine Handlung gilt als moralisch richtig, wenn sie Maximen folgt, die in sich gut sind. Moralische Normen, wie die, Versprechen zu halten, keine Unwahrheit zu sagen, sind für sich selbst, ungeachtet der jeweiligen Folgen gültig; sie büßen auch dann nichts von ihrer Verbindlichkeit ein, wenn die Konsequenzen ihrer Befolgung schlechter sind als im Falle einer Nichtbefolgung. Der **Folgenethik** als einer normativen Theorie der ethischen Zwecksetzung steht so die **Prinzipienethik** als eine normative Theorie der ethischen Verpflichtung gegenüber, in der der Wert der Handlung nach den Absichten/Motiven bzw. nach der Gesinnung beurteilt wird (s. Abb. auf S. 130).

In der Ethik der Gegenwart auch: **Gesinnungsethik/Verantwortungsethik**. Unterscheidung **Max Webers** (1864–1920; deutscher Nationalökonom, Soziologe und Politiker)
Der **Gesinnungsethik** genügt allein der reine Wille, die Gesinnung zur Rechtfertigung der Handlung. Ihre Maxime nach Weber: Der Christ handelt recht und stellt den Erfolg Gott anheim. Der **Verantwortungsethik** geht es dagegen darum, ob die realen oder möglichen Folgen des Handelns zu rechtfertigen sind bzw. sein könnten. Vgl. auch Schluß Kap. 2. Die Verantwortungsethik im 20. Jahrhundert

Ein wichtiger Vertreter der deontologischen Ethik ist schon der antike Philosoph **Sokrates**, den Höhepunkt stellt sicher die Pflichtethik **Immanuel Kants** dar, und es ist auffallend, daß diese ethische Argumentationsweise besonders im 20. Jh. zunehmend an Bedeutung verloren hat. Bis auf den englischen Ethiker **David Ross** finden wir keine Pflichtethik mehr, ja es scheint sogar, daß die „Pflicht" als traditioneller ethischer Grundbegriff zunehmend im Schwinden ist zugunsten des neu aufgekommenen Begriffs der Verantwortung.

David Ross (1877–1971), engl. Ethiker und Altphilologe. Vertritt eine materiale Pflichtethik, eine deontologische Ethik mit ausgeprägt teleologischem Einschlag.

Der Begriff **Pflichtethik** wird in der zeitgenössischen philosophischen Terminologie weitgehend durch **deontologische Theorie** ersetzt. Deontologische Theorien lassen sich dann genauso wie die utilitaristischen in handlungsdeontologische und regeldeontologische unterscheiden. **Handlungsdeontologen** vertreten die Ansicht, daß in jeder Situation neu entschieden werden müsse, was richtig oder pflichtgemäß ist, ohne sich auf eine allgemeine Regel oder auf das Nützlichkeitsprinzip berufen zu können. Alle grundlegenden Verpflichtungsurteile sind dann

Handlungsdeontologen: Hauptvertreter sind schon ansatzweise in der Antike **Aristoteles** (die Entscheidung in der Bestimmung der Mitte liegt bei der unmittelbaren Wahrnehmung) und der engl. **Bischof Butler** (1692–1752); im 20. Jh. die **Existentialisten**, bes. **Sartre** (situationsbedingtes Urteil mit Hilfe der Entscheidung), und die **Intuitionisten**. Insgesamt nach Frankena unhaltbare ethische Argumentationsweise. (Frankena, 1975, S. 33 ff.)

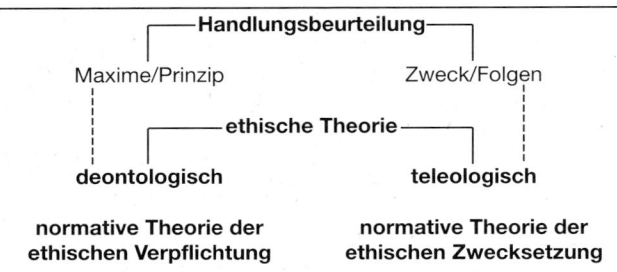

reine Einzelurteile von der Form „In dieser Situation sollte ich so und so handeln"; diesen Standpunkt vertreten viele existentialistische Moralphilosophen. Die **Regeldeontologen** dagegen behaupten, daß es allgemeine Regeln von grundlegender Natur gibt, die nicht durch die Verallgemeinerung von Einzelfällen gewonnen werden können und unabhängig davon gültig sind, ob sie zu guten oder schlechten Konsequenzen führen. In diesem Sinne argumentieren die nachfolgenden Beispiele.

2.3.1 Deontologisches Argumentieren

Sokrates (469–399 v. Chr.), griech. Philosoph, hinterließ kein geschriebenes Werk; auch über sein Leben (Vater Steinmetz, Mutter Hebamme) weiß man nicht viel. Sokrates wirkte durch seine in der Öffentlichkeit geführten Dialoge, die teilweise von seinen Schülern Xenophon (430–354 v. Chr.) und Platon (427–347 v. Chr.) aufgezeichnet wurden. Sokrates wurde schließlich unter der Anklage, daß er nicht an die Staatsgötter glaube und die Jugend verführe, zum Tode durch den Giftbecher verurteilt und hingerichtet, da er aus Achtung vor dem Gesetz nicht fliehen wollte. Besonders gefürchtet war die **sokratische Ironie**: Versicherung der Unwissenheit in dem Bewußtsein, daß das Orakel von Delphi ihn den „Weisesten" genannt hat. Wahres Wissen ist Selbsterkenntnis, von Sokrates in dem berühmten Satz zusammengefaßt: Ich weiß, daß ich nicht weiß.

Mit **Sokrates** beginnt, wie schon gezeigt wurde, eine neue Art und Weise des Nachdenkens über moralische Probleme. Er läßt sich in seinen Überlegungen nicht mehr von der Tradition und von herkömmlichen Regeln leiten und begibt sich auf die Stufe des kritischen und selbständigen Denkens, durch das er dann im sittlichen Handeln eine Art Autonomie erlangt. Sokrates übt schon normativ-ethisches Denken, das danach fragt, was richtig, gut oder moralisch geboten sei. Er sucht sein Handeln nicht, wie ein ethischer Egoist, danach auszurichten, was seinem eigenen Wohl dient, er argumentiert auch nicht im Sinne der Nützlichkeitsethik, sondern er beruft sich auf zweierlei:
- auf eine **moralische Regel** von grundlegender Natur: man darf weder Unrecht tun noch vergelten, und
- auf sein **Gewissen**, das ihm die unbedingte Verpflichtung zum Rechttun auferlegt.

Insofern vertritt Sokrates schon die Position des Pflichtethikers, der das an Nachteil und Nutzen orientierte Handeln zugunsten einer Gesetzestreue und damit einer Verantwortung aufgibt, die ihren Grund vornehmlich in ihm selbst hat.

Die Methode der Prüfung ist das argumentierende Gespräch, das gemeinsame vernunftgemäße Überlegen, das von der Frage: „Was ist Tugend? Was ist Gerechtigkeit?" ausgeht und mit der Einsicht in das eigene Nichtwissen über das Wesen dieser Begriffe endet. Dieses moralische Wissen ist der Ausgangspunkt für Selbsterkenntnis und wahrhaftes Wissen und zugleich die notwendige und hinreichende Bedingung sittlich richtigen Handelns. Das gemeinsame Bemühen und die kritische und selbständige Reflexion über das Sittlich-Gebotene führen dann zu dem, was man heute den „Standpunkt der Moral" nennen würde, den alle rationalen Menschen, würden sie in der sokratischen Weise argumentieren, akzeptieren und öffentlich befürworten könnten.

Die normativ-ethische Argumentation und damit die Bedeutung des **Logos** für Sokrates wird besonders im Dialog *Kriton* deutlich, in dem Platon die Situation des Sokrates kurz vor seinem Tode in einem Gespräch nachzeichnet. Kriton, der ältere Freund, versucht Sokrates, der vor der Vollstreckung des Todesurteils im Gefängnis sitzt, zur Flucht zu bewegen, für die die Freunde alles vorbereitet haben und die nach Kritons Meinung die Handlungsweise mit den besten Konsequenzen für alle Beteiligten sei. Seine Argumentationsstrategie charakterisiert ein Moralphilosoph des 20. Jh. folgendermaßen:

„Nehmen wir an, Sie haben sich ihr ganzes Leben lang bemüht, ein guter Mensch zu sein, Ihre Pflicht nach bestem Wissen zu erfüllen und an das Wohl Ihrer Mitmenschen zu denken. Angenommen auch, viele Ihrer Mitmenschen sind gegen Sie, Ihr Tun mißfällt ihnen, sie sehen in Ihnen gar eine Gefahr für die Gesellschaft, ohne jedoch beweisen zu können, daß Sie es sind. Nehmen wir ferner an, Sie werden angeklagt, vor Gericht gestellt und von einem Geschworenengericht von Ihresgleichen zum Tode verurteilt, und zwar in einer Weise, die Ihnen mit Recht ungerecht erscheint. Angenommen schließlich, Ihre Freunde haben, während Sie in der Haft auf die Urteilsvollstreckung warten, alles vorbereitet, damit Sie fliehen und mit Ihrer Familie ins Exil gehen können. Ihre Freunde machen geltend, daß sie die nötigen Bestechungsgelder aufbringen können und sich durch die Beihilfe zu Ihrer Flucht keiner Gefahr aussetzen; daß Sie das Leben noch länger genießen können, wenn Sie fliehen; daß es für Ihre Frau und für Ihre Kinder besser wäre; daß Ihre Freunde Sie weiterhin besuchen können, und daß man im allgemeinen für Ihre Flucht sein wird. Würden Sie die Gelegenheit ergreifen?" (Frankena, 1975, S. 17)

Sokrates ergreift diese Gelegenheit nicht; er lehnt Kritons Argumentationsstrategie ab und weigert sich, weil die Flucht eine Gesetzesverletzung und insofern ein Unrecht darstellen würde. Lieber erleidet er Unrecht, als sich durch Unrechttun vor sich selbst schuldig zu machen. Die normativ-erwägende Argumentation vollzieht sich

Logos (griech. „Wort, Rede, Lehre, Vernunft"): zentraler Begriff der griech. Philosophie. Übertragen auch Gedanke, Begriff, Grundsatz, Sinn, Weltgesetz.

„Nicht nur in diesem Augenblick, sondern mein ganzes Leben lang halte ich es so, daß ich nichts anderem gehorche als dem Logos, der sich mir in der Untersuchung als der beste erweist." (Sokrates)

„Dieser Logos des Sokrates hat gewiß ein Moment der Aufklärung. Sokrates stellt sich damit gegen fast alles, was Sitte und Brauch den Griechen im Ethischen, ja sogar im Religiösen vorschreiben. [...] Wir betrachten die Einsicht des Sokrates in die Kraft des Logos als eine der wichtigsten Einsichten in der Geschichte der Menschheit, und wir würden wünschen, daß jeder von sich sagen könnte: Mein ganzes Leben lang bin ich dem Logos gefolgt, der sich mir als der richtige gezeigt hat." (Martin, S. 49)

Dialog Sokrates–Kriton:
S: Niemals darf man also Unrecht tun?
K: Nein.
S: Also auch nicht, wer Unrecht leidet, darf wieder Unrecht tun, wie die Menge glaubt, da man ja niemals Unrecht tun darf.

K: Offenbar nicht.
S: Und weiter, Kriton. Darf man Übel zufügen oder nicht?
K: Doch wohl nicht, Sokrates.
S: Und wenn man Übles erleidet, das Übel vergelten, wie die Menge sagt, ist das gerecht oder nicht gerecht?
K: Keinesfalls.
S: Denn den Menschen Übles zufügen, unterscheidet sich nicht vom Unrecht tun.
K: Das ist wahr.
S: Man darf also an keinem der Menschen mit Unrecht oder Übel vergelten, was man auch immer von ihnen erleidet
(Platon, Kriton, S. 49 b–e)

Daimonion (griech. „Gottheit", „Orakel"), bei Sokrates: göttliche innere Stimme, Stimme des Gewissens und damit letzte Instanz der Moralbegründung. „Also gib dich darein, Kriton und laß uns so handeln, denn der Gott führt uns den Weg."

Sokrates

in mehreren Schritten. Zunächst legen Sokrates und Kriton den Ausgangspunkt fest und bestimmen die Art der Untersuchung. In ihren Überlegungen zeigt sich die **Unabhängigkeit** von den besonderen Umständen und der Situation der Argumentierenden, die im Falle des Sokrates durch das Warten auf den Tod gekennzeichnet ist. Das methodische Vorgehen hat zum Ziel, in der Argumentation einen allgemeingültigen Grundsatz für Entscheidungen zu finden. Dabei sollen die Argumentierenden sich nicht von Gefühlen leiten lassen, sondern von Argumenten, die von der **Vernunft** ermittelt werden, d. h. sie sollen
- nicht kritiklos der Meinung der Menge folgen, sondern einen **autonomen Standpunkt** einnehmen,
- prinzipiell nach dem **moralisch Richtigen** ohne Rücksicht auf sich und andere fragen.

Das methodische Vorgehen führt zu **Regeln**, die vorsätzliches Unrechttun verbieten. Sie werden begründet durch einen **obersten moralischen Grundsatz**, der alle weiteren bedingt: Unrecht ist weder zu tun noch zu vergelten. Er wurzelt in einer inneren, durch sein Gewissen geforderten **Grundüberzeugung**, die von Sokrates nicht mehr in Frage gestellt wird; in seiner innersten Stimme, der Stimme Gottes, sucht er den Grund des Handelns. Die moralische Argumentation nimmt so ihren Ausgang von der Besinnung der handelnden Person auf Grundsätze, Prinzipien oder Normen. Die sokratische Grundnorm, die vom bestehenden Normensystem selbst unterschieden ist, formuliert auch ein entscheidendes Argument gegen jede utilitaristische Ethik: Das Unrechttun verletzt oder zerstört gar die moralische Identität der Person.

Hinzu kommt ein weiterer fundamentaler Grundsatz, daß man Vereinbarungen, sofern sie gerecht sind, halten müsse. Die Gesetze, die Sokrates im Gespräch auftreten läßt, weisen darauf hin, daß Sokrates durch die freiwillige Anerkennung der staatlichen Ordnung ein rechtliches Versprechen eingegangen ist, das er nun halten muß. Indem die Flucht das Leben über die Gesetze stellt, vergilt sie das Unrecht, das die Menschen Sokrates angetan haben, mit dem Unrecht der Gesetzesverletzung.
Das Musterbeispiel moralischer Argumentation, das Sokrates liefert, läßt sich so nachvollziehen (nach Frankena, 1975, S. 17–20):

Ein Musterbeispiel moralischer Argumentation

Methodisches Vorgehen:	– rationale Argumentation (Logos – Dialog) – autonomer Standpunkt – selbständige Reflexion – prinzipielle Fragen nach dem moralisch Richtigen		
Oberster moralischer Grundsatz: (Basis für Entscheidungen)	Man darf auf gar keine Weise Unrecht tun (Unrecht ist weder zu tun, noch zu vergelten)		
	I	II	III
Allgemeine moralische Regel:	Man sollte nie jemand schädigen	Man sollte den Erziehern unbedingten Gehorsam leisten	Man sollte seine Versprechen halten
Argumente: (moralische Erwägungen)	Flucht würde den Staat schädigen, denn sie bedeutet Verletzung und Mißachtung der Staatsgesetze	Gesellschaft und Staat haben die Funktion von Erziehern, denen man gehorchen muß; Flucht wäre Ungehorsam	Leben in einem Staat bedeutet Anerkennung seiner Gesetze, im Sinn eines Versprechens; Flucht bräche diese Abmachung
Tatsachenbehauptung: (Anwendung der Regel auf den gegebenen Fall)	Wenn Sokrates flieht, fügt er Staat und Gesellschaft Schaden zu	Wenn Sokrates flieht, erweist er sich als ungehorsam	Wenn Sokrates flieht, bricht er sein Versprechen
Beschluß: (was in der besonderen Lage zu tun ist)	Normatives Urteil: Sokrates sollte nicht versuchen, aus dem Gefängnis zu fliehen		

„Ich verkünde euch, ihr Männer, die ihr mich zum Tode verurteilt habt, es wird nach meinem Tode eine weit schwerere Strafe über euch kommen als die, mit welcher ihr mich getötet habt. Denn jetzt habt ihr dies getan in der Meinung, nun entledigt zu sein von der Rechenschaft über euer Leben. Es wird aber ganz entgegengesetzt für euch ablaufen [...] Mehr werden es sein, die euch zur Untersuchung ziehen, [...] und um desto beschwerlicher werden sie euch werden, je jünger sie sind, und ihr um desto unwilliger. Denn wenn ihr meint, durch Hinrichtungen dem Einhalt zu tun, daß man euch schilt, wenn ihr nicht recht lebt, so bedenkt ihr das sehr schlecht. Denn diese Entledigung ist weder ganz durchführbar, noch ist sie edel." (Platon, Apologie, 39 c–d)

Im *Kriton* ist es der Logos, der zu einem festen und unabänderlichen Ergebnis führt und dem Sokrates gehorcht. Damit demonstriert er die Einheit seines Lebens und seiner Lehre, die in der Identität von Tugend und Wissen gründet. Er ist überzeugt, daß der, welcher das Gute erkennt, auch danach handelt. Diese Selbsterkenntnis führt dann auch zur Selbstbesinnung des vernünftigen Menschen und damit auf das für alle gleichermaßen geltende Gesetz des Guten; dieses verpflichtet dann auch, im Sinne des Wissens zu handeln. Sokrates hat nach den von ihm vertretenen ethischen Grundsätzen gelebt und ist für viele nachfolgende Generationen ein Vorbild geworden, wie er es den Athenern am Ende seiner Verteidigungsrede prophezeite.

„Die Verteidigungsrede und der Tod des Sokrates haben die Idee des freien Menschen zu einer lebendigen Wirklichkeit gemacht. Sokrates war frei, weil sein Geist nicht unterjocht werden konnte; er war frei, weil er wußte, daß man ihm nichts anhaben konnte. Dieser Sokratischen Idee des freien Menschen, die ein Erbgut unseres Abendlandes ist, hat Kant auf dem Gebiete des Wissens wie auf dem der Ethik eine neue Bedeutung gegeben. Und weiter hat er ihr die Idee einer Gesellschaft freier Menschen hinzugefügt – einer Gesellschaft ALLER Menschen. [...]
Beide wurden beschuldigt, die Staatsreligion verdorben und die Jugend geschädigt zu haben. Beide erklärten sich für unschuldig, und beide kämpften für Gedankenfreiheit. Freiheit bedeutete ihnen mehr als Abwesenheit eines Zwanges: Freiheit war für sie die einzig lebenswerte Form des Lebens."
(Popper, S. 19)

Immanuel Kant (1724–1804 in Königsberg, wo er sein ganzes Leben verbrachte). Studium der Mathematik, Naturwissenschaft, Theologie und Philosophie. 1770 ordentlicher Professor der Logik und Metaphysik an der Universität Königsberg mit großem Lehrerfolg. Kant ist der bedeutendste Philosoph der deutschen Aufklärung und als Begründer der kritischen Transzendentalphilosophie einflußreich bis in die heutige Zeit. 1794 kam er durch seine Religionsschrift mit der Preußischen Zensur in Konflikt und wurde durch eine Kabinettsorder verwarnt: „wegen Entstellung und Herabwürdigung mancher Haupt- und Grundlehren der Heiligen Schrift und des Christentums".

2.3.2 Kant: Moralität als Autonomie

Handeln nach Maßgabe der praktischen Vernunft – mit dieser Forderung setzt **Immanuel Kant** die philosophische Tradition fort, die Sokrates als „Vater" der Moralphilosophie begründete. Beiden Moralphilosophen geht es um die Überwindung des **Skeptizismus**, der an der Wirklichkeit des sittlich Guten prinzipiell zweifelt, und bei beiden erhebt im Bereich des Praktischen die Sittlichkeit den Anspruch auf allgemeine und objektive Gültigkeit. Wie schon die Argumentation des Sokratischen Dialogs zeigte, ist moralisches Urteilen und Handeln nicht Sache eines persönlichen Gefühls oder einer willkürlichen Entscheidung, auch nicht eine Frage der Tradition oder Konvention. Noch deutlicher als Sokrates zeigt Kant auf, daß Handeln Gegenstand einer rationalen Argumentation auf der Grundlage eines höchsten Prinzips der Moral ist. Beide behaupten, daß Handeln durch Einsicht in das

Gute, also rational motiviert sein kann, d. h. daß der Mensch sich unabhängig von seinen Wünschen und Bedürfnissen gemäß der Vernunft selbst zum Handeln bestimmen kann.

2.3.2.1 Die transzendentale Methode

Reine Vernunft, theoretisch oder praktisch, nennt Kant das unabhängig von aller Erfahrung, d. i. **a priori** in uns liegende Vermögen des Erkennens, Urteilens und Handelns. Ihr Prinzip liegt in der Autonomie, der Freiheit als Selbstgesetzgebung. Es sind die Gedanken der **Europäischen Aufklärung**, die Kant hier übernimmt, radikalisiert und präzisiert und in dem großen System seiner kritischen **Transzendentalphilosophie** schließlich zu Ende denkt und überwindet.

Ganz im Sinne der Aufklärung wendet sich Kants Philosophie den Grundproblemen des Menschen zu, die er in den drei berühmten Fragen vorstellt:
1. Was kann ich wissen?
2. Was soll ich tun?
3. Was darf ich hoffen?

Die dritte Grundfrage hat ihren systematischen Ort in der Geschichts- und Religionsphilosophie und wurde bereits in bezug auf das Problem des **Höchsten Gutes** erörtert. Wichtiges Resultat war, daß, im Unterschied zu den traditionellen metaphysischen Systemen, Kant im Postulat des Höchsten Gutes eine philosophische Gotteserkenntnis entwirft, die auf dem Begriff der Moralität gründet. Damit weist er die unberechtigten Ansprüche der **Metaphysik** zurück, über die Grenzen der Erfahrung hinaus zu gültiger Erkenntnis zu kommen. Ebenso wendet er sich gegen einen uneingeschränkt Geltung beanspruchenden **Empirismus**, der alles menschliche Erkennen reduziert auf das, was wir in unserer Erfahrung schon wahrgenommen haben. Gegen den Rationalismus wendet Kant ein, daß er die Gültigkeit der Vernunfterkenntnis überschätzt; dem Empirismus wirft er vor, daß er, indem er alle Erkenntnis auf Erfahrung gründen will, die Bedeutung der allgemeingültigen Vernunftsätze für die Erkenntnis übersieht. Kant setzt dagegen seine kritische transzendental-philosophische Methode, die beide Positionen teilweise in ihrem Recht beläßt, ihre absoluten Geltungsansprüche jedoch aufhebt.

Eine Frage **transzendental** stellen heißt nach Kant nicht, nach der Existenz von Dingen oder der Wahrheit und Geltung von Gesetzen zu fragen, sondern die **Bedingungen der Möglichkeit der Erkenntnis** dieser Dinge, Gesetze etc. zu untersuchen. Der entscheidende, das abendländi-

---

Hauptwerke der Transzendentalphilosophie:
Kritik der reinen Vernunft (1781–1787) Begründung der Transzendentalphilosphie: untersucht die Bedingungen der Möglichkeit der menschlichen Erkenntnis.
Kritik der praktischen Vernunft (1788) weist nach, daß es der Vernunft möglich ist, den Willen des Menschen und sein praktisches Verhalten durch ein reines Vernunftgesetz zu bestimmen.
In der *Kritik der Urteilskraft* (1790) schließlich bemüht sich Kant um eine kritische Ästhetik, besonders des Schönen, des Erhabenen und des Genies. Ihr kommt als systematischer Schlußstein die Aufgabe zu, die beiden Bereiche der Natur und der Freiheit, des Erkennens und des Handelns miteinander zu versöhnen.

transzendental (lat. *transcendere* „hinübersteigen, überschreiten"): nach Kant das Vermögen, das vor aller Erfahrung, a priori, im Bewußtsein befindlich angesehen werden kann und alle Erfahrungserkenntnis erst möglich macht; über die Grenzen möglicher Erfahrung hinausgehendes Erkenntnisstreben. Ist streng zu unterscheiden von **transzendent**, was allgemein übersinnlich, übernatürlich bedeutet.

„Ich nenne alle Erkenntnis transzendental, die sich nicht sowohl mit Gegenständen, sondern mit unserer Erkenntnisart von Gegenständen, so fern diese a priori möglich sein sollte, überhaupt beschäftigt." (Kant, KrV, B 25)

Immanuel Kant

sche Denken bis heute beeinflussende Grundgedanke besteht darin, daß diese Bedingungen der Möglichkeit von Erkenntnis und objektiver Gesetzgebung im theoretischen und im praktischen Bereich in der Vernunft des erkennenden und handelnden Subjekts gesucht werden müssen. Mit seiner **kritischen Transzendentalphilosophie** schlägt Kant einen dritten, bis dahin noch unentdeckten Weg ein, durch den er zunächst einmal die grundsätzliche Überprüfung der Möglichkeiten der Vernunft unternimmt: den Weg der Selbstprüfung und Selbstrechtfertigung der erfahrungsunabhängigen theoretischen und praktischen Vernunft.

2.3.2.2 Die theoretische Vernunft

Kant unterscheidet begrifflich und systematisch die theoretische von der praktischen Vernunft.

theoretische Vernunft – praktische Vernunft: fundamentale Unterscheidung der menschlichen Vernunftvermögen; schon in der Antike bei Aristoteles *dianoia theoretike:* auf Erkenntnis zielendes Denken, *dianoia praktike:* auf das Handeln bezogenes Denken; in der mittelalterlichen Philosophie bei Thomas von Aquin: *intellectus speculativus – intellectus practicus.*

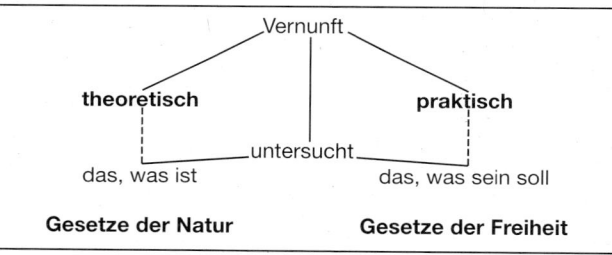

Die reine theoretische Vernunft enthält die Gesamtheit aller Prinzipien, die uns überhaupt zu Erkenntnissen befähigen. Die Struktur dieses Erkenntnisvermögens wird von Kant untersucht und vor allem hinsichtlich seiner Möglichkeiten und Grenzen bestimmt. Zunächst weist er nach, daß es erfahrungsunabhängige Elemente im Erkenntnisprozeß gibt, die für alle gültige Erkenntnis allererst konstitutiv sind; sie sind allerdings abhängig von gegebenen Erkenntnisobjekten, von empirischer Erfahrung. Damit hat Kant das vollzogen, was unter dem Begriff der „Kopernikanischen Wende" eine „Revolution der Denkungsart" einleitete, nämlich die Beantwortung der Frage nach den Bedingungen der Möglichkeit unserer Erkenntnis (Transzendentalphilosophie) und die Errichtung einer darauf gegründeten wissenschaftlichen Metaphysik, aber auch Mathematik, Naturwissenschaft und Ethik. Sein Lösungsweg läßt sich folgendermaßen veranschaulichen:

Kopernikanische Wendung: im Anschluß an die Wendung des **Kopernikus** (1473–1543) von der geozentrischen zur heliozentrischen Weltauffassung allgemein grundlegende Neu- oder Umorientierung des Denkens und Forschens.

Für alle menschliche Erkenntnis ist zweierlei notwendig vorauszusetzen: erkennendes Ich und Welt der Erscheinungen.

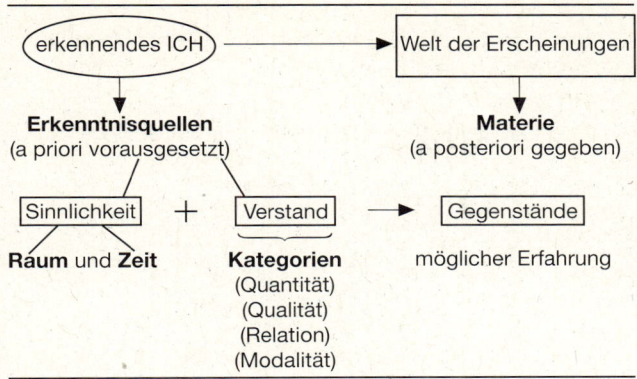

a posteriori (lat. „vom Späteren her"): nach Kant eine Erkenntnis, die aus der Wahrnehmung, der Erfahrung stammt; beansprucht keine Notwendigkeit und Allgemeingültigkeit.

a priori (lat. „vom Früheren her"): nach Kant von aller Erfahrung unabhängige bzw. aller Erfahrung vorhergehende Erkenntnisse, die allein aus dem Verstand, der Vernunft entstammen.

Die beiden Erkenntnisquellen nennt Kant **Sinnlichkeit**, als das Vermögen, Gegenstände überhaupt wahrzunehmen, und **Verstand**, als das Vermögen, diese Gegenstände begrifflich zu bestimmen. Die erfahrungsunabhängigen Elemente der Sinnlichkeit, unter denen wir die Wirklichkeit wahrnehmen, sind **Raum** und **Zeit**; die apriorischen Formen, unter denen der Verstand diese Wirklichkeit dann denkt, sind die **Kategorien**. Für Kant gilt: ohne sinnliche Erfahrung kann der Verstand zu keiner Erkenntnis kommen; ohne die Begriffe und Kategorien, mit denen wir Wahrnehmung ordnen, wäre sie form- und bedeutungslos.

Kategorien (griech. „Aussage, Prädikat"): nach Kant reine Verstandesbegriffe, die alle Erfahrungserkenntnis erst möglich machen.

„Begriffe ohne Anschauungen sind leer, Anschauungen ohne Begriffe sind blind." (Kant)

2.3.2.3 Analytische Urteile – synthetische Urteile

Sprachlich formuliert Kant diese Erkenntnis in **Subjekt-Objekt-Urteilen** und unterscheidet hier **analytische** und **synthetische**. Analytisch sind alle Urteile, deren Prädikat schon im Begriff des Subjekts enthalten ist; sie sind notwendigerweise apriorisch, erweitern unsere Erkenntnis aber nicht. Urteile sind synthetisch, wenn das Prädikat im Begriff des Subjekts nicht logisch enthalten ist; sie gründen oder beziehen sich auf Erfahrung, sind also **aposteriorische** Urteile. Als empirische Urteile erweitern sie die

analytisch: nach Kant ein Urteil, dessen Prädikats-Inhalt im Subjekt-Inhalt enthalten ist. Es kann nach dem Satz vom verbotenen Widerspruch entschieden werden.

synthetisch: nach Kant ein Urteil, dessen Prädikats-Inhalt zum Subjekt-Inhalt durch den Urteilsvollzug erst neu hinzukommt.
Hier muß kritisch bedacht werden, daß Kant bei seiner Analyse die Logik und Sprachforschung seiner Zeit voraussetzt, die heute keineswegs unproblematisch erscheint.

	Erläuterungsurteile	Erweiterungsurteile
	analytisch	**synthetisch**
a posteriori	unmöglich	alle Körper sind schwer; Quecksilber ist flüssig
a priori	alle Körper sind ausgedehnt; kein Junggeselle ist verheiratet;	alles Geschehen hat eine Ursache; 5 + 7 = 12

Die Lehre Kants von den synthetischen Urteilen a priori, die seiner Ansicht nach in der Mathematik und Naturwissenschaft zugrunde liegen, wurde immer wieder angegriffen. Gerade der logische Empirismus versuchte nachzuweisen, daß es synthetische Sätze a priori nicht gibt.

menschliche Erkenntnis durch Erfahrung; allerdings setzen sie nach der kantischen Theorie ein **synthetisches Urteil a priori** über die Verknüpfung eines Ereignisses mit einem anderen Ereignis als seiner Ursache voraus.

Analog zu der theoretischen Fragestellung: „Wie sind synthetische Urteile a priori möglich?" besteht das Problem der praktischen Philosophie in der Frage: Wie ist ein kategorischer Imperativ als synthetischer Satz a priori möglich? oder auch: Wie ist reine Moralphilosophie möglich? Die Antwort lautet, daß alle theoretischen und praktischen Wissenschaften auf erfahrungsfreien Elementen der Erkenntnis beruhen.

2.3.2.4 Der Begriff der praktischen Vernunft

Bereits Sokrates versteht die Vernunft als ein bestimmendes Moment menschlichen Handelns. Über diese sokratische Idee der vernünftigen Selbstverpflichtung, die sich aber in letzter Instanz nur auf eine innere **Gewissensstimme** berufen kann, geht die kantische Ethik hinaus, indem sie in ihren Mittelpunkt und als letzte Instanz der Moralbegründung ein absolut verpflichtendes **Vernunftgesetz** stellt. Diese Behauptung einer moralisch gesetzgebenden, das heißt normsetzenden und zwecksetzenden und insofern motivierenden Vernunft ist geschichtlich neu und steht im Gegensatz zu den ethischen Theorien, die in dem moralischen Gefühl oder einer Intuition die Motivation moralischen Handelns sehen. Kant stellt dagegen heraus: „Reine Vernunft ist für sich allein praktisch und gibt [dem Menschen] ein allgemeines Gesetz, welches wir das Sittengesetz nennen." Er behauptet damit, daß es **unbedingte praktische Gesetze** gibt, die in der Vernunft begründet liegen.

Dagegen führt schon Aristoteles in seiner Ethik aus, daß Vernunft keine Handlung auslösen kann, denn sie kann uns nicht allein zum Handeln bewegen.

Diese These findet sich auch in der Moralphilosophie David Humes, der behauptet, daß Vernunft allein niemals Motiv eines Willensaktes sein kann; „sie ist nur die Sklavin der Affekte und soll es sein".

Damit unterstellt Kant der Vernunft eine **Autonomie**, der zwei mögliche Fremdbestimmungen entgegenstehen:
- **göttliche Gebote**, die nicht aus Vernunft einsehbar sind;
- **natürliche Triebe**, Affekte und Neigungen als Äußerungen des natürlichen Selbstinteresses oder der Eigenliebe.

Autonomie/Heteronomie: sh. hierzu Einleitung Kap. 1 Die Entwicklung des moralischen Bewußtseins. Autonomie bedeutet hier die Verpflichtung des Individuums, sich die sittlichen Gesetze des Handelns nach Vernunftgrundsätzen selbst zu geben.

Besonders mit der zweiten Form der **Heteronomie** setzt Kant sich auseinander und zeigt, daß der Mensch als moralisch Handelnder aufgrund seiner Freiheit und Vernünftigkeit eine Autonomie in der Handlungsbestimmung erreichen kann. Hobbes und Hume betonen den **pragmatischen** Gebrauch der Vernunft, nach dem sie nur die geeigneten **Mittel** zur Erreichung eines durch Triebe, Bedürfnisse, Wünsche, Interessen gesetzten Zieles wählt. Bei Kant setzt die praktische Vernunft auch die **Ziele** des Handelns durch die Formulierung eines in sich praktischen und unbedingten Gesetzes; sie ist die Fähig-

*vgl. Hobbes: Vernunft als **zweckrationale Kalkulation**, Kap. II.2.1.3 Grundsatz des rationalen Egoismus'*

keit, das Handeln unabhängig von den empirischen Bestimmungsgründen zu wählen.

2.3.2.5 Der gute Wille und die Pflicht

Eine wichtige Rolle, die die praktische Vernunft in den menschlichen Handlungen spielt, ist die Suche nach dem höchsten Gut, unabhängig von menschlichen Bedürfnissen und Wünschen. Nach Kant sind die Funktionen der Vernunft gerichtet
- auf ein bedingtes Gut: die **Glückseligkeit** und
- auf ein unbedingtes Gut: den **guten Willen**.

Im Gegensatz zur überlieferten Moralphilosophie besteht das schlechtin Gute nicht in einem höchsten Gegenstand des Willens, sondern im guten Willen selbst.

Kant beginnt mit der These, daß allein ein **guter Wille** gut an sich bzw. absolut oder unbedingt gut sein kann. „Es ist überall nichts in der Welt, ja überhaupt auch außer derselben zu denken möglich, was ohne Einschränkung für gut könnte gehalten werden, als allein ein guter Wille." Diese These enthält zwei unterschiedliche Teilthesen: 1. der gute Wille ist ohne jede Einschränkung gut; 2. außer dem guten Willen läßt sich nichts als absolut gut bezeichnen. Letzteres versucht Kant zu begründen, indem er ausführt, daß die Naturgaben **moralisch indifferent** sind; sie können sowohl gute wie auch schlechte Handlungen hervorbringen. Gut sind sie nur in Verbindung mit dem guten Willen.

„Verstand, Witz, Urteilkraft und wie die **Talente** *des Geistes sonst heißen mögen, oder Mut, Entschlossenheit, Beharrlichkeit im Vorsatze als Eigenschaften des* **Temperaments** *sind ohne Zweifel in mancher Absicht gut und wünschenswert; aber sie können auch äußerst böse und schädlich werden, wenn der Wille, der von diesen Naturgaben Gebrauch machen soll und dessen eigentümliche Beschaffenheit darum* **Charakter** *heißt, nicht gut ist." (Kant, GMS, S. 393)*

In einem zweiten Schritt gibt Kant die Bedingungen für den guten Willen an. Der gute Wille darf weder nach seinen Wirkungen noch als Mittel für eine bestimmte Wirkung beurteilt werden. Denn er ist **an sich gut**, d. h. allein gut durch das gute Wollen. Daher hat er auch nicht sein Gutsein durch etwas, was außer ihm liegt, und sei es auch eine gute Wirkung. Wenn das so ist, dann kann das Gute eines guten Willens auch nicht vom Erfolg oder Mißerfolg beim Erreichen der Wirkungen hergeleitet werden. So würde auch ein guter Wille, der gar nichts bewirkt, seinen vollen Wert in sich selbst haben. In einem weiteren Schritt wird die Aufgabe der Vernunft in bezug auf den Willen positiv bestimmt, denn ein Beweis dafür, daß dem

vgl. hierzu Kap. I.2.3.2 Das Gute als Verstandesbegriff

Grundlegung zur Metaphysik der Sitten (1785) legt das Fundament der Ethik, enthält deren ganze innere Struktur. In dem Werk verfolgt Kant das Ziel, das „oberste Prinzip der Moralität" zu ergründen. Er legt weiter dar, daß aus der Gültigkeit des Sittengesetzes eine von der Naturkausalität unabhängige Eigengesetzlichkeit der Vernunft, d. h. Freiheit in positivem Sinne folgt.

In der Rechts- und Tugendlehre der *Metaphysik der Sitten* (1797) legt Kant einen systematischen Entwurf der obersten Vorschriften des moralischen und rechtlichen Handelns vor.

Kant ist der Ansicht, daß eine moralisch gute Handlung in ihrem Wert weder von den Wirkungen abhängt, die sie erzielt, noch etwa von den Wirkungen, die sie erstrebt. Hiermit lehnt er jede Form von Utilitarismus ab. Kants Bestehen auf der Irrelevanz der Konsequenzen der Handlung hat schon immer Kritik herausgefordert.

Pflicht, häufig mißverstandener Grundbegriff der kantischen Ethik (rigorose Pflichtethik), vgl.: „Pflicht! du erhabener großer Name, der du nichts Beliebtes, was Einschmeichelung bei sich führt, in dir fassest, sondern Unterwerfung verlangst, doch auch nichts drohest, was natürliche Abneigung im Gemüte erregte und schreckte, um den Willen zu bewegen, sondern bloß ein Gesetz aufstellst, welches von selbst im Gemüte Eingang findet und doch sich selbst wider Willen Verehrung (wenngleich nicht immer Befolgung) findet, vor dem alle Neigungen verstummen, wenn sie gleich insgeheim ihm entgegenwirken". (Kant, KpV, S. 86)

„Der Begriff der Pflicht fordert also an der Handlung OBJEKTIV Übereinstimmung mit dem Gesetze, an der Maxime derselben aber subjektive Achtung fürs Gesetz, als die alleinige Bestimmungsart des Willens durch dasselbe." (Kant, KpV, S. 81)

Moralität: Übereinstimmung mit dem Sittengesetz, das auch den unmittelbaren Bestimmungsgrund des Handelns ausmacht.
Legalität: Übereinstimmung mit dem Sittengesetz ohne Berücksichtigung der zugrundeliegenden Maxime.

Willen ein so hoher Wert zukommt, liegt nach Kant in der Tatsache, daß die Vernunft als praktisches Vermögen in Wahrheit nur dazu da ist, diesen absolut guten Willen zu begründen.

Worin der gute Wille besteht, entwickelt Kant am **Begriff der Pflicht**. Ein Wille, der aus Pflicht handelt, ist ein guter Wille. Dieser Satz trifft nur auf den menschlichen Willen zu, denn ein vollkommen guter Wille, ein heiliger Wille würde sich in guten Handlungen manifestieren. Der menschliche Wille wird dagegen durch sinnlich bedingte Wünsche und Neigungen beeinflußt, die Hindernisse für sein gutes Wollen sein können. Indem der Mensch nun aus Pflicht handelt, überwindet er seine Wünsche und Neigungen zugunsten der Bestimmung durch das praktische Vernunftgesetz. In einer Handlungsdifferenzierung unter dem Aspekt der Pflicht kommt Kant zu folgender Unterscheidung:

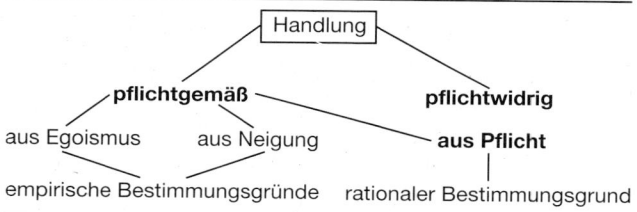

An vier Beispielen zeigt Kant, daß unter menschlichen Bedingungen ein guter Wille ein Wille ist, der **aus Pflicht** handelt, und nur die Handlungen, in denen sich ein solcher Wille äußert, haben moralischen Wert. Nach Kant gibt es verschiedene Möglichkeiten, die Pflicht zu erfüllen: man kann die Pflicht befolgen und vom Selbstinteresse bestimmt sein, so würde ein rationaler Egoist handeln; man kann zugleich aus unmittelbarer Neigung handeln, z. B. aus Mitleid oder Sympathie oder man kann rein aus Pflicht handeln und von Bedürfnissen und Neigungen ganz absehen. Die bloße Übereinstimmung der Handlung mit der Pflicht, also die Pflichtgemäßheit macht noch nicht die Moralität der Handlungen aus; sie kennzeichnet die **Legalität**. Moralischer Wert kommt der Handlung nur zu, wenn der Bestimmungsgrund die Pflicht oder die **Achtung vor dem Sittengesetz** ist. Daraus folgen die grundlegenden Sätze:

1. Eine Handlung hat nur dann moralischen Wert, wenn sie pflichtgemäß und aus Pflicht geschieht.
2. Eine Handlung aus Pflicht hat ihren moralischen Wert nicht in der Absicht, sondern in der Maxime.
3. Pflicht ist die Notwendigkeit einer Handlung aus Achtung für das Sittengesetz.

2.3.2.6 Unteres und oberes Begehrungsvermögen

In der Darlegung des guten Willens mit Hilfe des Pflichtbegriffs macht Kant so die beiden Bestimmungsgründe des Handelns und damit gleichzeitig die Bestimmung des Menschen als sinnlich-vernünftiges und damit verpflichtetes Wesen deutlich, die ihn sowohl von den rein rationalen, nur durch ihre Vernunft bestimmten Wesen, etwa Gott, als auch den vernunftlosen Wesen, den Tieren, unterscheidet. Vernunftlose Wesen sind vollständig kausal determiniert; Tiere folgen zwar ihren eigenen Trieben und Bedürfnissen, aber sie haben keine Wahl- bzw. Handlungsfreiheit, die eine Grundvoraussetzung für die Moralität der Handlung bildet. Ein rein vernünftiger Wille dagegen, der rein rationalen nicht-sinnlichen Wesen zugesprochen werden kann, wird notwendig durch das Sittengesetz bestimmt, d. h. er ist selbst der Grund des Gesetzes, das ihn zum Wollen bestimmt. Der Mensch hingegen ist ein sinnlich-vernünftiges Wesen nicht in dem Sinne, daß „zwei Seelen" in seiner Brust kämpfen, sondern daß er in der Handlungsbestimmung zwei Standpunkte einnehmen kann, den der **Sinnlichkeit** und den der **Vernunft**.

Begehrungsvermögen: Nach Kant das Vermögen eines Wesens, „durch seine Vorstellungen Ursache von der Wirklichkeit der Gegenstände dieser Vorstellungen zu sein".

Die Begriffe des **unteren** (empirisch/sinnlichen) und **oberen** (vernünftigen) **Begehrungsvermögens** gehen zurück auf scholastische Unterscheidung zwischen **appetitus sensitivus** (Leidenschaft) und **appetitus rationalis** (Wille).

Vgl. Kap. I.3.2.3.1 Das Streben nach dem Guten

vgl. hierzu auch Kap. I.2.3.2 Das Gute als Verstandesbegriff

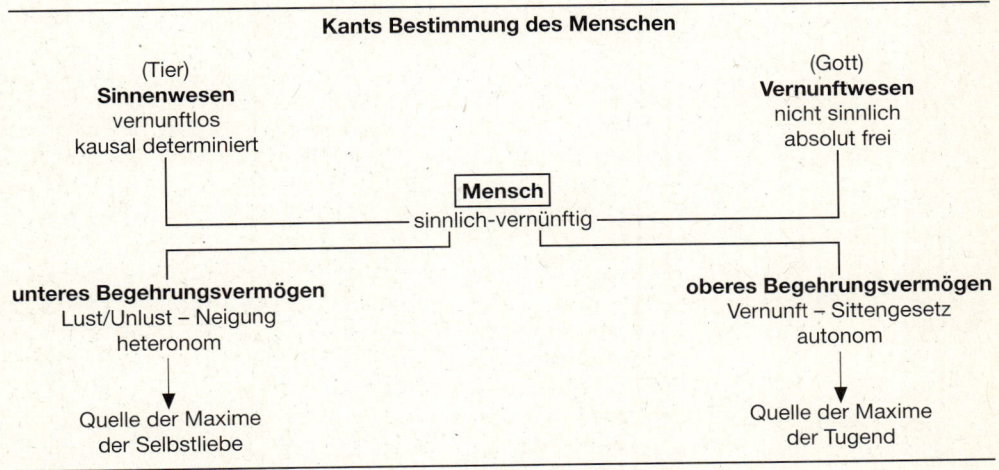

Kants Bestimmung des Menschen

So kann der Wille bestimmt werden durch ein bloß sinnliches Vermögen, in der kantischen Terminologie das **„untere Begehrungsvermögen"**, das durch die Vorstellung von der Verwirklichung eines begehrten Gegenstandes und der mit dieser Vorstellung verbundenen Lust beeinflußt wird. Die **empirisch praktische Vernunft** ist stets mit der Befriedigung des unteren Begehrungsvermögens, den natürlichen Neigungen befaßt. Der Mensch hat für

Das Absehen von allen empirischen Bestimmungsgründen für moralisch gutes Handeln hat oft zu Mißinterpretationen der kantischen Ethik geführt; ein berühmtes Beispiel ist das Distichon Friedrich Schillers:

„Gerne dien' ich den Freunden, doch tu ich es lieber mit Neigung.
Und so wurmt es mich oft, daß ich nicht tugendhaft bin.
Da ist kein anderer Rat, du mußt suchen, sie zu verachten, und mit Abscheu alsdann thun, wie die Pflicht dir gebeut."

„Das ist dürftige Dichtung und noch dürftigere Kritik. [...] Kants Lehre ist, daß die Triebfeder der Pflicht zugleich mit der Neigung vorhanden und daß sie der bestimmende Faktor sein muß, wenn unser Handeln gut sein soll. Es ist daher eine Verdrehung seiner Ansicht, wenn man sagt, daß für ihn eine Handlung nicht gut sein kann, wenn gleichzeitig mit der Triebfeder der Pflicht eine Neigung vorliegt." (Paton, S. 43)

Kant aber auch eine angeborene Anlage zum Guten, d. h. eine Anlage, sich seinen Willen durch das **Sittengesetz** bestimmen zu lassen, oder, mit Kant gesprochen, ein **„oberes Begehrungsvermögen"**. Er besitzt darüber hinaus die Freiheit, zwischen den beiden, ihn bestimmenden Vermögen zu wählen. Er kann seinen Willen unter den Zwang von Trieb und Neigung unterordnen; er kann aber auch den Willen unter das Gebot der Vernunft, das Sittengesetz stellen und moralisch gut handeln. Daher kann Kant auch sinnvoll vom Menschen als einem dem Sittengesetz verpflichteten Wesen sprechen, das folgender Überlegung der Vernunft fähig ist:

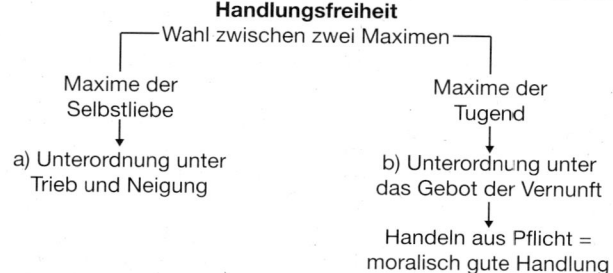

2.3.2.7 Maximen – Imperative

Die Bestimmung des Menschen hat zur Folge, daß sein Handeln nach anderen Gesetzmäßigkeiten abläuft. Ein vernünftiges Wesen wird nach Kant durch das Vermögen bestimmt, „nach der Vorstellung von Gesetzen" oder nach Prinzipien zu handeln. Die das Handeln bestimmenden Faktoren sind darum keine Naturgesetze, sondern **praktische Grundsätze**, die Kant unterteilt in Imperative und Maximen.

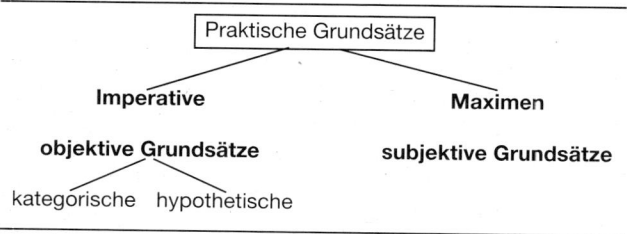

Maxime: subjektiv-individuell gültiger Vorsatz oder Handlungsgrundsatz: „MAXIME ist das subjektive Prinzip des Wollens; das objektive Prinzip (d. i. dasjenige, was allen vernünftigen Wesen auch subjektiv zum praktischen Prinzip dienen würde, wenn Vernunft volle Gewalt über das Begehrungsvermögen hätte) ist das praktische GESETZ." (Kant, GMS, S. 400)

Als sinnlich vernünftiges Wesen folgt der Mensch in der Wahl seiner Handlungsweise stets einem Prinzip. Wenn dieses Prinzip nur für das Wollen und Handeln des einzelnen Menschen bestimmt ist, dann ist es eine **Maxime**. Kant behauptet, daß es – auch im außermoralischen

Bereich – kein Wollen und keine Handlung ohne eine Maxime gibt.

Wie die praktische Vernunft in der Handlungsbestimmung das menschliche Handeln wirklich beeinflußt, zeigt Kant an den Imperativen der praktischen Vernunft. **Imperative** sind praktische Notwendigkeiten, sie gelten für jedermann und unterscheiden sich von den bloß subjektiven Maximen. Auf die praktische Grundfrage „Was soll ich tun?" antworten Imperative nicht mit äußeren und inneren Zwängen, sondern mit mehr oder weniger anerkannten Gründen der Vernunft. Die Funktionen der praktischen Vernunft in der Handlungsbestimmung durch Maximen und in der Zwecksetzung macht Kant durch seine Differenzierung der hypothetischen und kategorischen Imperative deutlich (s. Abb. auf S. 144).

Imperativ: allgemein ein normatives Urteil, ein Satz, der ein Sollen, eine praktische Notwendigkeit ausspricht. „Die Vorstellung eines objektiven Prinzips, sofern es für einen Willen nötigend ist, heißt ein Gebot (der Vernunft), und die Formel des Gebots heißt IMPERATIV." (Kant, GMS, S. 413)

Wie durch das Schema deutlich wird, ist es im Bereich des unteren Begehrungsvermögens die Aufgabe der empirisch praktischen Vernunft, die Bedürfnisse, die nach dem Nützlichen und dem Glück ausgerichtet sind, optimal zu befriedigen. Sie entdeckt Regeln, **hypothetische Imperative**, die vorschreiben, was der Handelnde tun soll, wenn er erreichen will, was er begehrt. Bei den hypothetischen Imperativen, es sind vor allem **Regeln der Geschicklichkeit**, geht es um die Bestimmung der optimalen Wahl der Mittel zur Erreichung eines Ziels oder Zwecks, der nicht notwendigerweise ein moralisch guter oder vertretbarer Zweck sein muß. Hierunter fallen technische Vorschriften, die richtigen Mittel zur Erstellung des beabsichtigten Produkts zu wählen. Die Handlungen eines Giftmischers, der über die Mittel verfügt, einen Mann sicher zu töten, wird nicht unterschieden von denen des Arztes, den Mann auf gründliche Art gesund zu machen. Beide handeln im empirisch praktischen Sinn richtig, wenn sie die geeigneten Mittel zur Erreichung des gesetzten Zwecks wählen, mag nun dieser vernünftig und gut oder höchst verwerflich sein.

hypothetisch: bedingt, angenommen. Urteil, wenn die Gültigkeit des Nachsatzes durch die des Vordersatzes bedingt ist: wenn A ist, so ist B. Hypothetische Imperative sprechen ein bedingtes Sollen aus im Hinblick auf einen Zweck, zu dessen Erreichung etwas als Mittel vorgeschrieben wird („Wenn du X willst, wähle Y").

Die technischen Imperative der Geschicklichkeit haben mit den **Ratschlägen der Klugheit**, einer zweiten Stufe hypothetischer Imperative, gemeinsam, daß ihre Gültigkeit unter der Voraussetzung steht: Wenn du den Zweck willst, dann wähle die geeigneten Mittel. Unterschieden aber ist der zu erreichende **Zweck**, denn die pragmatischen Imperative der Klugheit schreiben Handlungen vor, die die tatsächliche Absicht bedürftiger Vernunftwesen befördern: die **Glückseligkeit**. Glück, so behauptet Kant, ist der tatsächliche Zweck, den sich jedes endlich-bedürftige Vernunftwesen setzt. Die Schwierigkeit liegt nur darin, daß der Begriff der Glückseligkeit als End-

Zweck ist ein vorgestellter und gewollter zukünftiger Vorgang oder Zustand. „Zweck ist ein Gegenstand der Willkür (eines vernünftigen Wesens), durch dessen Vorstellung diese zu einer Handlung, diesen Gegenstand hervorzubringen, bestimmt wird." (Kant, MdS, S. 381)

Zum Problem der Glückseligkeit vgl. Kap. I.3.2 Der Endämonismus und I.2.3.4 Der moralische Gottesbeweis

Hypothetische und kategorische Imperative

Streben nach dem Guten → manifestiert sich in objektiven Prinzipien

Funktion der praktischen Vernunft → imperativisch/nötigend für den Willen

3 Arten von Prinzipien — 3 Arten der Nötigung — 3 Arten der Verbindlichkeit

Prinzip der Sittlichkeit/Moralität
Handlung um ihrer selbst willen geboten
— unbedingt (nicht durch Zwecke bestimmt)
— apodiktischer Imperativ
= Gesetze

Prinzip d. Klugheit/vernünftigen Selbstliebe
Glückseligkeit als Ziel – wirklich gegeben für bedürftiges Sinnenwesen
Resultat der Lebensführung
— bedingt durch den Zweck
— assertorischer/ pragmatischer Imperativ
= Ratschläge (unbestimmt)

Prinzip der Geschicklichkeit
Zweck-Mittel-Relation
willst du X, tue Y: Zwecksetzung und Wahl der tauglichen Mittel – Wahl impliziert Verhaltensregeln
— bedingt durch den Zweck
— problematischer/ technischer Imperativ
= Regeln (bestimmt)

3 Arten des Guten:
- moralisch Gute (gute Wille)
- für mich Gute mein Gutes
- nützliche/Gute als Mittel

zweck so unbestimmt und ungenau ist – jedermann wünscht sich Glückseligkeit, aber niemand kann genau wissen, was das ist. Daher kann die Klugheit oder die vernünftige Selbstliebe auch zur Erreichung der Glückseligkeit nur Ratschläge geben, nur unbestimmte Verallgemeinerungen über die Mittel, den Weg, auf dem der Mensch glücklich werden kann. Diese Mittel und Wege können aber individuell durchaus verschieden sein.

Kategorische Imperative dagegen sind **synthetische Urteile a priori**. Sie gebieten uns nicht, Mittel zu einem Zweck zu wollen und sind deshalb nicht bedingt durch den bereits vorausgesetzten Zweck; sie gelten unbedingt und absolut. Der kategorische Imperativ konstituiert den Zweck aller Zwecke – den **„Zweck an sich selbst"**. Er liegt in der Moralität der Handlung selbst, in der reinen, durch keine sinnlich bedingten Antriebe bestimmten **Selbstgesetzgebung**. Alles Handeln, das zur Befriedigung und Erreichung der Bedürfnisse geschieht, ist ihm unterzuordnen. Die durch technische und pragmatische Imperative gesetzten Zwecke müsse sich also an dieser letzten Zwecksetzung messen. Der kategorische Imperativ gebietet, Handlungen zu vollbringen, die nicht etwa als Mittel zu einem anderen Zweck oder zur Befriedigung einer bestimmten Begierde gut sind, sondern **gut an sich** sind. An sich gut ist eine Handlung, wenn der Handelnde derjenigen Maxime folgt, durch die er zugleich wollen kann, daß sie **allgemeines Gesetz** werde.

kategorisch (griech. *kategorein* „aussagen"): unbedingt.
kategorischer Imperativ: das unbedingte objekive Prinzip der praktischen Vernunft, welches ein unausweichliches Sollen ausdrückt, folgt nach Kant unmittelbar aus dem Begriff der Sittlichkeit als des schlechthin Guten.

„Der kategorische Imperativ ist also nur ein einziger und zwar dieser: HANDLE NUR NACH DERJENIGEN MAXIME, DURCH DIE DU ZUGLEICH WOLLEN KANNST, DASS SIE EIN ALLGEMEINES GESETZ WERDE."

2.3.2.8 Universalisierung

Die Allgemeinheit, die in jeder Handlungsmaxime steckt, ist nur eine subjektive. In einem Verfahren der Verallgemeinerung prüft nun der kategorische Imperativ, ob der in der Maxime gesetzte subjektive Grundsatz auch als objektiver, d. h. als allgemeines Gesetz gedacht und gewollt werden kann. Das kantische Gedankenexperiment der **Verallgemeinerung** schließt Folgeüberlegungen nach dem Nützlichkeitsprinzip, wie sie etwa das Universalisierungsverfahren des Utilitarismus anstellt, nachdrücklich aus.

Die Prüfung der Verallgemeinbarkeit führt Kant unter zwei systematischen Aspekten vor: die erste und strengere Form der Verallgemeinerung betrifft die vollkommenen Pflichten und überlegt, ob sich eine Maxime als allgemeines Gesetz widerspruchsfrei **denken** läßt. Die zweite und schwächere Form des Gedankenexperiments der Verallgemeinerung prüft, ob man die Maxime als allgemeines Gesetz auch widerspruchslos **wollen** kann. Er teilt die moralischen Pflichten gemäß der Tradition einer-

„Die Frage ist also diese: ist es ein notwendiges Gesetz für ALLE VERNÜNFTIGE WESEN, ihre Handlungen jederzeit nach solchen Maximen zu beurteilen, von denen sie selbst wollen können, daß sie zu allgemeinen Gesetzen dienen sollen?"
(Kant, GMS, S. 426)

In Kants *Metaphysik der Sitten* sind beide Pflichten apodiktisch notwendig, der Unterschied liegt nur darin, daß im einen Falle eine gewisse Handlung, im anderen eine Handlung unter einer bestimmten Maxime geboten ist.

seits in vollkommene und unvollkommene Pflichten und andererseits in Pflichten gegenüber sich selbst und solchen gegenüber anderen, wobei die **eigene Vollkommenheit** und die **Glückseligkeit der anderen** als Orientierungsprinzipien gelten. Die Verbindung beider Einteilungen ergibt insgesamt vier Klassen von Pflichten:

	Moralische Pflichten	
	vollkommene Pflichten	unvollkommene Pflichten
Pflichten gegen sich selbst	Selbstmordverbot	Verbot der Nichtentwicklung eigener Fähigkeiten
Pflichten gegen andere	Verbot des falschen Versprechens	Verbot der Gleichgültigkeit gegen fremde Not

Universalisierungsprinzip (lat. *universalis* „allgemein"): Verallgemeinerungsgrundsatz; betrifft bei Kant ausschließlich die Maximen und nicht die Handlungsregeln oder -folgen. Häufige Fehlinterpretation: „Wie selbstverständlich geht man davon aus, daß die Verallgemeinerung beträfe jede Art von Handlungsregeln. [...] Dann aber fallen unter den Test der Verallgemeinerung auch selbstgesetzte Regeln wie: täglich ein Lied zu singen, die für sich genommen als sittlich irrelevant erscheinen." (Höffe, 1979, S. 86)
Vgl. hierzu Kap. I.1.3, Kap. II.2.1.4 und Kap. II.2.2.7

Kant führt das Verfahren der Verallgemeinerung anhand von vier Beispielen vor, das heißt: er bringt jeweils ein Beispiel für eine nicht verallgemeinerungsfähige Maxime. Bei den vollkommenen Pflichten gegenüber sich selbst erörtert er das Selbstmordverbot, bei den vollkommenen Pflichten gegenüber anderen das Verbot eines falschen, lügnerischen Versprechens, bei den unvollkommenen Pflichten gegenüber sich selbst das Verbot, seine Talente und Fähigkeiten nicht zu nutzen, und bei den unvollkommenen Pflichten gegenüber anderen das mit dem Utilitarismus verwandte Verbot der Gleichgültigkeit gegenüber fremder Not. In dem Verfahren der Verallgemeinerung wird in allen vier Fällen ein Gedankenexperiment durchgeführt, in dem sich die Frage stellt, ob die zur Untersuchung stehende Maxime

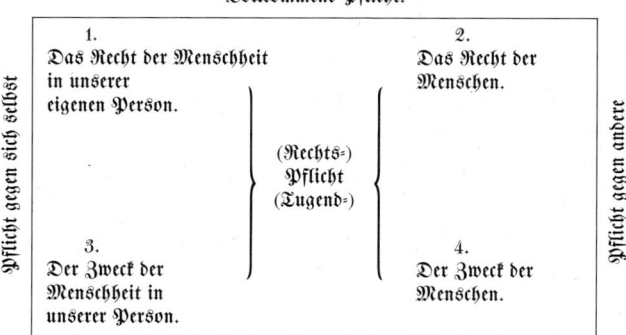

(Kant, MdS, S. 240)

als ein allgemeines Gesetz des Lebens und Zusammenlebens gedacht und gewollt werden kann. Die Maximen werden so rein rational auf ihre moralische oder nichtmoralische Qualität hin überprüft.

2.3.2.9 Formeln des kategorischen Imperativs

Der kategorische Imperativ bestimmt, welche Maximen zur Bestimmung einer moralisch guten Handlung tauglich sind. Die allgemeine Gesetzesfähigkeit der Maxime, die sie für jedes sinnlich-vernünftige Wesen zum unbedingten objektiven Prinzip macht, wird ausgedrückt durch die **Grundformel**:

„Handle nur nach derjenigen Maxime, durch die du zugleich wollen kannst, daß sie ein allgemeines Gesetz werde."

Da ein unbedingt gültiges Prinzip der Moral nicht von vorausgesetzten materialen Zwecken (menschlichem Glücksstreben) abhängig gemacht werden darf, bleibt nichts übrig als die **Allgemeinheit eines Gesetzes überhaupt**: die Maxime der Handlung soll sein, dem allgemeinen Gesetz an sich zu gehorchen.

Dies setzt folgende Annahmen voraus:
1. das Prinzip moralischen Handelns muß für alle vernünftigen Wesen dasselbe sein, es darf keine Ausnahmen zugunsten subjektiver Vorlieben zulassen;
2. das oberste moralische Gesetz muß allgemein sein, d. h. objektiv und unpersönlich – unparteiisch; als solches kann es aber nur die Form der moralischen Verbindlichkeit enthalten.

Die erste Formulierung betrifft dann auch nur die Form. Die Materie, eine inhaltliche Bestimmung gibt dagegen die **Naturgesetzformel**:

„Handle so, als ob die Maxime deiner Handlung durch deinen Willen zum allgemeinen Naturgesetz werden sollte."

Die vorsichtige Formulierung „als ob" resultiert daher, daß wir zwar wollen können, daß die Maxime zugleich allgemeines Gesetz werde, das für alle vernünftigen Wesen gilt, wir aber nicht wollen können, daß unsere Maxime allgemeines Naturgesetz werde – das liegt nicht in unserer Macht. In dieser Formel versetzen wir uns in die Lage eines höchsten Vernunftwesens, eines Schöpfers (Gott) und formulieren eine Regel, die wie die Naturgesetze ohne Ausnahme, bedingungslos gültig wäre. Kant fordert den Handelnden auf sich selbst zu fragen, „ob die Handlung, die du vorhast, wenn sie nach einem Gesetz der Natur, von der du selbst ein Teil wärest, geschehen sollte, du sie wohl als durch deinen Willen möglich ansehen

Formalismus: häufige Kritik an der Grundformel des Kategorischen Imperativs; beruht oft auf dem Mißverständnis, daß Kant Achtung vor einem „leeren" Gesetz fordere.

„Wir fingen mit einem guten Willen an, der ‚wie ein Juwel für sich selbst glänzt'. Wir enden bei einer bloß formalen Maxime, einer mysteriösen Achtung vor einem leeren Gesetz an sich, einem unbestimmten Prinzip der Gesetzmäßigkeit und einem unbrauchbaren Prüfstein der Universalität für die Maximen unserer Handlungen." (Paton, S. 77)

Unparteilichkeit „Standpunkt der Moral" vgl. Kap. II.2.1.5 Das Prinzip der Umkehrbarkeit

Formel des Naturgesetzes: Unterformel, die sich auf die Form der Maximen bezieht.

„So sagt man: Wie, wenn ein jeder, wo er seinen Vorteil zu schaffen glaubt, sich erlaubte, zu betrügen, oder befugt hielte, sich das Leben abzukürzen, sobald ihn ein völliger Überdruß desselben befällt, oder anderer Not mit völliger Gleichgültigkeit ansähe, und du gehörtest mit zu einer solchen Ordnung der Dinge, würdest du darin wohl mit Einstimmung deines Willens sein?" (Kant, KpV, S. 69)

könntest?". So wird das Sittengesetz nicht zum Naturgesetz im empirischen Sinne, sondern Kant überträgt nur die Form der Gesetzmäßigkeit; das Naturgesetz wird zum Typus des Gesetzes der Freiheit. Diese Variante des kategorischen Imperativs formuliert eine Vernunftnorm, so zu handeln, als ob aus dem Willen eine neue, der Naturordnung analoge gesetzliche Ordnung des menschlichen Lebens allererst entspringen sollte.

Das Bewußtsein oder die Möglichkeit zur Freiheit steht in engem Zusammenhang mit der dritten Variante, der **Mensch-Zweck-Formel**:

„Handle so, daß du die Menschheit, sowohl in deiner Person als in der Person eines jeden anderen jederzeit zugleich als Zweck, niemals bloß als Mittel brauchst."

> **Formel des Zweckes an sich selbst:** Unterformel, die sich auf die Materie der Maximen bezieht.
>
> „Nun sage ich: der Mensch und überhaupt jedes vernünftige Wesen existiert als Zweck an sich selbst, nicht bloß als Mittel zum beliebigen Gebrauche für diesen oder jenen Willen, sondern muß in allen seinen sowohl auf sich selbst, als auch auf andere vernünftige Wesen gerichteten Handlungen jederzeit zugleich als Zweck betrachtet werden."
>
> **Zweck an sich selbst**-Sein, von Kant rein anthropozentrisch beschränkt auf vernünftige Wesen, wird in der Verantwortungsethik des 20. Jh. ausgedehnt auf alle leidensfähigen Wesen, teilweise auch auf die Natur insgesamt. Allgemeine Anerkennung findet die Ansicht, daß die Natur in ihrem moralischen Eigenrecht zu respektieren sei, also auch als Selbstzweck behandelt werden sollte. Strittig bleibt, ob man einen Selbstzweckcharakter auch der unbeseelten, unbelebten Natur zusprechen kann.
> Vgl. hierzu Kap. II.2.2.4, Exkurs, und Schluß Kap. 2 Die Verantwortungsethik im 20. Jahrhundert

Diese Formulierung macht die **Achtung** vor der **Persönlichkeit** als solcher zur Pflicht. Kant geht von der vernünftigen Natur als **Zweck an sich selbst** aus. Er meint, daß jeder Mensch notwendig seine eigene Existenz als einen Zweck an sich selbst ansieht und daß er das bei anderen ebenso voraussetzen muß. Zwar weiß auch Kant, daß wir auch andere Menschen als Mittel gebrauchen, etwa in jedem Dienstleistungsbetrieb, aber die Worte „zugleich" und „bloß" dürfen nicht übersehen werden. Sie fordern, daß wir Personen stets als Zweck behandeln müssen, obwohl wir sie vielleicht auch als Mittel brauchen. „Bloß als Mittel" heißt dagegen, den anderen zur Befriedigung seiner Bedürfnisse oder zur Realisation von Zwecken zu gebrauchen, ohne ihn als moralische Persönlichkeit zu achten. Die **Idee der Persönlichkeit** faßt Kant in dem Begriff **Menschheit**, der den Besitz der Vernunft, der Freiheit und die Befähigung zur Selbstgesetzgebung umfaßt, nach der es sich verbietet, gleich unter welchen Umständen, ein vernünftiges Wesen bloß als Mittel zu gebrauchen, zu bevormunden, es seiner Freiheit, seiner Würde zu berauben.

Diese Überlegungen führen dann auf die vollständige Bestimmung der Maximen, der **Reich der Zwecke-Formel**:

„Handle so, als ob du durch deine Maximen ein gesetzgebendes Glied im allgemeinen Reich der Zwecke wärest."

Wenn es einen kategorischen Imperativ gibt, muß er uns objektive und absolute Zwecke gebieten. Diese Zwecke besitzen absoluten Wert, der nur einem vernünftigen Wesen zukommen kann. Der tiefste Grund dafür, daß die Menschen selbst Zwecke an sich sind, liegt für Kant darin, daß sie selbst als Vernunftwesen nicht nur **Objekte**, sondern stets zugleich **Subjekte** der moralischen Gesetzgebung sind. Die Quelle des unbedingten oder absoluten

Wertes, welcher der sittlichen Person eigen ist, liegt in der Autonomie der moralischen Selbstgesetzgebung. Der Gedanke, daß jedes vernünftige Wesen sich selbst als Gesetzgeber allgemeiner Gesetze durch seine Maxime ansehen kann, führt direkt zu einer systematischen Verbindung von Vernunftwesen, die das **Reich der Zwecke** bilden. Diese Gesetzgebung muß in „jedem vernünftigen Wesen selbst angetroffen werden und aus seinem Willen entspringen können, dessen Prinzip also ist: keine Handlung nach einer anderen Maxime zu tun, als so, daß es auch mit ihr bestehen könne, daß sie ein allgemeines Gesetz sei, und also nur so, *daß der Wille durch seine Maxime sich selbst zugleich als allgemein gesetzgebend betrachten könne*".

Das Verhältnis der Formeln stellt sich dann so dar:

Reich der Zwecke: nach Kant die systematische Verbindung verschiedener vernünftiger Wesen durch gemeinschaftliche objektive Gesetze, in der jedes sich selbst und alle anderen niemals bloß als Mittel, sondern jederzeit zugleich Zweck an sich selbst behandelt.
„Nun ist auf solche Weise eine Welt vernünftiger Wesen (mundus intelligibilis) als ein Reich der Zwecke möglich und zwar durch die eigene Gesetzgebung aller Personen als Glieder. Demnach muß ein jedes vernünftige Wesen so handeln, als ob es durch seine Maximen jederzeit ein gesetzgebendes Glied im allgemeinen Reiche der Zwecke wäre." (Kant, GMS, S. 438)

Grundformel

Handle nur nach derjenigen Maxime, durch die du zugleich wollen kannst, daß sie allgemeines Gesetz werde

Form der Maxime	Materie der Maxime	Vollständige Bestimmung der Maxime
(Naturgesetz)	(Mensch-Zweck)	(Reich der Zwecke)

„*Mit der Begründung des Handelns aus der Autonomie erhalten die Rationalität und Verantwortlichkeit der Praxis eine neue Schärfe und Radikalität. Nicht wer in letzter Instanz von der Macht der Triebe und Leidenschaften, der Gefühle von Sympathie und Antipathie oder den herrschenden Gewohnheiten bestimmt wird, auch nicht wer zu vorgegebenen Zielen stets die besten Mittel sucht, handelt schlechthin rational. Im strengsten, dem moralischen Sinn des Begriffs ist nur der verantwortlich, der Lebensgrundsätzen folgt, die dem autonomen, nicht heteronomen Willen entspringen. Zwar richtet sich der Anspruch der Moralität an ein Wesen, das weder seine sinnliche Natur noch seine geschichtlich-gesellschaftliche Herkunft ablegen kann. Der Mensch bleibt immer ein Bedürfnis-, Geschichts- und Gesellschaftswesen. Deshalb hat die Moralität für ihn grundsätzlich imperative Bedeutung; sie ist eine kategorische Aufforderung, deren Befolgung sich kein Mensch für immer sicher sein kann. Moralität als Autonomie heißt, sich seine Bedürfnisse und gesellschaftlichen Abhängigkeiten eingestehen, sie sogar bejahen und sie doch nicht als letzten Bestimmungsgrund des Lebens zuzulassen. Autonomie bedeutet, mehr als ein bloßes Bedürfnis- und Gesellschaftswesen zu sein und in dem Mehr – hier liegt Kants Provokation – zu seinem eigentlichen Selbst zu finden, dem moralischen Wesen, der reinen praktischen Vernunft."* (Höffe, 1988, S. 200)

2.4 Die Kommunikationsethik

2.4.1 Der kritische Diskursbegriff

Diskurs (lat. *discursus* „Das Hin- und Herlaufen, Besprechung, Auseinandersetzung"): argumentative, das Für und Wider gegeneinander abwägende Prüfung der Begründetheit eines Geltungsanspruchs.

Kommunikation (lat. „Mitteilung, Verständigung"): Informationsaustausch als grundlegende Notwendigkeit menschlichen Lebens. Beziehungsgeschehen (Interaktion) zwischen Menschen, das auf Verständigung zielt. Miteinandersprechen und Miteinanderhandeln. Ein Tätigsein, in dem man sich einander zuwendet und sich füreinander engagiert.

Jürgen Habermas, (geb. 1929), Philosoph und Soziologe; Assistent am Institut für Sozialforschung in Frankfurt am Main; Impulse der Frankfurter Schule. 1971 Direktor des Max-Planck-Instituts zur Erforschung der Lebensbedingungen der wissenschaftlich-technischen Welt; 1982 Professor für Soziologie und Philosophie in Frankfurt am Main.
Begründer einer kritischen Gesellschaftstheorie, Ideologiekritik; Theorie der kommunikativen Kompetenz und des kommunikativen Handelns, Diskursethik.

In der zeitgenössischen Ethikdiskussion sind neben dem Utilitarismus und der Pflichtethik besonders die Diskurstheorien bzw. Kommunikationstheorien oder Konsenstheorien von großer Bedeutung. Sie folgen dem transzendentalphilosophischen Ansatz der kantischen Ethik, entwickeln aber ein Argumentationsmuster, das den utilitaristischen Aspekt der Folgenabschätzung mit berücksichtigt.

Gemeinsam ist die Ausgangsfrage: Wie lassen sich Konflikte im zwischenmenschlichen Bereich vernünftig bewältigen? Die Lösung besteht in einer **kommunikativen Entscheidungsfindung**, die sich zum Ziel setzt, in einem gewaltlosen Prozeß des Sich-miteinander-Beratens, aus den ursprünglich miteinander unverträglichen Bedürfnissen und Interessen zu einem **gemeinsamen Willen** zu kommen. In einer theoretischen Beratung soll durch Argumentation aus den ursprünglich konkurrierenden Meinungen (über die angemessenen Mittel und Wege zu den Zielen) eine **gemeinsame Überzeugung** erarbeitet werden. Dabei gehen alle diese Positionen von einem **Diskurs** aus, der unter besonderen, idealen Bedingungen steht. Diese Bedingungen benennen grundlegende normative Prinzipien, die der Diskurs erfüllen muß, wenn er als Moralkriterium taugen soll; sie werden aber ganz unterschiedlich definiert. (vgl. hierzu auch Höffe, 1979, S. 243 ff.)

Die diskursethischen Theorien gehen auf eine große philosophische Tradition zurück, für die die Namen Sokrates und Kant stehen. Praktisches Philosophieren als diskursive Tätigkeit wurde von Sokrates begründet, und seine dialogische Methode des Bezweifelns und Prüfens auf rein argumentativem Weg ist für die Kommunikationsethiker das Urbild der kritischen Prüfung erhobener Geltungsansprüche. Daher ist für **Jürgen Habermas**, auf Sokrates zurückverweisend, der Diskurs die „dialogförmige kritische Prüfung erhobener Geltungsansprüche" allein aufgrund von Argumenten und unter Voraussetzung der Gleichberechtigung der Argumentierenden.

Die Resultate müßten dann gegenüber jedem vernünftig Argumentierenden zu verteidigen sein.

Die kritische Prüfung und Rechtfertigung der Resultate eines vernünftigen Diskurses findet sich schon in Kants „Kritik der reinen Vernunft", in der die reine Vernunft als **Gerichtshof** vorgestellt wird, vor dem alle Streitigkeiten der Vernunft entschieden werden können. In einer Art Gerichtsverfahren, in dem die Vernunft zugleich als Ankläger und Verteidiger auftritt, werden Umfang und Grenzen der möglichen Vernunfterkenntnisse bestimmt und alle unberechtigten Ansprüche abgewiesen. Zu dem Recht der Vernunft und ihrer Freiheit gehört nach Kant auch, „seine Gedanken, seine Zweifel, die man sich nicht selbst auflösen kann, öffentlich zur Beurteilung auszustellen, ohne darüber für einen unruhigen und gefährlichen Bürger verschrieen zu werden". Dieses **Öffentlich-**

„Dies liegt schon in dem ursprünglichen Rechte der menschlichen Vernunft, welche keinen anderen Richter erkennt, als selbst wiederum die allgemeine Menschenvernunft, worin ein jeder seine Stimme hat; und, da von dieser alle Besserung, deren unser Zustand fähig ist, herkommen muß, so ist ein solches Recht heilig, und darf nicht geschmälert werden." (Kant, KrV, B 780)

Jürgen Habermas hat den Diskursbegriff erneuert, und zwar als kritische Prüfung erhobener Geltungsansprüche nur aufgrund von Argumenten und unter der Voraussetzung der Gleichberechtigung der Argumentationspartner, ihrer gleichen Redechancen usw. – Das Urbild des diskursiven Argumentierens ist der Sokratische Dialog.

Wir unterscheiden vorläufig vier Haupttypen von Diskursen:

Diskurstyp	*Einstellung des oder der Argumentierenden*
Theoretisch-empirischer Diskurs: Prüfung des Wahrheitsanspruchs von Sachverhaltsbehauptungen	**Inhaltsorientiert**
Praktischer Diskurs: Prüfung des Verbindlichkeitsanspruchs praktischer Behauptungen oder Aufforderungen, einschließlich von Normen (Sitten, Geboten, Gesetzen)	

Von letzterem heben wir zunächst zwei allgemeinere, grundsätzlichere Diskurstypen ab:

Praktisch-philosophischer Diskurs: Frage nach den Möglichkeiten und Grenzen des Aufstellens einer praktischen Behauptung schlechthin: „Welche Bedingungen müssen praktische Behauptungen erfüllen, damit sie überhaupt Sinn geben und damit sie als Argumentationshandlung gelingen können?"	**Argumentations-Reflexiv**
Argumentations- und philosophiereflexiver Diskurs: Reflektierende Erörterung höchster Stufe, der es um die Bedingungen geht, unter denen jedwedes Argumentieren einschließlich des Aufstellens, Entwickelns und Bestreitens philosophischer Behauptungen sinnvoll ist.	

(FK 5, S. 15f.)

keitsprinzip verlangt, daß die menschliche Vernunft sich einer in völliger Freiheit stattfindenden **öffentlichen Prüfung** unterwirft. Daraus formuliert Kant die ethische Grundlage allen öffentlichen Rechts: „Alle auf das Recht anderer Menschen bezogene Handlungen, deren Maxime sich nicht mit der Publizität verträgt, sind unrecht" (Kant, VIII, S. 381), aus der dann das Prinzip des öffentlichen Rechts abgeleitet wird: „Alle Maximen, die der Publizität *bedürfen* (um ihren Zweck nicht zu verfehlen), stimmen mit Recht und Politik vereinigt zusammen." (VIII, S. 386)

Vor dem Hintergrund der Sokratisch-Kantischen Tradition kann der Diskursbegriff so definiert werden:

„,Diskurs' ist eine Argumentation, die man zur Prüfung einer aufgestellten Behauptung durchführt und die einen idealen dialogischen Anspruch erhebt. Sie kann jederzeit und mit jedermann als gleichberechtigtem Dialogpartner durchgeführt werden und führt immer zu demselben Ergebnis. Natürlich kann man eine solche Prüfung, empirisch gesehen, für sich allein, zum Beispiel am Schreibtisch sitzend, durchführen. Aber auch dann erhebt man diesen Anspruch auf Wiederholbarkeit des Diskurses mit prinzipiell jedem, der vernünftig fragt. Man beansprucht eben, das Ergebnis eines solchen Diskurses gegenüber jedem verteidigen und es so als das richtige Ergebnis beweisen zu können." (FK 5, 28)

2.4.2 Das Transsubjektivitätsprinzip

Neben Habermas haben auch **Paul Lorenzen** und **Oswald Schwemmer** eine diskursive Methode der Ethik ausgebildet. Sie entwickeln die „Methode der transsubjektiven Beratung", in der sich ebenfalls eine Handlungs- oder Kommunikationsgemeinschaft argumentativ darüber verständigt, welche Handlungsregeln für alle akzeptabel sein können.

Schwemmer trägt in der Tradition der Kantischen Vernunftkritik die Grundlegung einer „Philosophie der Praxis" vor, die in drei Schritte systematisch aufgebaut folgendes leisten soll:
1. die Ausarbeitung einer **Moralsprache**, d.i. Einführung anthropologischer Termini, in der die Lehre vom moralischen Argumentieren formuliert werden kann;
2. die Aufstellung eines **Moralprinzips**, d.i. Aufstellen einer Forderung, durch deren Erfüllung moralische Argumentationen gewonnen und beurteilt werden können;

Zur Zirkularität diskursiver Begründung:
„Da nur der ideale Diskurs, der durch bestimmte normative Grundsätze definiert ist, als Kriterium akzeptabler normativer Grundsätze gelten kann, enthält das Diskursmodell einen Zirkel, der daher rührt, daß Normen, die noch im Diskurs zu rechtfertigen sind, bereits als bestimmende Elemente der idealen Sprechsituation vorausgesetzt werden."
(Nagelschmidt, S. 32)

Paul Lorenzen (*1915) Prof. für Philosophie, zuletzt in Erlangen bis 1980. Begründet mit Kamlah die Erlanger Schule. Ausarbeitung einer dialogischen Logik und Konstruktivistischen Wissenschaftstheorie. 1967 erscheint die gemeinsam verfaßte *Logische Propädeutik*, die mit der *Konstruktiven Logik, Ethik und Wissenschaftstheorie* (1967) das Ziel der Erlanger Schule formuliert: den methodischen Aufbau aller Wissensgebiete.

3. die Entwicklung einer **Moralmethode**, d. i. Begründung eines Verfahrens, mit dem das Moralprinzip für die Beurteilung der Normensysteme einer Gesellschaft verwendbar gemacht werden soll.

Die Voraussetzung für sein Vorgehen findet Schwemmer in einer nicht mehr hintergehbaren, von uns immer schon geleisteten gemeinsamen Lebenspraxis, die in **anthropologischen Elementartermini** beschrieben wird. Sie erfassen das allgemeine Verhalten der Menschen; die kritische Prüfung unserer Lebenspraxis erfolgt dann mit Hilfe nicht-elementarer **dialogischer Termini**. Dieses Prüfverfahren ist diskursiv und konstruktiv: **diskursiv**, weil die Kommunikations- oder Handlungsgemeinschaft sich redend untereinander verständigt, um zu einer für alle akzeptablen Handlungsregel zu kommen. Die Methode ist darüber hinaus **konstruktiv**, weil sie schrittweise vorgeht und bemüht ist, jedes einzelne Argument zu begründen. Die Aufgabe der Ethik besteht darin, jene Praxis zu formulieren und ihre Herstellung zu fordern, mit deren Hilfe sich begründete Interessen berücksichtigen und Konflikte gewaltfrei bewältigen lassen.

Ausgang ist die Erfahrung von Konflikten, die prinzipiell bewältigt werden können, verbunden mit dem Willen, diese Konflikte gewaltfrei auszuräumen. Das Ziel ist es, die miteinander unverträglichen **Interessen** oder Begehrungen, die Konflikte herbeiführen, durch offene **Beratung** miteinander verträglich zu machen:

(nach Pieper, 1991, S. 177)

Hieraus folgt das **Moralprinzip**: „Laßt uns gemeinsam [...] unser Wissen und unser Verständnis bilden bzw. unseren Willen bilden!" Die Gemeinsamkeit der praktischen Beratung besteht dann darin, daß die einzelnen Beratungsteilnehmer ihre subjektiven Begehrungen „transformieren". Transformation meint, daß jeder Betroffene über seine subjektiven Begehrungen hinausgehen und sie – wie es in philosophischer Sprache tradi-

anthropologische Elementartermini: auffordern – mögen – sich verhalten – bewirken

dialogische Elementartermini: vorschlagen – beraten – beschließen handeln

Offenheit der Beratung:
„Keine vorgebrachte Begehrung soll von der Beratung ausgeschlossen werden! Oder: Jede vorgebrachte Begehrung soll zur Beratung zugelassen werden!"
(Schwemmer, S. 107)

Oswald Schwemmer (*1941), Professor für Philosophie an der Universität Düsseldorf.

„Die Praxis, die wir als Mitglieder bestimmter Gruppen geleistet haben, unsere gemeinsame Praxis mit anderen Personen, hat uns schon zu einem Vorverständnis vom Rechtfertigen der Normen unseres Handelns verholfen, das eben darin bestehen könnte, nur bestimmte Redeweisen – ‚Gründe' – als zu befolgende Handlungsvorschläge anzuerkennen." (Schwemmer, S. 16)

„**Transzendenz** ist demnach die Metapher für die Negation des Festhaltens an den subjektiven Begehrungen, ohne daß sie der Transformation ausgesetzt würden. Nennen wir dieses Festhalten *Subjektivität*, so können wir das Moralprinzip in traditioneller Philosophensprache auch so formulieren: **Transzendiere deine Subjektivität!**" (Schwemmer, S. 126f.)

tionell ausgedrückt wird – *transzendieren* soll. Die praktische Begründung, um die es Schwemmer hier geht, steht unter der Forderung, die bloße Subjektivität der eigenen Meinungen bzw. Interessen zu überwinden. Das moralische Grundgesetz heißt dann auch: „Transzendiere deine Subjektivität!" Dieses **Transsubjektivitätsprinzip** verstehen die Vertreter der konstruktiven Ethik als Neuformulierung von Kants kategorischem Imperativ. „Wenn also, wie Kant selbst es fordert, von allem ‚Inhalte der Privatzwecke abstrahiert' wird, dann können wir die Aufforderung, ein Reich der Zwecke herbeizuführen, als übersetzbar in die Aufforderung, seine Subjektivität zu transzendieren, ansehen." (Schwemmer, S. 164)

In dieser Deutung des kategorischen Imperativs als praktisches Vernunftprinzip im Sinne des konstruktivistischen Transsubjektivitätsprinzips wird mit Hilfe der Subformel: „Handle in Beziehung auf ein jedes vernünftige Wesen (auf dich selbst und andere) so, daß es in deiner Maxime zugleich als Zweck an sich selbst gelte", das kantische Moralgesetz rekonstruiert durch die Aufforderung, bei der Willensbildung nicht irgendwelche Begehrungen faktisch auszuzeichnen, sondern eine jede Begehrung – sowohl die eigenen, als auch die der anderen – zunächst für gleichberechtigt anzunehmen. Grundlegende Idee ist auch hier eine systematische Verbindung vernünftiger Wesen, deren Maximen zu einem „Reich der Zwecke" zusammenstimmen sollen, aber dergestalt, daß die Zwecke bzw. die Begehrungen durch ihre Transformierung miteinander verträglich gemacht werden sollen.

2.4.3 Die Entwicklungslogik der Moral

Lawrence Kohlberg, Professor für Pädagogik und Psychologie und Direktor am Center for Moral Development and Education an der Harvard Universität (USA). Seine kognitiv-strukturelle Theorie der moralischen Entwicklung ist der einflußreichste Beitrag zur Moralpsychologie in den letzten Jahrzehnten.

Einen zweiten Grundgedanken der Ethik der Kommunikation formuliert **Lawrence Kohlberg** in seiner **Theorie der Moralentwicklung**. Ihren Kern bildet ein Stufenmodell, das von Piagets Entwicklungsstufen des moralischen Urteils beim Kinde ausgeht und dieses zu einem neuen sechs-Stufen-Schema entwickelt, das sich an der **prinzipienorientierten Gerechtigkeit** als Maß der Erkenntnis orientiert. Kohlberg geht von vier Thesen aus:
1. Das moralische Urteilen beruht auf einem Prozeß der Gegenseitigkeit (Reversibilität).
2. Das moralische Urteilen weist auf jeder Stufe eine neue logische Struktur auf, entsprechend Piagets logischen Stufen der Denkoperationen.
3. Die Struktur moralischen Urteilens kann als Gerechtigkeitsstruktur aufgefaßt werden.
4. Die Struktur als solche ist auf jeder folgenden Stufe umfassender und zugleich differenzierter als auf der vorausgehenden Stufe.

Vgl. hierzu Einleitung Kap. 1 Die Entwicklung des moralischen Bewußtseins, und Kap. II.2.1.1 Die geschichtliche Herkunft

Unter dem Gesichtspunkt der **Reversibilität**, aus dem die Gerechtigkeit als fundamentales Prinzip der Moral folgt, kommt Kohlberg zu folgenden Ergebnissen:

Auf einer **vorkonventionellen Ebene** reagiert das Kind bereits auf moralische Regeln wie gut – böse, recht – unrecht; doch versteht es sie nur in bezug auf die physischen oder lustbetonten Konsequenzen einer Handlung oder die physische Macht der Personen, die diese Regeln und Maßstäbe setzen. Auf der *Stufe 1* verstehen die Kinder Gerechtigkeit noch nicht als Austausch im Sinne von Gleichheit und Gegenseitigkeit, sondern als ein Teil der Sozialordnung, in der die Schwachen den Starken Gehorsam schulden. Erst auf der *Stufe 2* haben Kinder schon eine klarere Vorstellung von Gerechtigkeit als Fairneß, als Gegenseitigkeit und Gleichheit des Teilens, sie dienen aber noch in physisch-pragmatischer Weise dazu, die eigenen Bedürfnisse zu befriedigen. Die „Goldene Regel" der Bibel wird im Sinne der Gegenseitigkeit aktuellen Austauschs von Gefälligkeiten oder aber der Vergeltung von Übeltaten aufgefaßt. „Was du nicht willst, was man dir tu, das füg auch keinem andern zu."

Auf der **konventionellen Ebene**, die ebenfalls zwei Stufen umfaßt, ist Ziel und Selbstzweck des Handelns, die Erwartungen der eigenen Familie oder der Gruppe zu erfüllen.

Das Kind orientiert sich auf der *Stufe 3* an stereotypen Rollen einer konkreten Bezugsgruppe (Familie, Freunde, Bekannte), deren Tugenden es erfüllen will; gutes Verhalten ist das, was anderen gefällt und von ihnen gebilligt wird. Die Kinder oder Jugendlichen sind erstmals zum reflektierten „role-taking" in der Lage und verstehen die Goldene Regel im Sinne der idealen Gegenseitigkeit der Formel: „Behandle die anderen so, wie du von ihnen behandelt werden möchtest."

Auf der *Stufe 4*, der Law-and-Order-Stufe, orientiert sich das Handeln an der staatlichen Gesellschafts- und Rechtsordnung. Das rechte Verhalten besteht darin, daß man seine Pflicht tut, die Autorität respektiert und die gegebene soziale Ordnung um ihrer selbst willen aufrechterhält. Die Gegenseitigkeitsbeziehung von Rechten und Pflichten ist durch das soziale System vermittelt und begrenzt.

Die Stufen der **nachkonventionellen Ebene** werden erstmals erreicht, wenn die „law-making perspective" eingenommen wird. Auf der *Stufe 5* können erstmals moralische Werte und Prinzipien unabhängig von der Autorität der Gruppen und Personen, die diese Prinzipien vertreten, bestimmt werden; sie entspricht einer

Das Beispiel, anhand dessen die Untersuchungen durchgeführt wurden, ist das s. g.
Heinz-Dilemma:
Soll Heinz ein Medikament, das er nicht bezahlen kann, weil der Apotheker einen erhöhten Preis dafür nimmt, stehlen, um so das Leben seiner Frau retten zu können?

„Auf die Frage ‚Was sollst du nach der Goldenen Regel tun, wenn ein anderes Kind dich schlägt?', antworten Stufe-2-Kinder in der Regel: ‚Zurückschlagen, denn ich soll anderen das antun, was sie mir antun.' Dagegen können Stufe-3-Kinder oder Jugendliche aus ihrem ‚role-taking' heraus antizipieren, daß das Zurückschlagen dazu führen muß, daß der andere auch zurückschlägt und so fort, und daß dies nicht zu einem wünschenswerten Gegenseitigkeitsverhältnis führen würde." (Apel, 1988, S. 318f.)

„If you follow the Golden Rule, other people will be nice back to you." (Kohlberg)

„Auf dieser Stufe befindet sich, nach jüngeren Schätzungen Kohlbergs, in den modernen Industriestaaten der westlichen Zivilisation, so etwa in den USA, der weitaus überwiegende Teil der Erwachsenen." (Apel, 1988, S. 319)

> „Als empirisches Testergebnis dient Kohlberg z. B. die Antwort eines Stufe-5-Studenten auf die Frage, ob es vor dem amerikanischen Bürgerkrieg richtig war, das Gesetz zu brechen und schwarzen Sklaven bei der Flucht zu helfen. Der Student sieht – und das ist nach Kohlberg typisch für Stufe 5 – einen Konflikt zwischen der Legalität im Sinne des geltenden Rechts und dem „moral point of view"; doch für den letzteren kann er kein intersubjektiv gültiges Prinzip als Begründung anführen, [...] sondern nur das Recht des subjektiven Gewissens." (Apel, 1988, S. 322)

legalistischen Orientierung am Sozialvertrag oder einer utilitaristischen Orientierung an der Wohlfahrtsmaximierung. Zwar herrscht auf dieser Stufe ein deutliches Bewußtsein von Werten und Normen sowie einer notwendigen Konsensbildung in der Gesellschaft: dennoch ist die höchste Stufe der möglichen Entwicklung der moralischen Urteilskompetenz noch nicht erreicht. Ein moralisches Prinzip, von dem aus der einzelne sich bei der Infragestellung von Gesetz und Recht in seinem Handeln orientieren kann, steht noch nicht zur Verfügung. Kohlberg zieht daraus den Schluß, daß auch die philosophischen Positionen, die auf der Stufe 5 der moralischen Urteilskompetenz beruhen, keine „universale Moralität" begründen können, deren Prinzipien für alle Menschen als verbindlich akzeptierbar sind. Eine solche Moralität entspricht erst der sechsten und höchsten Stufe der moralischen Urteilskompetenz, in der sich das Handeln an einem universalen ethischen Prinzip orientiert, wie es die kantische Ethik entwickelt.

Auf *Stufe 6* wird eine **universale Moralität**, der „Standpunkt der Moral" (moral point of view) als konsistentes und autonomes Prinzip begründet, das im Kern die universalen Prinzipien der **Gerechtigkeit**, der **Gegenseitigkeit** (Reziprozität) und **Gleichheit** menschlicher Rechte sowie der **Achtung** vor der Würde der Menschen als individueller Personen enthält. Das Gedankenexperiment des vollständigen **reversiblen role-taking** zeigt, daß jedem Vertrag und jeder Rechtsinstitution selbst noch das Recht jeder Person auf gleichberechtigte Berücksichtigung ihrer Ansprüche in jeder Situation zugrunde liegt. Dieses Prinzip der „persönlichen Gerechtigkeit", das selbst nicht mehr utilitaristisch begründet werden kann, sieht Kohlberg in Kants „Autonomie-Formel" verwirklicht, jeden Menschen als Selbstzweck, nicht nur als Mittel zu behandeln.

> Das entspricht der kantischen Idee eines Reichs der Zwecke; einer „systematischen Verbindung vernünftiger Wesen durch gemeinschaftliche Gesetze", in der man von „dem persönlichen Unterschiede vernünftiger Wesen, imgleichen allem Inhalte ihrer Privatzwecke abstrahiert". (Kant, GMS, S. 433)

So werden auf der Stufe 6 zwei moralische Prinzipien zur Geltung gebracht: einmal das kantische Prinzip, daß Personen als Selbstzweckwesen einen unbedingten moralischen Wert besitzen, und zum anderen das dem genau entsprechende Prinzip der formalen Gleichberechtigung aller Ansprüche von Personen in allen Situationen. Das letztere Prinzip tritt in den Mittelpunkt der ethischen Konzeptionen bei Karl Otto Apel, der Kohlbergs sechs Stufen um eine verantwortungsethische *Stufe 7* erweitert. Zwar hat auch Kohlberg sich Gedanken um eine 7. Stufe gemacht; für ihn ist sie aber keine Stufe der Moral mehr, sondern eine metaphysisch-religiöse Stufe.

2.4.4 Die ideale Kommunikationsgemeinschaft

Die Ethik der Kommunikation wird vor allem von **Karl Otto Apel** vertreten, dem es um die Begründung ethischer Normen überhaupt geht. Sein Vorschlag zur Normbegründung unterscheidet sich von den anderen Konzeptionen dadurch, daß er die These vertritt, daß es möglich und vernünftig ist, für praktische wie auch theoretische Philosophie eine **Letztbegründung** zu suchen, d. h. eine Begründung, die so beschaffen ist, daß danach die Forderung nach einer weiteren Begründung (für den zuletzt gegebenen Grund) sinnvoll nicht mehr erhoben werden kann. Die von Apel vorgeschlagene transzendentalpragmatische Letztbegründung ist ein Aufdecken letzter Argumentationsvoraussetzungen als rationaler, d. h. überhaupt nichthintergehbarer letzter Prämissen. Apel behauptet: Was sich nicht sinnvoll – ohne Selbstwiderspruch – bestreiten läßt, weil es bei sinnvoller Argumentation vorausgesetzt werden muß, das ist eine sichere, durch nichts zu erschütternde Basis.

Dazu muß man von folgenden Bedingungen ausgehen:
1. Argumentation ist an **Kommunikation** gebunden.
2. Sinnvolle Argumentation ist nur möglich unter der Voraussetzung der Existenz einer **Argumentations- bzw. Kommunikationsgemeinschaft**.
3. Das Ziel sinnvoller Argumentation ist die Gewinnung von **intersubjektiv gültigen Aussagen**, bzw. in praktischen Diskursen die Errichtung von **intersubjektiv verbindlichen Normen**.
4. Unbedingte Voraussetzung ist die wechselseitige Anerkennung der Argumentierenden als wahrheits- und zurechnungsfähige, gleichberechtigte, aufrichtige Subjekte, als **Personen**.

Apel stützt sein Letztbegründungsargument auf die Tatsache, daß wir diese Voraussetzungen als Argumentierende immer schon notwendig anerkannt haben und nicht imstande sind, zweifelnd hinter sie zurück zu gehen. Diese Argumentationsvoraussetzungen begründen eine **normative Ethik der Kommunikation**, die die Beantwortung der Fragen zum Ziel hat: Was sollen wir tun? Gibt es etwas, wozu wir immer schon verpflichtet sind?

Aus dem Letztbegründungsargument folgen zwei fundamentale Normen:

1. **„Argumentiere rational!"**
Wenn wir wirklich ernsthaft etwas wissen wollen, an der Lösung eines Problems ernsthaft interessiert sind, dann müssen wir uns vernünftig argumentierend um die rich-

Karl Otto Apel, (*1922), Professor für Philosophie, zuletzt an der Universität Frankfurt am Main. Wichtige Werke behandeln die Themen einer Transzendentalpragmatik, einer Konsenstheorie der Wahrheit und einer kommunikativen Ethik. Hier Konsonanz mit der Diskurstheorie Jürgen Habermas'.

Stufenschema der Moralentwicklung (nach L. Kohlberg, erweitert nach K. O. Apel):

Ebene	Stufe
vorkonventionelle Ebene	1 Orientierung an Strafe und Gehorsam
	2 instrumentell-relativistische Orientierung
konventionelle Ebene	3 interpersonale Konkordanz good boy/nice girl
	4 Orientierung an Gesetz und Ordnung
nachkonventionelle Ebene	5 legalistische Orientierung am Sozialvertrag
	6 Orientierung am universal-ethischen Prinzip
	7 Orientierung am Prinzip Verantwortung

tige Lösung bemühen, denn es gibt keine Alternative dazu.

2. „Bemühe dich um einen vernünftigen Konsens!"

Wir sind als ernsthaft Argumentierende verpflichtet zu kooperieren und einander dabei als gleichberechtigte, wahrheits- und zurechnungsfähige Argumentationspartner anzuerkennen und zu behandeln.

Während die erste Grundnorm, „Argumentiere rational" durchaus noch verträglich ist mit einer egoistischen Klugheitsethik, führt erst die zweite Norm, die das Bemühen um einen vernünftigen Konsens fordert, zu einer Ethik der Kommunikation. Aus ihr folgt die fundamentale ethische Grundnorm der „verallgemeinerten Gegenseitigkeit aller Geltungsansprüche", die jedes Mitglied einer Argumentations- und Kommunikationsgemeinschaft als solches bereits anerkannt hat; sie ist der Kern der Ethik. Die Verpflichtung zum Konsens und die damit verbundene gegenseitige Anerkennung als gleichberechtigte, wahrheits- und zurechnungsfähige Argumentationspartner ist für Apel eine bindende, letztbegründete Metanorm (eine Norm über allen konkreten Normen), die inhaltliche Normen ihrerseits begründen kann. Normen, in denen bestimmte Handlungstypen geboten oder verboten werden, wie etwa „Du sollst nicht töten!", können dagegen nicht unmittelbar letztbegründet werden.

Damit entwirft Apel ein zweistufiges Verfahren der Normbegründung, das von der Grundnorm der Kommunikationsethik als Metanorm der konsensualen Normenbegründung ausgeht. Für die erste Stufe erhebt Apel den Anspruch einer Letzbegründung; auf der zweiten Stufe dagegen muß die Begründung inhaltlicher situationsbezogener Normen möglichst revidierbar sein, da sie in realen praktischen Diskursen der Betroffenen geleistet wird.

Die Ethik der konsensualen Normenbegründung wird so eine regulative Idee im Sinne Kants: Im Argumentieren wird die Erfüllung der idealen Bedingungen konsensualer Kommunikation „kontrafaktisch antizipiert". Dazu müssen notwendig vorausgesetzt werden:

kontrafaktische Antizipation (lat. *anticipatio contra facta* „Vorwegnahme als Unterstellung gegen die vorhandenen Tatsachen"): von J. Habermas eingeführter Begriff zur Kennzeichnung der unvermeidlichen Unterstellung einer „idealen Sprechsituation" in jeder ernst gemeinten konsensualen Kommunikation, insbesondere im argumentativen Diskurs.

1. die **ideale Kommunikationsgemeinschaft**, die wir im ernsthaften Argumentieren kontrafaktisch antizipieren müssen;

2. die **reale Kommunikationsgemeinschaft**, in der wir sozialisiert sind und in der wir ein hinreichendes Einverständnis schon erzielt haben müssen, um einen argumentativen Diskurs faktisch führen zu können; und dann noch

3. das Bewußtsein der **prinzipiellen Differenz** zwischen der idealen und der realen Kommunikationsgemeinschaft.

Die Mensch-Zweck-Formel und die Idee eines Reichs der Zwecke formulieren insofern die Bedingungen einer idealen Kommunikationsgemeinschaft, als in ihr niemand mehr den anderen bloß als Mittel oder rein strategisch behandelt, sondern stets vorbehaltlos als Person, als Partner. Da Kants autonome Gesinnungsethik nach Apel aber nur auf der Ebene der „faktisch einsamen Gewissensentscheidung" argumentiert, muß sie ergänzt werden durch eine moralische Verpflichtung, die sich grundsätzlich aus der Gegenseitigkeit der Ansprüche und der Verantwortung in einer Kommunikationsgemeinschaft vernünftiger Wesen versteht. Daraus würde sich die Pflicht einer solidarischen Verantwortung für alles, was mögliche Folgen menschlicher Aktivitäten ist, ergeben, die der einzelne, der stellvertretend für die Gemeinschaft an verantwortlicher Stelle steht, wiederum zu verinnerlichen hätte. Hier erweitert Apel das Kohlbergsche Stufenschema um eine neue Stufe des moralischen Bewußtseins, eine „Stufe-7-Kompetenz" einer reifen, realitätsbezogenen, verantwortungsethischen Urteilskompetenz.

„Konkret stellt sich dieses Problem heute erstmals im planetaren Maßstab als das einer universalistischen Makroethik der Menschheit. In ihr sind einerseits die normativen Bedingungen des gleichberechtigten Zusammenlebens verschiedener soziokultureller und individueller Lebensformen – also eines universalistisch eingeschränkten Pluralismus der Glücksverwirklichung – zu begründen. Darüber hinaus sind die ebenfalls universal gültigen prozeduralen Normen einer kommunikativen Organisation der kollektiven Verantwortung für die Folgen der kollektiven Aktivitäten – Wissenschaft und Technik – der modernen Industriegesellschaft zu begründen." (Apel, 1988, S. 12)

2.4.5 Das Prinzip Fairneß

John Rawls' Begründung der **Fairneß-Ethik** ist ein moderner Versuch, Kants Prinzipienethik mit dem alten Problem des gutens Lebens zu verbinden. Ausgehend von der Frage nach der Bedeutung und Rechtfertigung moralischer Urteile und Vorstellungen entwickelt er in Auseinandersetzung mit verschiedenen Denkrichtungen (Intuitionismus / Utilitarismus / Egoismus / Hedonismus) im Rückgang auf Kant die ersten Prinzipien der Moral und des Rechts. Er argumentiert insofern **deontologisch**, da er erste Prinzipien der Moral entwickelt, auf die sich freie und gleiche Menschen, denen an der Förderung ihrer eigenen Interessen gelegen ist, vernünftigerweise einigen würden.

Diese prinzipienethische Grundlegung verbindet Rawls mit dem **Utilitarismusprinzip** einer maximalen allgemeinen Interessenbefriedigung, denn die Gesellschaft, in der die Menschen leben, ist ein durch Regeln bestimmtes „System der Zusammenarbeit", das dem Wohl seiner Teilnehmer dienen soll. Dieses System ist sowohl durch **Interessenharmonie** bestimmt, weil es allen ein besseres Leben ermöglichen soll, als auch durch **Interessenkon-**

John Rawls (*1921), amerikanischer Philosoph, lehrt Philosophie an der Harvard-Universität. Sein philosophisches Erkenntnisinteresse gilt den Problemen der normativen praktischen Philosophie sowie der Grundlegung und Ausarbeitung einer philosophischen Theorie der Gerechtigkeit.
Kein philosophisches Werk hat in diesem Jahrhundert so schnell so große Aufmerksamkeit erregt und eine so intensive und weitgespannte Diskussion ausgelöst wie *A Theory of Justice.*

flikte, die durch Grundsätze der Gerechtigkeit überwunden werden sollen.

Rawls zeigt in einem Gedankenexperiment, das sowohl Elemente der klassischen Vertragstheorie als auch der modernen Entscheidungs- und Spieltheorie aufnimmt, wie sich aus diesem rationalen Selbstinteresse unter bestimmten idealen Bedingungen Gerechtigkeitsprinzipien ableiten lassen. In einem „Urzustand", einer rein theoretischen Situation der Gleichheit und Freiheit, wählen vernünftige Menschen die Grundsätze einer „wohlgeordneten Gesellschaft". Für diese rationale Wahl gelten zwei Bedingungen:

> „Wenn zum Beispiel jemand weiß, daß er reich ist, könnte er es vernünftig finden, für den Grundsatz einzutreten, daß gewisse Steuern, die Wohlfahrtsmaßnahmen dienen sollen, als ungerecht zu betrachten seien; weiß er, daß er arm ist, so würde er höchstwahrscheinlich für den entgegengesetzten Grundsatz eintreten." (Rawls, 1979, S. 36)

1. Die Menschen müssen im **Urzustand** gleich sein, d. h. sie sind gleiche **moralische Subjekte** und haben die gleichen Rechte. Rawls nimmt hier einen Gedanken der kantischen Ethik wieder auf, indem er diese Gleichheit bestimmt sieht durch den Wunsch der Menschen, einander nicht bloß als Mittel, sondern als Zweck an sich selbst zu behandeln. Daher erscheint es auch vernünftig und akzeptabel, daß durch die Wahl der Grundsätze niemand aufgrund natürlicher oder gesellschaftlicher Gegebenheiten bevorzugt oder benachteiligt werden sollte. Daraus folgt die zweite Bedingung:

2. Die Menschen wählen die ersten Grundsätze von Moral und Recht unter einem **Informationsdefizit** (veil of ignorance), welches die Kenntnis solcher Umstände ausschließen soll, die Unterschiede zwischen den Menschen bilden und diese ihren Vorurteilen ausliefern. Daher sorgt ein „Schleier des Nichtwissens" dafür, daß niemand die Grundsätze auf seine eigenen Verhältnisse zuschneiden kann. Die Spieler wissen, daß sie Mitglieder einer Gesellschaft sind, höchst unterschiedlich veranlagt und begabt, daß sie verschiedene Rollen spielen und ungleiche Rangstufen einnehmen. Sie verstehen politische Fragen und die Grundzüge der Wirtschaftstheorie, ebenso die Grundfragen der gesellschaftlichen Organisation und die Gesetze der Psychologie des Menschen. Sie besitzen so allgemeine Kenntnisse; bestimmte Einzeltatsachen, wie natürliche Gaben, Intelligenz, Körperkraft sowie Besonderheiten der Psyche, sind ihnen aber unbekannt. Vor allem kennt niemand seinen Platz in der Gesellschaft, seine Klasse oder seinen Status, noch die wirtschaftliche und politische Lage, den Entwicklungsstand seiner Zivilisation und Kultur. Die Menschen im Urzustand wissen auch nicht, zu welcher Generation sie gehören; darum sind sie stets gezwungen, für alle Menschen zu entscheiden.

> „Kurz, die Spieler kennen weder ihre Positionen in der Gesellschaft noch ihre natürlichen Talente und Fähigkeiten. Sie wissen nicht, ob sie als König oder als Bettler, ob als Picasso, Einstein oder als geistig Behinderter leben." (Höffe, 1979, S. 177)

> „Der Schleier des Nichtwissens ist eine so natürliche Bedingung, daß schon viele auf einen ähnlichen Gedanken gekommen sein müssen. [...] Wenn etwa Kant uns auffordert, unsere Maxime zu prüfen,

Diese „original position", in der unter dem „Schleier des

Nichtswissens" die Gerechtigkeitsgrundsätze in einem grundlegenden öffentlichen Vertrag über wechselseitige Beziehungen festgelegt werden, entspricht dem kantischen Grundsatz der **Autonomie**. Sie ist eine faire Situation zwischen moralischen Subjekten, die für alle Zeiten und für alle Menschen entscheiden nach dem Grundsatz „handle repräsentativ", die grundsätzlich einander Autonomie und Freiheit zuerkennen und sich dem Gedanken verpflichtet fühlen, Menschen nie bloß als Mittel oder überhaupt nicht als Mittel zu benützen. In dieser Konzeption des Urzustandes zeigt sich eine Verbindung deontologisch-formaler und teleologisch-materialer Begründung, da Rawls ihn versteht „als eine verfahrensmäßige Deutung von Kants Begriff der Autonomie und des Kategorischen Imperativs im Rahmen einer empirischen Theorie. Die Grundsätze des Reiches der Zwecke sind diejenigen, die in diesem Zustand gewählt werden würden, und seine Beschreibung ermöglicht es, den Sinn zu erklären, in dem das Handeln nach diesen Grundsätzen unsere Natur als freie und gleiche vernünftige Menschen ausdrückt. Jetzt sind diese Begriffe nicht mehr rein transzendent und ohne aufweisbare Verbindung mit dem menschlichen Verhalten, denn der Verfahrensbegriff des Urzustandes ermöglicht eine solche." (Rawls, S. 634)

indem wir uns fragen, was der Fall wäre, wenn sie ein allgemeines Naturgesetz wäre, so muß er voraussetzen, daß wir unseren Platz in diesem vorgestellten System der Natur nicht kennen."
(Rawls, 1979, S. 159, Anm. 11)

„Die Grundsätze sind diejenigen, die vernünftige Menschen, die ihre Interessen fördern wollen, in diesem Zustand der Gleichheit aufstellen würden, um die Grundbedingungen ihrer Vereinigung festzulegen."
(Rawls, 1979, S. 140)

Die Prinzipien der Freiheit und Autonomie führen in Verbindung mit dem moralischen Gesetz zu dem **ersten Gerechtigkeitsgrundsatz**: „Jedermann soll gleiches Recht auf das umfangreichste System gleicher Grundfreiheiten haben, das mit dem gleichen System für alle anderen verträglich ist." (S. 81) Eine unter diesen Grundsatz fallende Grundfreiheit kann nur um der Freiheit selbst willen eingeschränkt werden. Unter Freiheit versteht Rawls, wie die meisten angelsächsischen Moralphilosophen, eine primäre **Handlungsfreiheit**, die sich zeigt in gleicher Gewissensfreiheit, politischer Gerechtigkeit, politischer Gleichberechtigung.

Freiheitsbegriff in der angelsächsischen Moralphilosophie in der Tradition: Aristoteles – Hume – Utilitarismus. Vgl. hierzu auch Schluß Kap. 1 Freiheit und Verantwortung

„Die allgemeine Bestimmung einer Freiheit hat also folgende Form: Dieser oder jener Mensch (oder Menschen) ist frei (oder nicht frei) von dieser oder jener Einschränkung (oder Einschränkungen) und kann das und das tun (oder lassen)."
(Rawls, 1979, S. 230)

Der **zweite Gerechtigkeitsgrundsatz** formuliert utilitaristische Vorstellungen, das Wohlergehen zu maximieren und die Interessen zu fördern: „Soziale und wirtschaftliche Ungleichheiten sind so zu gestalten, daß a) vernünftigerweise zu erwarten ist, daß sie zu jedermanns Vorteil dienen, und b) sie mit Positionen und Ämtern verbunden sind, die jedem offen stehen." (S. 81)
Dennoch versteht Rawls seine Gerechtigkeitstheorie als Gegenentwurf zu der Form von Utilitarismus, der es nur darum geht, die größte Summe der Befriedigung von Bedürfnissen und Interessen der Mitglieder einer Gesellschaft hervorzubringen. Zwar sieht seine Fairneß-Theo-

„Während der Utilitarismus das Entscheidungsprinzip für den Einzelmenschen auf die Gesellschaft überträgt, geht die Theorie der Gerechtigkeit als Fairneß, die ja eine Vertragstheorie ist, davon aus, daß die Grundsätze der gesellschaftlichen

Entscheidungen und damit die Grundsätze der Gerechtigkeit selbst Gegenstand einer ursprünglichen Übereinkunft seien." (Rawls, 1979, S. 47)

In dieser Zweistufigkeit unterscheidet sich Rawls fundamental von den Versuchen der angelsächsischen Ethik, im Anschluß an eine konsequentialistische Interpretation des kategorischen Imperativs ein Prinzip der Verallgemeinerung zu formulieren und deontologisches und teleologisches Argumentieren zu verbinden.

rie die Gesellschaft ebenfalls als ein „Unternehmen der Zusammenarbeit zum gegenseitigen Vorteil" an, aber doch so, daß die Institutionen und Prozesse für jeden **gleicherweise** vorteilhaft sind. Der Vorteil aber, den alle aus einer durch Gerechtigkeitsprinzipien bestimmten Gesellschaft ziehen, liegt nicht in der Gewährleistung eines glücklichen Lebens, sondern in der Freiheitssicherung durch Gesetze. Zur gerechten Verteilung kommen soziale Primärgüter (social primary goods), d. h. Güter, die im Unterschied zu den natürlichen Primärgütern wie Gesundheit, Kraft und Intelligenz überhaupt als gesellschaftlich bedingt gelten können und von denen man annehmen kann, daß sie sich jeder rationale Mensch wünscht.

Beide Gerechtigkeitsprinzipien sind aber nicht gleichrangig, denn da die Freiheit als absolut höchstes menschliches Gut gilt, darf sie nicht gegen andere Güter ausgehandelt werden. Durch die Priorität der Freiheit (primäre Interessen) vor dem Nutzen (sekundäre Interessen) wird der deontologischen Argumentationsweise eine Höherstufigkeit bzw. Vorrangigkeit zugebilligt. Daher ist es auch nicht zutreffend, die rationale Verfassungswahl als Klugheitswahl egoistischer Interessenvertreter zu interpretieren; die Wahl von Moral- und Gerechtigkeitsprinzipien ist eine sittliche, eine Vernunftwahl vom **Standpunkt der Moral** aus. Diese Bedingungen der Wahlsituation werden aber ihrerseits nicht mehr aus einer rationalen Wahl abgeleitet. In gewisser Hinsicht beruht Rawls Moralphilosophie und damit auch seine Theorie der Gerechtigkeit als Fairneß letztlich auf **intuitiven Überzeugungen**, d. h. in einem natürlichen Gerechtigkeitssinn, den er neben dem rationalen Egoismus als Grundeigenschaften des Menschen ansieht. „Der Eigennutz zwingt zwar die Menschen, voreinander auf der Hut zu sein, doch ihr gemeinsamer Gerechtigkeitssinn ermöglicht es ihnen, sich in sicherer Form zusammenzutun." (S. 21)

Ihre Bedingungen sind die des schon erläuterten **Universalisierungskriteriums**: die Prinzipien müssen
1. ihrer Form nach allgemein sein,
2. universell angewendet werden,
3. öffentlich bekannt sein,
4. konkurrierende Ansprüche regeln und
5. innerhalb des praktischen Diskurses
die Bedeutung einer letzten Berufungsinstanz einnehmen.
(nach Rawls, 1979, S. 154 ff.)

Mit seiner methodischen Konstruktion des „**Überlegungs-Gleichgewichts**" versucht Rawls, unsere intuitiven Überzeugungen von Gerechtigkeit und Fairneß mit den in seiner Theorie entwickelten Gerechtigkeitsgrundsätzen in einen kohärenten Zusammenhang zu bringen.

„Man muß prüfen, ob die Grundsätze, die gewählt würden, unseren wohlüberlegten Gerechtigkeitsvorstellungen entsprechen oder sie auf annehmbare Weise erweitern. Man kann ja feststellen, ob die Anwendung dieser Grundsätze uns zu denselben Urteilen über die Grundstruktur der Gesellschaft führen würde, die wir jetzt intuitiv und mit größter Überzeugung fällen; [. . .] Wir gehen hin und her, einmal

ändern wir die Bedingungen für die Vertragssituation, ein andermal geben wir unsere Urteile auf und passen sie den Grundsätzen an; so, glaube ich, gelangen wir schließlich zu einer Konkretisierung des Urzustandes, die sowohl vernünftigen Bedingungen genügt als auch zu Grundsätzen führt, die mit unseren – gebührend bereinigten – wohlüberlegten Urteilen übereinstimmen. Diesen Zustand nenne ich Überlegungs-Gleichgewicht." (S. 377 f.)

Rawls' **Kohärenz-Theorie** der Normbegründung läßt sich abschließend so zusammenfassen:

Ausgang:
intuitive Überzeugungen in konkreten moralischen Alltagsurteilen.

1. Schritt (Test):
rationales Prüfverfahren führt zu aufgeklärten vernünftigen Urteilen. Ergebnis: gemeinsamer Nenner.

2. Schritt (Begründung):
Kohärenz = Herstellung eines widerspruchsfreien systematischen Zusammenhangs, Entwicklung einer Gerechtigkeitstheorie.

Ergebnis:
normativ-ethische Theorie mit gerechtfertigten obersten Prinzipien von Moral und Recht.

Das methodische Ziel des Überlegungsgleichgewichts läßt sich dahingehend formulieren: Eine Theorie wissenschaftlicher Ethik ist desto ausgereifter, je eher es ihr gelingt, zwischen wohlüberlegten moralischen Urteilen und allgemeinen rational begründbaren Prinzipien Übereinstimmung zu erzielen.

„Rawls' Theorie nimmt die Mitte zwischen einem rein induktiven Verfahren der Generalisierung von Erfahrungen (der eigenen und fremden Gerechtigkeitsurteile) und einem abstrakten Entwurf erfahrungsunabhängiger Prinzipien. Es handelt sich aber nicht um einen Kompromiß. Denn es kommt ein methodisches Element herein, das sich weder in der Induktion noch im abstrakten Entwurf findet: Durch das Rückkopplungsverfahren wird dem ursprünglichen Urteilen ein Lern- und Veränderungsprozeß zugemutet."
(Höffe, 1979, S. 182)

Schluß

1 Freiheit und Verantwortung

Betrachtet man die Entwicklung der Ethik im ausgehenden 20. Jh., so tritt neben die traditionellen ethischen Begriffe wie Pflicht, Freiheit, usw. zunehmend die **Verantwortung** als neue Kategorie in den Vordergrund. Der in der Geschichte der Ethik nicht gerade geläufige Begriff ist uns eher bekannt als „Zurechnung" (imputatio) und gehört traditionell in den rechtlich-politischen Bereich. In einem geordneten Rechtsverfahren muß sich ein Angeklagter **für** eine Tat **vor** einem Gericht **gemäß** den Normen eines Gesetzes verantworten. Verantwortung ist daher eine **Bezugskategorie**, ein mehrstellig relationaler Begriff, für den stets folgende Grundrelation gilt:

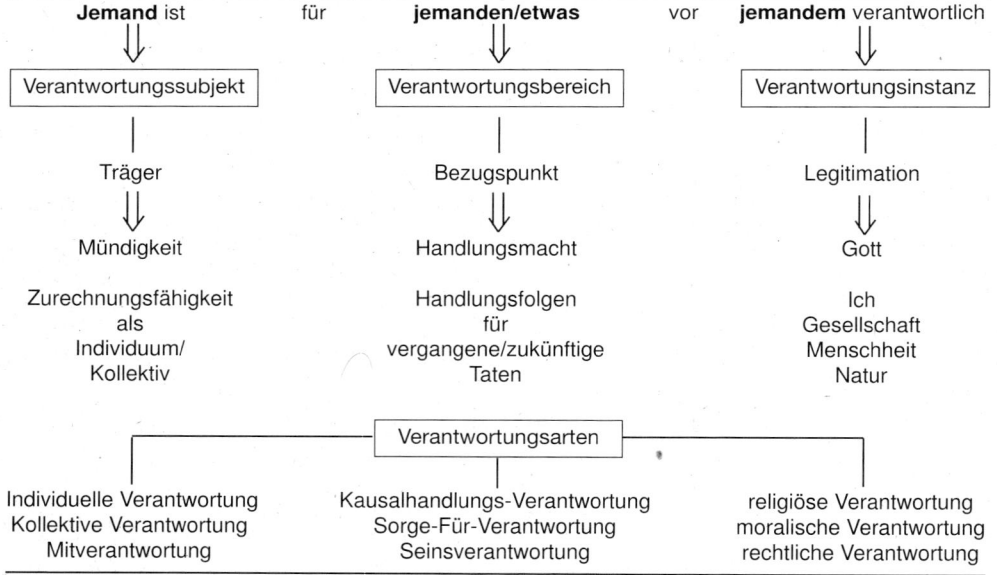

Verantwortung verweist zunächst auf den **Träger** der Verantwortung, den die traditionelle Ethik in einem autonomen, sich selbst bestimmenden moralischen Subjekt notwendig voraussetzt. Ebenso grundlegend ist für sie ein moralisches Bewußtsein, welches normsetzend und damit im Sinne der Selbstgesetzgebung moralischen Grundsätzen verpflichtet ist. Der besondere Charakter der Verantwortung ergibt sich aber erst aus dem **Bereich**, also daraus, wofür man verantwortlich ist: für die beabsichtigten und unbeabsichtigten **Folgen** der Handlung, die ganz konkret zunächst die anderen Menschen betreffen. Verantwortlich ist man für das, was im Bereich möglicher Einwirkung steht.

Im 20. Jh., das gekennzeichnet ist durch die radikal veränderte Stellung des Menschen in der Welt und seine zunehmende technisch-wissenschaftliche Verfügungsmacht über die nichtmenschliche und neuerdings auch die menschliche Natur, scheint aber diese Einschränkung der Verantwortung auf primäre Handlungsfolgen nicht mehr zulässig. Während sich früher noch der Verantwortungsbereich auf das bezog, was in stärkerem oder schwächerem Maße von dem Handelnden abhing, führt heute jede neue wissenschaftliche Entdeckung und technische Erfindung und Entwicklung zu einem immensen Zuwachs an Handlungsmacht und damit zu einer Ausweitung des Verantwortungsbereichs. Daher fordern vor allem Hans Jonas und Hans Lenk eine Verantwortungsart, die über die traditionelle **Kausalhandlungsverantwortung** hinausgeht: eine neue, zukunftsbezogene Seinsverantwortung, eine **Sorge-Für-Verantwortung**. Während die traditionelle Verantwortung aus der Zurechnung vergangener Taten sich ergab, besteht diese neue Art in einer „Verantwortung für Zu-Tuendes". Sie stellt keine ex-post-facto-Rechnung auf, sondern entwirft einen „substantiellen, zweckverpflichteten Begriff der Verantwortung".

Hans Lenk versteht Verantwortung als mehrstelligen Relationsbegriff, der mindestens sechs Bezugsgrößen hat. Er beschreibt fünf Verantwortungsarten und zeigt an ihnen die komplexen Ebenen der Verantwortung heute auf. Entscheidend ist dabei die Abgrenzung einer eher beruflich bedingten Rollen- und Aufgabenverantwortung von einer **universalmoralischen Verantwortung**, die sich an allgemeinen Werten wie Humanität, Menschenwürde, Fortbestand und Qualität des Lebens ausrichtet. Als „übergeordnete, bedeutungslogisch höherstufige moralische Verantwortung" kann sie sowohl rein individuell verstanden werden als auch distributiv mitzutragende Verantwortung sein. Diese ist proportional zur Handlungsbeteiligung als jeweilige individuelle Mitverantwortlichkeit nach der Intensität der Handlungsbeteiligung, der Eingriffs- und Kontrollmöglichkeiten gestaffelt. Damit ist das Handlungssubjekt in gewisser Hinsicht entlastet; die Gesamtverantwortung verschwindet aber nicht mit der Trägerzahl, sondern kann als jeweilige Mitverantwortung, z. B. bei Großprojekten oder Teamarbeit, feststellbar und persönlich zurechenbar sein. Diese Kon-

„Offensichtlich tritt die Verantwortung im allgemeinen sittlichen Bewußtsein an die Stelle, die bisher die Pflicht eingenommen hat, und vielleicht drückt sich der Wandel des geschichtlichen Ethos nirgends deutlicher aus als in der zunehmenden Einschränkung, ja Herabsetzung des Begriffs der Pflicht und der gleichzeitigen Betonung und Vertiefung des Begriffs Verantwortung." (Schwartländer, S. 1577)

Hans Lenk (*1935), Olympiasieger im Rudern (Achter) 1960, Professor für Philosophie an der Universität Karlsruhe seit 1969. Zahlreiche Gast- und Honorarprofessuren. Seit 1991 Präsident der Allgemeinen Gesellschaft für Philosophie in Deutschland. Veröffentlichungen vor allem im Bereich der Wissenschaftstheorie, Erkenntnistheorie, Sozialphilosophie und Ethik.

„In ‚Verantwortung' steckt ‚antworten' · Antworten ist ein Modus des Sprechens. Verantwortung wird also nur da anzutreffen sein, wo Sprechen möglich ist. Sprechen aber ist eine Auszeichnung des Menschen. Demnach ist das Feld der Verantwortung der Mensch. Tier und Stein kommen nicht in die Dimension der Verantwortung, nur der Mensch ist es, der sich verantworten kann." (Weischedel, S. 15)

zeption der **Mitverantwortung** als persönlicher moralischer Verantwortung, die von jedem einzelnen mitgetragen werden muß, erweitert die gängigen Verantwortungsmodelle entscheidend.

Auch aus der inhaltlichen Bestimmung der **Verantwortungsinstanz** lassen sich verschiedene Verantwortungsarten ableiten. Ausgehend von einer Wesensbestimmung der Verantwortung, die er im **dialogischen Verhältnis** von Frage-Antwort sieht, unterscheidet **Wilhelm Weischedel** eine **soziale Verantwortung** im Dialog des Menschen mit anderen Menschen, eine **religiöse Verantwortung** im dialogischen Verhältnis zu Gott und eine **Selbstverantwortung** in einem inneren Monolog mit sich selbst; letztere ist der Grund aller anderen Formen der Verantwortung.

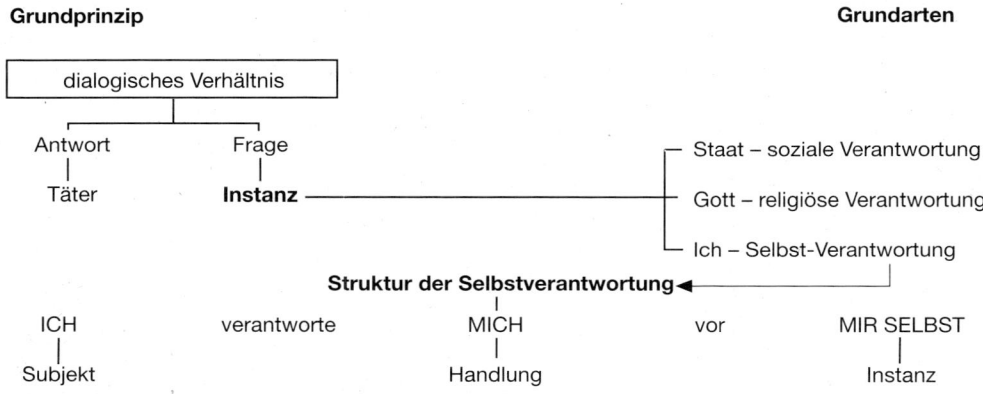

Während für den mittelalterlichen Menschen noch feststand, daß er sich letztlich ausschließlich vor **Gott** zu verantworten habe, so tritt im Zuge der Säkularisierung an die Stelle Gottes das innerweltliche, vernunftbestimmte **Subjekt**, das dann in der Neuzeit ausgeweitet wird zur Gesamtheit aller vernünftigen Wesen unter der Idee der **Menschheit**. Diese letzte Instanz wird heute vielfach gedacht unter Einschluß zukünftig lebender Generationen; ihnen wird, wie neuerdings auch in allem Lebendigen und der außermenschlichen **Natur**, ein eigenständiger Wert zugestanden.

„In den realen Kämpfen um die Freiheit geht es zunächst um das bessere Leben, vielmehr um Leben überhaupt. Freiheit heißt, daß man nicht mehr straflos gequält und ermordet wird, nicht mehr, wie im Altertum, an andere Sklaven gefesselt in Bergwerken zu Tode

Das Problem der Verantwortung ist eng verknüpft mit dem Problem der **Freiheit**. Bedingung sinnvoller Verantwortungszuschreibung ist eine Entscheidungsfreiheit und Handlungsfreiheit, die sich zeigt in der Tatsache, daß man auch anders hätte handeln können, als man gehandelt hat; jemanden zur Verantwortung zu ziehen, der nicht anders handeln konnte, ist sinnlos. Damit wird der

Freiheitsbegriff in zweierlei Hinsicht aktuell: als Handlungsfreiheit und als Willensfreiheit.

Zum einen ist Freiheit das Programm der neuzeitlichen Humanität und somit ein zentrales Thema der Philosophie und der Politik seit dem Zeitalter der Aufklärung. Der Kampf um die **politische Freiheit** in Staaten oder den einzelnen im Staat dokumentiert sich geschichtlich in der Neuzeit vor allem im Streben nach politischer Selbstbestimmung und Autonomie, das sowohl die politische Macht absoluter Monarchen als auch totalitäre Staaten durch die Forderung nach Freiheit in Frage stellt. Ziel ist Freiheit des Handelns, die nicht verwechselt werden darf mit Willkür oder Anarchie, sondern verstanden werden muß als Möglichkeit der Selbstbestimmung und Selbstgesetzgebung der Bürger in einem Staat. Damit verbindet sich aber auch eine **politisch-soziale Verantwortung**, die sich verwirklicht in Wahlrechten, Kontrolle der Exekutive, Meinungsfreiheit usf.

Grundlage ist eine primäre **Handlungsfreiheit**, die im wesentlichen negativ als Abwesenheit von äußeren und auch inneren Zwängen verstanden wird; sie findet sich schon bei Aristoteles, bei Hume und Schlick. Ihr kontradiktorischer Gegensatz ist der Zwang, ihr Kern ist Selbstbestimmung. Aristoteles verknüpft das Problem der Verantwortung, verstanden als Zurechnung, mit der Wahlfreiheit als Fähigkeit des Willens, zwischen verschiedenen Motiven von sich aus zu entscheiden. Sie ist die Voraussetzung dafür, daß der Mensch für seine Taten, für seinen Charakter und die damit verbundenen Grundhaltungen verantwortlich ist. Zurechnungsfähig sind nur freiwillige Handlungen, vorzugsweise solche, welche aus einer Wahlentscheidung, die mit einer Überlegung der Zwecke wie der Mittel verknüpft ist, hervorgehen. Sie haben in der **Person** selbst ihren Ursprung; sie allein ist das **bewegende Prinzip**, der Erzeuger und dadurch auch der **zureichende Grund** für die Handlungen, die ihr zugerechnet werden.

Damit wird der Freiheitsbegriff als Gegensatz zur **Determination** begriffen und die Frage nach einem Handeln gestellt, das nicht kausal determiniert ist. Menschliches Handeln wird auf andere Weise als durch physisch-biologische oder soziale Determinanten bestimmt; menschliche Bestimmungssysteme (Determinanten) sind gesetzt und begründet. Sie beruhen auf einer im tierischen Bereich nicht vorhandenen instinktentbundenen Verhaltenssteuerung durch **praktische Vernunft**, die willentliches Handeln und Entscheidungsfähigkeit möglich macht. Insofern wird besonders im Bereich der prakti-

„geschunden oder, wie zu Beginn der Neuzeit, von der elenden Hütte, in der man schlief, verjagt, aufs Betteln angewiesen und wegen Bettelns aufgehängt wird. [...] Freiheit hieß zu der Zeit, in der es schon besser ging, die Abschaffung der Kinderarbeit, ein Lohn, der es gestattet, unter Lebensmitteln eine Wahl zu treffen, Hilfe in Krankheit und Alter. [...] Ziel ist die Freiheit des Handelns, nicht des Willens. Tun können, was man will, unter vielem wählen können, durch möglichst wenig Umstände beschränkt sein, das ist die Freiheit, die der Kampf der einzelnen, der sozialen Schichten wie der Nationen sichern soll." (Horkheimer, S. 7)

„Und selbst auf Unwissenheit steht Strafe, wenn angenommen werden kann, daß jemand an dieser Unwissenheit nicht unschuldig ist. So wird dem Betrunkenen das Strafmaß verdoppelt, denn das bewegende Prinzip ist in ihm selbst: es stand ganz bei ihm, sich nicht zu betrinken. Die Trunkenheit aber ist dann die Ursache des Nichtwissens geworden." (Aristoteles, NE, 1113b)

vgl. hierzu Einleitung Kap. 2 Die Funktion der moralisch-praktischen Vernunft

schen Philosophie der Begriff der **Willensfreiheit** zur zentralen Kategorie. Hier ist sie bedeutungsgleich mit dem Begriff der **Autonomie**, wie ihn die kantische Ethik entwirft, und bezeichnet die Fähigkeit und Verpflichtung des Menschen zur **sittlichen Selbstbestimmung** und Übernahme von **moralischer Verantwortung**.

> zur Einführung in die Ethik Nicolai Hartmanns vgl. Kap. I.3.3.2 Teleologie der Werte

N. Hartmann sieht diese sittliche Freiheit ebenso wie die sittliche Verantwortlichkeit tief verborgen in einem „metaphysischen Wesenskern der Person" liegend; beides zeigt sich in dem Akt der Selbstzurechnung, in dem der Mensch mit seiner ganzen Person für sein Verhalten eintritt. Verantwortung bedeutet daher für Hartmann mehr als ein bloßes Aufsichnehmen der Folgen; sie ist eine **real-ethische Tatsache**, die zugleich das sittliche Wesen und die Würde der Person begründet. Schlick sieht dagegen keine Notwendigkeit, Verantwortung an eine „metaphysische" Willensfreiheit oder Wesensbestimmung des Menschen zu knüpfen. Eine Willensentscheidung ist dann frei, wenn sie nicht unter Zwang steht und wenn im Täter die „Angriffspunkte der Motive", aus denen die Handlung resultiert, gefunden werden können. Diese Tatsache deckt sich mit dem subjektiven Gefühl der Verantwortlichkeit, das letztlich aus dem Bewußtsein entsteht, der wahre Urheber der Handlung zu sein.

> „Der Mensch ist verurteilt, frei zu sein. Verurteilt, weil er sich nicht selbst erschaffen hat, anderweit aber dennoch frei, da er, einmal in die Welt geworfen, für alles verantwortlich ist, was er tut." (Sartre, S. 16)

So fallen in fast allen verantwortungsethischen Konzeptionen in dem Bewußtsein, der unbestreitbare Urheber eines Ereignisses oder eines Gegenstandes zu sein, Freiheit und Verantwortlichkeit zusammen. Daß aus dieser Situation das Subjekt nicht entlassen werden kann, trägt in extremer Form Sartre in seiner Existenzphilosophie vor: hier korrespondiert eine absolute Freiheit einer absoluten Verantwortlichkeit. Total ist die Verantwortlichkeit vor allem darum, weil der Mensch durch seine positiven wie negativen Handlungen die Welt konstituiert und also für ihre Beschaffenheit verantwortlich ist. Sartres handlungsdeontologische Position, die die Verantwortung auf menschliche Einzelsubjekte einengt, tritt aber nur vereinzelt auf.

2 Die Verantwortungsethik im 20. Jahrhundert

Die zeitgenössische Verantwortungsethik ist der Versuch, auf die neu aufgetretenen ethischen Probleme im politisch-gesellschaftlichen und wissenschaftlich-technischen Bereich zu antworten; sie versucht es durch eine Verbindung von deontologischer und teleologischer Ethik, die beide allein den neuen Dimensionen des Handelns nicht mehr gerecht werden.

Spätestens seit **Max Webers** berühmter Alternative **Gesinnungsethik – Verantwortungsethik** ist es üblich geworden, von der Unbrauchbarkeit, ja Wertlosigkeit einer Ethik, die in der subjektiven Struktur des moralischen Bewußtseins gründet, zu sprechen. Dabei wird die Pflichtethik als „Ethik der reinen Innerlichkeit" verstanden, nach der nur die reine Gesinnung, der gute Wille, die Maxime moralisch beurteilbar sind. Dagegen halten ihre utilitaristischen Kritiker, daß der eigentlich moralische Wert an den realen oder möglichen Folgen einer Handlung zu messen wäre. Die Verantwortungsethik dagegen fordert auf der einen Seite, daß jeder die Verantwortung für seine Handlung, die Mittel, die er verwendet, und die entstehenden Folgen und Nebenfolgen übernehmen muß; sie verlangt aber von jedem einzelnen auch eine je konkrete Entscheidung nach bestem Wissen und Gewissen und deren Rechtfertigung vor sich und anderen. Dabei vertritt der Verantwortungsethiker bestimmte positive Werte, Normen oder Ideale, für deren Realisierung er sich einsetzt, die das Motiv seines Handelns sind. Insofern enthält jede Verantwortungsethik auch deontologische Prinzipien. Im ausgehenden 20. Jh. gibt es ein ernsthaftes philosophisches Bemühen, eine neue Verantwortungsethik zu entwickeln, die über den eher individualistischen Verantwortungsbegriff in den traditionellen Moraltheorien zu einer universalen Verantwortung für die Menschheit oder die Natur im Ganzen geht. Dafür stehen exemplarisch die folgenden Philosophen.

Die grundlegenden moralphilosophischen Gedanken **Albert Schweitzers** gehören zu den einflußreichsten verantwortungsethischen Äußerungen unserer Zeit. Im Unterschied zu aller bisherigen Ethik, die entweder eudämonistisch, egoistisch oder utilitaristisch ausgerichtet, keine Begründung im Sittlichen leisten konnte oder als deontologische Ethik wegen ihrer Abstraktheit und Inhaltslosigkeit nicht imstande war, ein inhaltlich bestimmtes Grundprinzip anzugeben, sucht Schweitzer einen neuen Weg. Er entwickelt im Rahmen seiner **Kulturkritik**, in der er den Niedergang der westlichen Kulturen schildert, ein neues „Grundprinzip des Sittlichen", das er in der Welt- und Lebensbejahung, die im Willen zum Leben gegeben ist, findet. Der Wille zum Leben ist ein elementares Prinzip, und die **Ehrfurcht vor dem Leben** ist seine unmittelbare und zugleich tiefste Leistung, sie ist das ethische Grundprinzip, dem aufgrund seiner

„Wir müssen uns klarmachen, daß alles ethisch orientierte Handeln unter zwei voneinander grundverschiedenen, unaustragbar gegensätzlichen Maximen stehen kann: es kann ‚gesinnungsethisch' oder ‚verantwortungsethisch' orientiert sein. Nicht daß Gesinnungsethik mit Verantwortungslosigkeit und Verantwortungsethik mit Gesinnungslosigkeit identisch wäre. Davon ist natürlich keine Rede. Aber es ist ein abgrundtiefer Gegensatz, ob man unter der gesinnungsethischen Maxime handelt – religiös geredet: ‚Der Christ tut recht und stellt den Erfolg Gott anheim' –, oder unter der verantwortungsethischen: daß man für die (voraussehbaren) *Folgen* seines Handelns aufzukommen hat."
(Weber, S. 551 f.)
vgl. auch Kap. II.2.3 Die Pflichtethik

Albert Schweitzer (1875–1966), protestantischer Theologe, Arzt und Kulturphilosoph. Wirkte jahrzehntelang als Urwaldarzt in Lambarene; veröffentlichte bedeutende theologische, religionsphilosophische, ethische und musikwissenschaftliche Werke.

> „Wahre Philosophie muß von der unmittelbarsten und umfassendsten Tatsache des Bewußtseins ausgehen: ‚Ich bin Leben, das leben will, inmitten von Leben, das leben will.' [...] Gut ist, Leben erhalten und Leben fördern; böse ist, Leben vernichten und Leben hemmen. Das Leben als solches ist ihm heilig. Er reißt kein Blatt vom Baume ab, bricht keine Blume und hat acht, daß er kein Insekt zertritt. Wenn er im Sommer nachts bei der Lampe arbeitet, hält er lieber das Fenster geschlossen und atmet dumpfe Luft, als daß er Insekt um Insekt mit versengten Flügeln auf seinen Tisch fallen sieht."
> (Schweitzer, 1960, S. 330f.)

Hans Jonas (1903–1993), jüdischer Religionsphilosoph und Ethiker. Emeritierter Professor der New School for Social Research.

> „Ein Imperativ, der auf den neuen Typ menschlichen Handelns paßt und an den neuen Typ von Handlungssubjekt gerichtet ist, würde etwa so lauten: ‚Handle so, daß die Wirkungen deiner Handlung verträglich sind mit der Permanenz echten menschlichen Lebens auf Erden'; oder negativ ausgedrückt: ‚Handle so, daß die Wirkungen deiner Handlung nicht zerstörerisch sind für die künftige Möglichkeit solchen Lebens'." (Jonas, S. 36)

Denknotwendigkeit der Status der Allgemeingültigkeit zukommt. Die Natur kennt keine Ehrfurcht vor dem Leben; sie bringt Leben sinnvoll hervor und zerstört es auf sinnloseste Weise. Der Mensch allein kommt zur Erkenntnis der Ehrfurcht vor dem Leben und ist so verpflichtet, verantwortlich dafür zu handeln; darin besteht seine moralische Auszeichnung. Da Schweitzer keine Wertunterschiede zwischen den Lebewesen einschließlich des Menschen anerkennt, fordert er radikal und kompromißlos die Anerkennung der „Heiligkeit jeglicher Kreatur". Darum ist die Verantwortung auch nicht auf Mensch und Menschheit eingeschränkt, sondern auf das in der Welt zutagetretende Leben überhaupt gerichtet, wie Schweitzer in seinem ethischen Grundsatz formuliert: „Die subjektive, extensiv und intensiv ins Grenzenlose gehende Verantwortlichkeit für alles in seinen Bereich tretende Leben, wie sie der innerlich von der Welt frei gewordene Mensch erlebt und zu verwirklichen sucht: dies ist Ethik." Voraussetzung ist eine neue Gesinnung, eine „optimistisch-ethische Weltanschauung", ein „kosmisches und mystisches Bewußtsein", das sich in der Hingabe des menschlichen Lebens an alles lebendige Sein, zu dem es in Beziehung treten kann, äußert.

Auf einem metaphysischen Entwurf beruht auch die einflußreichste Verantwortungsethik, die **Hans Jonas** unter dem programmatischen Titel „Das Prinzip Verantwortung" veröffentlichte. Grundlage seiner Moralphilosophie ist die Forderung, daß es eine Welt auch für die kommenden Geschlechter der Menschen geben soll. Diese Forderung hat den Status eines allgemeinen Axioms und ist für Jonas so überzeugend und so unbeweisbar wie der Satz, daß die Existenz einer Welt überhaupt besser ist als die Existenz keiner. Sie wird besonders aktuell durch die Herausforderung der Ethik durch die Technik des 20. Jh. Die Verheißungen der Technik sind in Drohungen umgeschlagen, die **Unterwerfung der Natur** hat zu einer Krise geführt, in die nicht nur der mitmenschliche Bereich, sondern auch die nichtmenschliche Natur und alles zukünftige Leben einbezogen ist. Nur eine Ethik, die auf alles Sein gerichtet ist, ist auch in der Lage, diese neu aufgetretenen Probleme in Naturwissenschaft und Technik zu lösen. Der grundlegende verantwortungsethische Imperativ ist dann auch ein ontologischer und fordert: „daß eine Menschheit sei". Aber nicht nur das menschliche Sein legt uns die höchste Pflicht der **Bewahrung** auf, auch die Naturordnung ist ein menschliches Treugut geworden und hat einen moralischen Anspruch an uns, nicht nur um des Lebens und Überlebens der Menschheit, sondern um ihrer selbst willen und aus eigenem Recht. Ins

Bewußtsein treten muß dieses Axiom als eine moralisch-praktische Verpflichtung zum Dasein und Sosein der künftigen Menschheit in einer zweckbestimmten Naturordnung. Der Mensch muß das durch die Naturordnung entstandene Leben anerkennen und bewahren, so daß die Natur als Ganzes, die **gesamte Biosphäre** des Planeten dann zum Gegenstand menschlicher Verantwortung wird.

Die Thesen von Hans Jonas lösten eine neue Richtung in der Philosophie aus, eine Verantwortungsethik, zu deren Vertretern so unterschiedliche Philosophen wie Karl Otto Apel, Hans Lenk, Dieter Birnbacher, Robert Spaemann und Klaus M. Meyer-Abich gehören und die eine **Gattungsverantwortung** der Menschheit für die Biosphäre, den Lebensbereich der Erde für die jetzt lebenden und die zukünftigen Generationen fordern. Sie sind insgesamt bemüht, die anthropozentrische Ausrichtung der traditionellen Ethik zu überwinden und zunehmend biozentrische und holistische Grundsätze mit aufzunehmen. **Robert Spaemann**, Vertreter einer **christlichen Verantwortungsethik**, argumentiert auf dem Hintergrund der Bindung an **Gott** und einem religiösen Verhältnis zur **Natur**, das sich zeigt in der „dreifachen Ehrfurcht vor dem, was über uns, was unseresgleichen und was unter uns ist". „Nur wenn der Mensch heute die anthropozentrische Perspektive überschreitet und den Reichtum des Lebendigen als einen Wert an sich zu respektieren lernt, nur in einem wie immer begründeten religiösen Verhältnis zur Natur wird er imstande sein, auf lange Sicht die Basis für eine menschenwürdige Existenz des Menschen zu sichern." (Spaemann, S. 198)

Die Handlungsmaxime, daß den **zukünftigen Generationen** keine irreversiblen Schäden zugemutet werden dürfen, ist auch für **Dieter Birnbacher** zentral in seiner Verantwortungsethik; er stellt sie jedoch in einen utilitaristischen Begründungshorizont, den er durch altruistische Axiome erweitert. Eine ideale utilitaristische Zukunftsnorm, die „*Maximierung des in der gesamten zukünftigen Welt verwirklichten Guten*, wobei dieses Gut nicht als zu einer bestimmten zeitlichen Schicht der Welt gehörig, sondern als generationenübergreifende, intertemporale Größe gedacht werden muß", würde jedoch das Bewußtsein jedes einzelnen voraussetzen, Teil einer generationenübergreifenden Gemeinschaft zu sein, die von der Vergangenheit in die Zukunft reicht. Da man davon realistischerweise nicht ausgehen kann, zum einen weil das Prinzip Eigenliebe dem entgegensteht, zum anderen weil jeder Handelnde damit völlig überfordert wäre, entwickelt Birnbacher Praxisnormen, die zwar

---

Die **biozentrische Position** (griech. *bios* „Leben") nimmt ein Lebensrecht für alle Lebewesen an und bejaht entsprechende Pflichten des Menschen gegenüber der Natur. Vgl. hierzu auch Kap. II.2.2.4, Exkurs

Robert Spaemann (*1927), Professor für Philosophie an der Universität München. Sein in essayistischer Form gehaltenes Werk widmet sich Fragen der praktischen und politischen Philosophie, der Metaphysik und der Naturphilosophie. Der zentrale Begriff seiner Ethik ist das „Wohlwollen", ihr Ziel: „Das Leben als ganzes soll gelingen".

Dieter Birnbacher (*1946), Professor für Philosophie an der Universität Dortmund. Veröffentlichungen zur Ethik, Sozialphilosophie und Philosophischen Psychologie.

„Verantwortung für zukünftige Generationen [...] ist angesichts der um Dimensionen gewachsenen menschlichen Einwirkungsmöglichkeiten auf das zukünftige Leben der Menschheit und der bewußtseinsbegabten Wesen insgesamt eine unabweisbare Verpflichtung." (Birnbacher, 1988, S. 269)

zu K. O. Apel vgl. Kap. II.2.4.3 und II.2.4.4

Klaus Michael Meyer-Abich (*1936), Diplomphysiker, Professor für Naturphilosophie an der Universität Essen. 1984 Senator für Wissenschaft und Forschung in Hamburg. Leiter verschiedener Forschungsprojekte zu den Themen Umwelt, Gesellschaft, Energie. Meyer-Abich vertritt eine **holistische Position** (griech. *holon* „das Ganze"). Die Rechtsgemeinschaft mit der Natur umfaßt nicht nur alles Lebende, sondern auch die unbelebte Materie.

„Den gegenwärtig üblichen Moralismus bei Ökologiediskussionen, für den die Ausführungen von Meyer-Abich ein Beispiel sind, kann man zwar als erste Spontanreaktion auf die Probleme der Industriegesellschaften verstehen. Eine Hilfe für konkrete Problemerkenntnisse und Problemlösungen bietet dieser Moralismus jedoch nicht. [...] Die nicht-anthropozentrischen modernen Deutungen des Menschen im Erfahrungshorizont Natur (z. B. von Monod, Camus, Kolakowski) zeigen uns ferner, daß wir im Ernst nicht mit einem animistischen und vage-religiösen Frieden mit der Natur rechnen können, sondern daß die Welt als Natur uns und unserem Denken, Handeln und Wünschen gegenüber fremd und gleichgültig ist."
(Oelmüller, S. 115)

durch die ideale Norm begründet, aber auf ihre Anwendung hin, also auf ihre politischen Folgerungen und auf die zu erzeugenden Werthaltungen hin reflektiert werden. Daraus ergibt sich eine „angewandte, praxisorientierte Ethik", die zwar neue Praxisnormen, neue Werthaltungen, neue Tugenden und neue Institutionen verlangt, aber durchaus zurückgreifen kann auf allgemeine moralische Prinzipien, die weitgehend anerkannt sind.

Ein neues und sehr weites Verantwortungskonzept findet sich bei **Karl Otto Apel**, dem es stets um die Gattungsverantwortung der Menschheit als 7. Stufe in der Entwicklung des moralischen Bewußtseins geht. Den menschheitsbedrohenden Folgen von Wissenschaft und Technik kann nur mit einer universalen Ethik der Verantwortung begegnet werden, denn „zum ersten Mal in der menschlichen Gattungsgeschichte sind die Menschen praktisch vor die Aufgabe gestellt, die solidarische Verantwortung für die Auswirkungen ihrer Handlungen im planetarischen Maßstab zu übernehmen. Man sollte meinen, daß diesem Zwang zur solidarischen Verantwortung die intersubjektive Geltung der Normen oder wenigstens des Grundprinzips einer Ethik der Verantwortung entsprechen müßte." (Apel, 1976, S. 375)

Klaus M. Meyer-Abich nimmt in der möglichen Reichweite der Verantwortung die umfassendste Position ein, die allem Natürlichen, auch dem Nichtlebendigen, der unbelebten Materie einen Eigenwert zuspricht. Er fordert einen „Frieden mit der Natur" als zukunftsethische Maxime, der allerdings, wie auch Schweitzers Prinzip der „Ehrfurcht vor dem Leben", ein neues Menschenbild und ein verändertes Naturverständnis voraussetzt. Die neuzeitliche Interpretation des homo-mensura-Satzes, daß der Mensch das Maß aller Dinge sein soll, dem es dann auch zusteht, über die Natur als beherrschbare Ressource beliebig zu verfügen, ist verantwortlich für unser fehlgeleitetes Verhältnis zur Natur.

„Das anthropozentrische Welt- und Menschenbild ist falsch. Denn wir Menschen sind nicht das Maß aller Dinge. Die Menschheit ist mit den Tieren und Pflanzen, mit Erde, Wasser, Luft und Feuer aus der Naturgeschichte hervorgegangen als eine unter Millionen Gattungen am Baum des Lebens insgesamt. Sie alle sind nicht nur um uns, sondern mit uns, nicht nur unsere Umwelt, sondern unsere Mitwelt. Wir sind mit unserer natürlichen Mitwelt, mit den Tieren, Pflanzen und Elementen, sogar naturgeschichtlich verwandt. Im Ganzen der Natur sind sie unseresgleichen, und wir sind ihresgleichen. Im Frieden mit der Natur haben wir die natürliche Mitwelt deshalb nicht nur um unseretwillen, sondern auch um ihrer selbst willen zu respektieren." (Meyer-Abich, S. 100 f.)

Literaturverzeichnis

Apel, Karl-Otto, Diskurs und Verantwortung. Das Problem des Übergangs zur postkonventionellen Moral. Frankfurt a. M. 1988

Apel, Karl-Otto, Transformation der Philosophie. 2 Bde. Frankfurt a. M. 1976

Aristoteles: Werke. Zitiert nach J. Bekker. Berlin 1831–1870
- Metaphysik (Met)
- Nikomachische Ethik (NE)
- Politik (Pol)

Augustinus, Aurelius: De beata vita/Über das Glück. Übers. v. I. Schwarz-Kirchenbauer u. W. Schwarz. Stuttgart 1982

Augustinus, Aurelius: De vera religione/Über die wahre Religion. Übers. v. W. Thimme. Stuttgart 1983

Ayer, Alfred J.: Die praktische Funktion moralischer Urteile. In: Birnbacher/Hoerster (Hrsg.): Texte zur Ethik. München 1978

Baier, Kurt: Der Standpunkt der Moral. Eine rationale Grundlegung der Ethik. Düsseldorf 1974

Bentham, Jeremy: Eine Einführung in die Prinzipien der Moral und der Gesetzgebung. In: Einführung in die utilitaristische Ethik. Hrsg. v. O. Höffe. München 1975

Birnbacher, Dieter: John Stuart Mill. In: Klassiker der Philosophie. Hrsg. v. O. Höffe. Bd. II. München 1985

Birnbacher, Dieter (Hrsg.): Ökologie und Ethik. Stuttgart 1986

Birnbacher, Dieter: Verantwortung für zukünftige Generationen. Stuttgart 1988

Birnbacher, Dieter u. Hoerster, Norbert (Hrsg.): Texte zur Ethik. München 1978

Brandt, Richard B.: Drei Formen des Relativismus. In: Birnbacher/Hoerster (Hrsg.): Texte zur Ethik. München 1978

Brandt, Richard B.: Einige Vorzüge einer bestimmten Form des Regelutilitarismus. In: Einführung in die utilitaristische Ethik. Hrsg. v. O. Höffe. München 1975

Brunner, Emil: Religiöse Moral als Alternative zum ethischen Nihilismus. In: Birnbacher/Hoerster (Hrsg.): Texte zur Ethik. München 1978

Butler, Joseph: Eine Widerlegung des Egoismus. In: Birnbacher/Hoerster (Hrsg.): Texte zur Ethik. München 1978

Diogenes Laertius: Leben und Meinungen berühmter Philosophen. Übers. v. O. Apelt. Hamburg 1990

Fink, Eugen: Nietzsche. Stuttgart 1968

FK, s. Funkkolleg Praktische Philosophie/Ethik

Flasch, Kurt: Das philosophische Denken im Mittelalter. Von Augustin bis Machiavelli. Stuttgart 1986

Frankena, William K.: Analytische Ethik. Eine Einführung. München 1975

Frankena, William K.: Der naturalistische Fehlschluß. In: Grewendorf/Meggle (Hrsg.): Sprache und Ethik. Frankfurt a. M. 1974

Funkkolleg Praktische Philosophie/Ethik. Studienbegleitbriefe 1–13. Deutsches Institut für Fernstudien an der Universität Tübingen. Weinheim/Basel 1980 (FK)

Gert, Bernhard: Die moralischen Regeln. Eine neue rationale Begründung der Moral. Übers. v. W. Rosenthal. Frankfurt a. M. 1983

Grewendorf, Günther u. Meggle, Georg (Hrsg.): Sprache und Ethik. Zur Entwicklung der Metaethik. Frankfurt a. M. 1974

Grimm, Jacob und Grimm, Wilhelm: Deutsches Wörterbuch. Nachdruck München 1991

Habermas, Jürgen: Erkenntnis und Interesse. Frankfurt a. M. 1973

Hare, R. M.: Die Sprache der Moral. Frankfurt a. M. 1983 a

Hare, R. M.: Freiheit und Vernunft. Frankfurt a. M. 1983 b

Hare, R. M.: Moral Thinking. Its levels, method, and point. Oxford 1991

Hartmann, Nicolai: Einführung in die Philosophie (1949). Nachdruck Hannover 1962

Hartmann, Nicolai: Ethik. Berlin 1962

Heidegger, Martin: Platons Lehre von der Wahrheit. Bern 1954

Herder, Johann Gottfried: Ideen zur Philosophie der Geschichte der Menschheit. Darmstadt 1986

Herskovits, Melville J.: Ethnologischer Relativismus und Menschenrechte. In: Birnbacher/Hoerster (Hrsg.): Texte zur Ethik. München 1978

Hirschberger, Johannes: Geschichte der Philosophie. Bd. 1. Altertum und Mittelalter. Freiburg 1949

Hobbes, Thomas: Leviathan oder Stoff, Form und Gewalt eines bürgerlichen und kirchlichen Staates. Hrsg. v. I. Fetscher. Darmstadt und Neuwied 1966

Hoerster, Norbert: Texte zur Ethik. s. Birnbacher

Hoerster, Norbert: Utilitaristische Ethik und Verallgemeinerung. Freiburg/München 1977

Höffe, Otfried: Aristoteles. In: Klassiker der Philosophie. Hrsg. v. O. Höffe. Bd. I. München 1985

Höffe, Otfried (Hrsg.): Einführung in die utilitaristische Ethik. Klassische und zeitgenössische Texte. München 1975 a

Höffe, Otfried: Ethik und Politik. Grundmodelle und -probleme der praktischen Philosophie. Frankfurt a. M. 1979

Höffe, Otfried: Immanuel Kant. München 1988

Höffe, Otfried: Strategien der Humanität. Zur Ethik öffentlicher Entscheidungen. Freiburg/München 1975 b

Horkheimer, Max: Zum Begriff der Freiheit. Frankfurt a. M. 1962

Hume, David: Ein Traktat über die menschliche Natur. 2 Bde.. Übers. v. Th. Lipps. Hamburg 1978

Hume, David: Eine Untersuchung über die Prinzipien der Moral. Übers. v. C. Winckler, Hamburg 1972

Jonas, Hans: Das Prinzip Verantwortung. Versuch einer Ethik für die technologische Zivilisation. Frankfurt a. M. 1982

Kant, Immanuel: Werke. Zitiert nach der Ausgabe der Preußischen Akademie der Wissenschaften. Berlin 1902
- Kritik der reinen Vernunft (KrV) (zitiert nach Org. Ausg. B)
- Kritik der praktischen Vernunft (KpV)
- Kritik der Urteilskraft (KU)
- Grundlegung zur Metaphysik der Sitten (GMS)
- Metaphysik der Sitten (MdS)

Kersting, Wolfgang: Richard Booker Brandt.

Kersting, Wolfgang: John Rawls.
Beide in: Philosophie der Gegenwart. Hrsg. v. J. Nida-Rümelin. Stuttgart 1991

Kierkegaard, Sören: Entweder-Oder. Gesamtausgabe in 2 Bdn. München 1988

Klassiker der Philosophie. Hrsg. v. Otfried Höffe. 2 Bde. München 1985

Kohlberg, Lawrence: Zur kognitiven Entwicklung des Kindes. Frankfurt a. M. 1974

Kuhn, Helmut: Das Gute. In: Handbuch philosophischer Grundbegriffe. Bd. 3. Hrsg. v. Krings/Baumgartner/Wild. München 1973

Kutschera, Franz von: Grundlagen der Ethik. Berlin, New York 1982

Lenk, Hans: Zum Verantwortungsproblem in Wissenschaft und Technik. In: Ethik der Wissenschaften. Philosophische Fragen. Bd. 1. Hrsg. v. E. Ströker. Paderborn 1984

Lexikon der Ethik: Hrsg. v. O. Höffe. München 1980

MacIntyre, Alasdair: Geschichte der Ethik im Überblick. Vom Zeitalter Homers bis zum 20. Jahrhundert. Meisenheim 1984

Mackie, J. L.: Ethik: Auf der Suche nach dem Richtigen und Falschen. Stuttgart 1983

Martens, Ekkehard u. Schnädelbach, Herbert (Hrsg.): Philosophie. Ein Grundkurs. Reinbek 1985

Martin, Gottfried: Sokrates. Hamburg 1967

Meyer-Abich, Klaus M.: Dreißig Thesen zur praktischen Naturphilosophie. In: Ökologische Probleme im kulturellen Wandel. Ethik der Wissenschaften. Bd. 5. Hrsg. v. Lübbe/Ströker. Paderborn 1986

Mill, John Stuart: Der Utilitarismus. Übers. v. D. Birnbacher. Stuttgart 1976

Mittelstraß, Jürgen: Platon. In: Klassiker der Philosophie. Bd. I. Hrsg. v. O. Höffe. München 1985

Moore, George E.: Principia Ethica. Übers. u. hrsg. v. B. Wisser. Stuttgart 1970

Nagelschmidt, Petra: Karl-Otto Apel. In: Philosophie der Gegenwart. Hrsg. v. J. Nida-Rümelin. Stuttgart 1991

Nietzsche, Friedrich: Werke in 3 Bänden. Hrsg. v. K. Schlechta. Darmstadt 1960

Oelmüller, Willi: Für eine Ökologiediskussion diesseits von Systemdenken und Moralismus. In: Ökologische Probleme im kulturellen Wandel. Hrsg. v. Lübbe/Ströker. Paderborn 1986

Paton, Herbert James: Der kategorische Imperativ. Berlin 1962

Patzig, Günther: Ethik ohne Metaphysik. Göttingen 1971

Philosophisches Wörterbuch. Begr. v. H. Schmidt, bearb. v. G. Schischkoff. Stuttgart 1969

Piaget, Jean: Das moralische Urteil beim Kinde. Frankfurt a. M. 1973

Pieper, Annemarie. Das Gute. In: Philosophie. Ein Grundkurs. Hrsg. v. Martens/Schnädelbach. Hamburg 1985

Pieper, Annemarie: Einführung in die Ethik. Tübingen 1991

Platon: Sämtliche Werke (Übersetzung Fr. Schleiermacher). Hrsg. v. W. F. Otto, E. Grassi u. G. Plamböck, 6 Bände. Hamburg 1957 Werke werden zitiert nach der Stephanus-Numerierung

Pohlenz, Max: Die Stoa. Geschichte einer geistigen Bewegung. 2 Bände. Göttingen 1984

Popper, Karl R.: Die offene Gesellschaft und ihre Feinde. 2 Bände. Bern 1973

Pothast, Ulrich (Hrsg.): Seminar: Freies Handeln und Determinismus. Frankfurt a. M. 1978

Rawls, John: Eine Theorie der Gerechtigkeit. Übers. v. H. Vetter. Frankfurt a. M. 1979

Reiner, Hans: Die philosophische Ethik. Heidelberg 1964

Riecken, Friedo: Philosophie der Antike. Grundkurs Philosophie. Bd. 6. Stuttgart 1988

Ropohl, Günter: Neue Wege, die Technik zu verantworten. In: Lenk u. Ropohl (Hrsg.): Technik und Ethik. Stuttgart 1987

Ross, David: Ein Katalog der Prima-facie-Pflichten. In: Birnbacher/Hoerster (Hrsg.): Texte zur Ethik. München 1978

Runes, Dagobert D.: Illustrierte Geschichte der Philosophie. Genf 1962 (Sonderausgabe)

Sänger, Monika: Verantwortung. Arbeitstexte für den Unterricht. (Sek. II) Stuttgart 1991

Sartre, Jean-Paul: Drei Essays. Mit einem Nachwort v. W. Schmierle. Berlin 1969

Scheler, Max: Der Formalismus in der Ethik und die materiale Wertethik. Halle a. d. S. 1954

Schlick, Moritz: Fragen der Ethik. Hrsg. v. R. Hegselmann. Frankfurt a. M. 1984

Schüler-Duden „Die Philosophie". Hrsg. v. G. Kwiatkowski. Mannheim, Wien, Zürich 1985

Schwartländer, Joachim: Verantwortung. In: Handbuch philosophischer Grundbegriffe. Bd. 3. Hrsg. v. H. Kring u. a.. München 1974

Schweitzer, Albert: Die Ehrfurcht vor dem Leben. Grundtexte aus fünf Jahrzehnten. München 1988

Schweitzer, Albert: Kultur und Ethik (1913). München 1960

Schwemmer, Oswald: Philosophie der Praxis. Versuch zur Grundlegung einer Lehre vom moralischen Argumentieren. Frankfurt a. M. 1980

Sidgwick, Henry: Die Methoden der Ethik. Leipzig 1909

Singer, Marcus Georg: Verallgemeinerung in der Ethik. Zur Logik moralischen Argumentierens. Frankfurt a. M. 1975

Smart, J. J. C.: Handlungsutilitarismus und Regelutilitarismus. In: Birnbacher/Hoerster (Hrsg.): Texte zur Ethik. München 1978

Spaemann, Robert: Technische Eingriffe in die Natur als Problem der politischen Ethik. In: Ökologie und Ethik. Hrsg. v. D. Birnbacher. Frankfurt a. M. 1986

Stevenson, Charles L.: Die emotive Bedeutung ethischer Ausdrücke. In: Grewendorf/Meggle (Hrsg.): Sprache und Ethik. Frankfurt a. M. 1974

Stevenson, Charles L.: Faktenkenntnis und moralische Meinungsverschiedenheit. In: Birnbacher/Hoerster (Hrsg.): Texte zur Ethik. München 1978

Strawson, P. F.: Der ethische Intuitionismus. In: Grewendorf/Meggle (Hrsg.): Sprache und Ethik. Frankfurt a. M. 1974

Striker, Gisela: Epikur. In: Klassiker der Philosophie. Bd. I. Hrsg. v. O. Höffe. München 1985.

Teutsch, Gotthard M.: Lexikon der Umweltethik. Göttingen/Düsseldorf 1985

Thomas von Aquin: De ente et essentia / Das Seiende und das Wesen. Übers. v. F. L. Beeretz. Stuttgart 1987

Thomas von Aquin: Die Gottesbeweise in der „Summe gegen die Heiden" und der „Summe der Theologie". Hrsg. v. H. Seidl. Hamburg 1982

Weber, Max: Politik als Beruf (1919). Berlin 1982

Weischedel, Wilhelm: Das Wesen der Verantwortung (1933). Frankfurt a. M. 1958

Williams, Bernard: Kritik des Utilitarismus. Frankfurt a. M. 1979

Wimmer, Reiner: Universalisierung in der Ethik. Analyse, Kritik und Rekonstruktion ethischer Rationalitätsansprüche. Frankfurt a. M. 1980

Windelband, Wilhelm: Lehrbuch der Geschichte der Philosophie. Hrsg. v. H. Heimsoeth. Tübingen 1957

Wright, Georg Henrik von: The Varietis of Goodness. London 1972

Personenverzeichnis

Die jeweils wichtigsten Seitenverweise sind **fett** hervorgehoben.

Apel, K. O. 97, 156, **157**, 158f., 170f.
Aristippos von Kyrene 47
Aristoteles 55, **57**, 61-67, 74f., 78, 97, 166
Augustinus **34**, 36, 73, 101
Ayer, A. J. 21, 22
Bacon, F. **112**
Bentham, J. 46, 51, 97, **114**, 116-122
Birnbacher, D. 170, **171**
Brandt, R. B. 88, 97, **125**, 126
Cicero 68
Demokrit **101**
Epikur **48**, 49-51, 55, 68, 72, 73, 97, 129
Habermas, J. **150**, 152
Hare, R. M. 19, **22**, 23, 92, 97, 105-**108**
Hartmann, N. 78, **81**-84
Herder, J. G. 11, **102**
Hobbes, Th. 42, 43, **103**, 104, 110, 112, 129
Höffe, O. 111, 116, 123, 126, 150
Homer 25
Hume, D. 55, **108**, 113, 138, 160
Hutcheson, F. **113**
Jonas, H. 165, **169**, 170
Kant, I. 38-45, 56, 95, 97, 127, 129, **134**, 135-149, 151, 154, 156, 159, 161, 167
Kierkegaard, S. **44**
Kohlberg, L. **154**, 155-159
Lenk, H. 165, 170
Locke, J. **102**
Mackie, J. L. 18, 88, 89, 119
Meyer-Abich, K. M. 170-172
Mill, J. St. 51, 97, **114**, 115-122
Moore, G. E. **9**, 20f., 46, 97, 115
Nietzsche, F. **84**, 85-87
Patzig, G. 90, 91
Pieper, A. 13, 42, 60, 90
Platon 24, 27, **28**-39, 41, 55, 57f., 61, 73, 81, 87, 131
Rawls, J. 97, **159**-163
Sartre, J. P. **45**, 168
Scheler, M. **78**- 80, 126
Schlick, M. **51**-53, 166f.
Schweitzer, A. **169**, 172
Schwemmer, O. 97, 152-154
Sidgwick, H. 54, 120-122
Singer, M. G. **126**-128
Sokrates 26f., 97, 101, **130**-134, 138, 150
Spaemann, R. **170**, 171
Thomas von Aquin 74-77
Weber, M. **129**, 168
Weischedel, W. 165

Stichwortverzeichnis

Seiten, auf denen Begriffe genauer definiert werden, sind **fett** hervorgehoben.

a priori 81-84, 135-**137**, 145
absolut 26, **28**f., 34, 38-40, 57, 79, 104, 126, 138-141, 145, 148, 162, 168
Achtung 89, 140, 148, 156
Adiaphora 70, 71
Ahimsa **98**
Alltagsmoral 9, 27, 88, 112
Analogie 30, 58f., 107
analytische Urteile 137
Anamnesis **32**
Anthropologie 11
anthropozentrischer Standpunkt 77, **120**, 170, 172
Antike 24, 39, 45, 47, 55, 77, 88, 97, 129
Apathie 70f.
a posteriori **137**
Arete 25, 62, 70
Ataraxie 48, **49**, 51, 70, 73
Aufklärung 10, 26, 77, 87, 101, 135, 166
Autarkie **51**, 56, 66, 72
Autonomie **9**, 10, 12, 134f., 138, 149, 156, 161, 166f.
axiologisch **65**, 83, 85, 117

Bedürfnis 36, 39, 47-49, 56, 64, 77, 85, **95**, 102, 111, 117-118, 138, 140, 143, 155, 161
biozentrischer Standpunkt 170
böse 9, 15, 34-36, 42-44, 81, 84-86, 88, 109, 139, 155

Daimonion **132**
deontische Logik **15**, 93, 94
deontologisch 97, **128**, 129, 159, 161f., 168
deskriptive Urteile 22, 57, 115
Determination 82, 167
Determinismus 69, 167
dianoetische Tugenden **64**, 65-67
Diskurs 97, **150**-153, 157f.
Dogmatismus **38**
Doxa 28

Egoismus 51, 100-105, 113, 140, 159, 162
Ehrfurcht 12, 169, 172
Emotion **21**, 79, 113
emotional 21, 79
Emotivismus **14**, 21, 22, 78, 88
Entelechie **60**, 61
Ethik 12, 17-19, 20, 24, 39, 42f., 53, 94, 97, 157, 163, 164, 170
ethische Tugenden 65-67
Ethos **13**, 88
Eudämonismus 46, **55**-67, 77, 97, 113
Existentialismus **44**, 130

Fairneß 100, 126, 128, 155, 159, 162
Fanatiker 107
Formalismus **147**
Freiheit 11, 34, 39, 42, 45, 48–51, 69, 72, 82, 87, 90, 93, 103, 134f., 138, 142, 151, 160f., 164–168
Freundschaft 51, 73, 85

Gefühl 21–24, 43, 53, 72, 79, 82, 89, 113, 118, 138, 167
Geist 35, 61, 67, 74, 84, 134, 139
Gemeinwohl 77, 113, 118, 167
Gerechtigkeit 27, 33, 36, 66, 71f., 84, 90, 97, 102, 126, 128, 154–156, 160–163
Gerechtigkeitsprinzip 162
Gesetze 20, 36, 43, 66, 103, 132, 135f., 138, 142, 160, 162, 164
Gewissen 9, 14, 94, 97, 101, 113, 130, 132, 159, 168
Glaube 36, 39, 41, 74, 80, 87
Glück 26, 40, 43, 46–49, 53–56, 62–67, 70, 77, 94, 102, 111–122, 128, 143, 162
Glückseligkeit 26, 31, 39–41, 47, 48, 51, 56, 62, 66, 69, 70, 76f., 139, 143, 146
Goldene Regel 99–105, 110, 155
Gott 34–41, 50, 61f., 67, 73–76, 87, 101, 132, 141, 147, 166, 170
Gottesbeweise **40**, 41
Grundsatz 102, 139, 145, 161, 169
Gute, das 17, 20, 24–44, 51, 57f., 63–66, 70, 73, 75f., 78, 134f., 139

Handeln 12, 31, 42, 46, 51, 54, 57f., 63, 71, 82, 94–96, 97, 139, 155f., 161
Handlungsfreiheit 11f., 141f., 161, 166
Handlungstheorie 57
Handlungsutilitarismus 122–126
Hedonismus 46, 48, 51–55, 97, 111
hedonistischer Kalkül 49, 115–118, 121
Herrenmoral 85
Heteronomie **9**, 86, 138, 141
Höhlengleichnis 31f.
holistischer Standpunkt 170, 172
homo-mensura-Satz **26**, 172
Humanität 12, 90, 166
hypothetische Imperative 96, 142–145

Idee 17, 24, 28–36, 38–41, 58, 74, 87, 158, 166
Ideenlehre 29, 34, 57
immanent 59
Imperativ 93–**95**, 127, 142, 143–148, 154, 170
Individualismus 51, 73
Individuum 26, 44f., 53, 89, 115, 118
Instinkt 11, 43, 48, 75, 84f., 94, 167
Institutionen 126, 162, 171
intelligible Welt 39, 41
intentional 94
Intuition **20**, 21, 80, 138
Intuitionismus 14, 19, 120

Kardinaltugenden 33, 36, 71
Kategorien 44, 57, **58**, 60, 84, 117, 137
kategorischer Imperativ 95f., 127, 138, 142–149, 157, 161
Kausalität 82, 96
Klugheit 36, 71f., 96, 102, 105, 143–145, 158, 162
Kommunikation **150**, 154, 157–159
Konsequentialismus 97, **105**, 107, 111
Kontemplation 56, 63, 66, 67, 76
Kosmopolitismus 68, 70
Kosmos 62, 69, 70
kultureller Relativismus 88f.

Lebensformen 64, 78
Legalität 24, **140**
Letztbegründung 112, 157f.
Liebe 36f., 77, 80, 100
Logos 37, 63, 65, 69, **131**, 134
Lust 43, 46–54, 64, 70, 73, 80, 104, 111, 114–119, 128, 141

Macht 27, 38, 40, 83–87, 104, 149, 155, 165f.
Mängelwesen 11
materiale Ethik 78f., 97f., 126
Materie 28, 60, **61**, 69, 74, 137, 147, 149, 172
Maxime 94, **95**, 106, 108, 111, 126f., 129, 140–149, 152, 154, 168, 171f.
Menschenrechte 12, 70, 90
Menschlichkeit 126
Mesotes **65**
Metaethik 12, **14**, 17
Metaphysik 17, **29**, 38f., 87, 112, 135f., 156, 167, 169f.
Methexis **29**
Mitleid 86, 140
moral sense **113**
Moralität 24, 39, 40f., 44, 105, 126, 128, 134f., 140f., 145, 149, 156
Motiv 14, 24, 46, 52f., 72, 94, **95**, 97, 115, 129, 167f.

Nächstenliebe 12, 85, 101
Naturalismus 20
naturalistischer Fehlschluß **20**, 55, 115
Naturgesetz 11, 42, **101**, 142, 147, 149
Naturrecht 68, **70**
Naturzustand 103, 104
Neigung 22, 39, 51, 54, 105, 107, 138, 140–142
Nihilismus 86f.
normativ 13, 41–43, 48, 88, 92, 97, 99, 114f., 150, 163
normative Urteile 93, 130
Normen 9, 11, 26, 31, 44, 69, 84, 88–90, 91, **93**–95, 98, 105, 111, 126, 129, 132, 157f., 168, 171
Notwendigkeit 69, 82, 85, 140, 169
Nutzen 53, 108, 111f., 114–116, 118, 126, 162
Nützlichkeit 97, 112–115, 118, 122, 124–126, 145

oberes Begehrungsvermögen **141**, 142

177

objektiv 21, 53, 78f., 84, 113, 136, 145, 147f.
Objektivität 22, 89, 91
Oikeiosis **69**, 70
ökologische Ethik 120
ontogenetisch 11
Ordo amoris 36

pathozentrisch 120
Person 18, 25, 40, 44, 61, 78f., **89**, 93, 95, 104, 108f., 125, 132, 148, 156–159, 167
Pflicht 15, 52, 56, 71–73, 94, 126, 128f., 131, 139–141, 145f., 148, 155, 159, 164, 170
Phänomen 57, **78**, 85
Phänomenologie 78
Phronesis 66, 71
phylogenetisch 11
Pluralismus 110, 112
Pneuma 69
Poiesis **63**
Postulat 12, 38, **39**, 45, 89, 90, 135
praktische Vernunft 11, 12, 38f., 41–44, 134, **136**, 138–143, 150, 167
präskriptive Urteile 13, 96
Präskriptivität 22, 105f.
Praxis 42, 46, **63**, 67, 124, 127, 149, 152f., 171

qualitativer Hedonismus 49, **117**
quantitativer Hedonismus 117

Recht 26, 84, 103f., 114, 152, 155, 159f.
Regelutilitarismus 121–127
Reich der Zwecke 148, **149**, 154, 159, 161
Relativismus 78, 86, 88–91
Reziprozität 100f., 156

Samariter-Beispiel 100
Schicksal 50, **69**
Scholastik 74
Seele 30–33, 35–40, 48–51, 61–65, 70, 73–75, 141
Situation 90, 100, 106, 121f., 125, 129–130, 156, 160f., 168
Sklavenmoral **85**, 86
Sophisten **26**f., 57, 101
Standpunkt der Moral 90, 99, **108**–110, 118, 131, 156, 162
subjektiv 20, 43, 53, 84, 142, 145, 153, 167–169
Subjektivismus 78
Sympathie **113**, 140, 149
synthetische Urteile 137–138, 145

Talionsprinzip 99
Tapferkeit 25, 33, 36, 66, 71

Teleologie **60**, 81, 97
teleologisch **59**, 60, 94, 111, 129, 161, 168
Theodizee 34
theoretische Vernunft 136
theoria 61, 67
Toleranz 85
Transsubjektivität 97, 152–154
transzendent 135, 161
transzendental **135**, 157
Transzendentalphilosophie **135**–136, 150
Transzendenz 87, 154
Tugend 25–27, 32f., 36, 39f., 45–49, 56, 64–67, 70–73, 77f., 85, 102, 130, 134, 141, 171
Tugendethik 19, 24, 64, 86

Übermensch 86f.
Universalisierbarkeit 23, 105f., 123, **146**, 162
Universalismus 111
Unparteilichkeit 118, 128, **147**
unteres Begehrungsvermögen 141, 143
unvollkommene Pflichten 71f., 146
Ursache 29–31, 38, 41, 50, 61, 96f., 115, 137
Utilitarismus 46, 97, 110–126, 146, 159, 161

Verantwortung 14, 97, 129f., 159, 164–172
Vernunft 12, 27, 30, 33, 37–41, 43, 49, **62**, 63, 69, 71–75, 103, 109f., 132–136, 141f., 148, 151
Verstand 10, 26, 28, 38, 42f., **61**, 79, 137, 139
Vertragstheorie 160f.
vollkommene Pflichten 71f., 146

Wahrheit 26, 30–32, 36, 74, 87, 102
Weltoffenheit **11**
Werte 17, 26, 45, 49, 65–66, 70, 78–88, 126, 168
Wertethik 78, 126
Wertgefühl 79f., 80–84
Werthierarchie 70, 80, 81, 118
Wertrelativismus 78, 84–88
Wesen 27–30, 34, 40f., 45, 50, 59, **60**, 62, 67, 74, 78f., 131, 167
Wille 36, 39, 41, 44, 75, 139–142, 149f., 153, 169
Wille zur Macht 84–87
Willensfreiheit 166f.
Willkür 95, 103, 166
Würde 148, 156, 167

zoon logon echon 62
zoon politikon **62**, 64
Zwang 92, 104, 142, 166f., 171
Zweck 18, **19**, 43, 48, 57, 60, 64, 73, 82, 94–97, 114, 119, 122, 129, 143–147, 167
Zweck an sich selbst 145, **148**, 154, 160

Abbildungsnachweis/Quellenverzeichnis

S. 15/16
Aus: Funkkolleg Praktische Philosophie/Ethik, Studienbegleitheft 7, Deutsches Institut für Fernstudien an der Universität Tübingen 1980, S. 15

S. 25 (Abb. Homer)
Aus: Dagobert D. Runes, Illustrierte Geschichte der Philosophie, Nagel Verlag, Genf 1962, S. 84

S. 28 (Abb. Platon)
Archiv für Kunst und Geschichte, Berlin

S. 30 (Abb. Plato und Aristoteles)
Aus: Dagobert D. Runes, a.a.O., S. 98

S. 36 (Abb. Augustinus)
Aus: Henri Marron, Augustinus, Rowohlt Taschenbuch Verlag GmbH, Hamburg 1958, S. 104; © Universitätsbibliothek Basel

S. 37 (Abb. Die beiden Städte)
Aus: Henri Marron, Augustinus, Rowohlt Taschenbuch Verlag GmbH, Hamburg 1958, S. 108; © Universitätsbibliothek Basel, aus einem Manuskript des „Gottesstattes" (1489)

S. 48 (Abb. Epikur)
Aus: Dagobert D. Runes, a.a.O., S. 114

S. 57 (Abb. Aristoteles)
Historia-Photo, Hamburg

S. 63 (Abb. Schulszene)
Ernst Buschor, München 1940

S. 63 (Abb. Feldbestellung und Öltransport)
Archiv für Kunst und Geschichte, Berlin

S. 65–66; S. 80–84 (N. Hartmann)
Aus: Nicolai Hartmann, Einführung in die Philosophie, Luise Hanckel Verlag, Hannover 1949, © Buchhandlung Dieter zur Heide, Osnabrück

S. 75 (Abb. Ethik im Mittelalter)
Aus: Funkkolleg Praktische Philosophie/Ethik, Studienbegleitheft 2, Deutsches Institut für Fernstudien an der Universität Tübingen 1980, S. 51

S. 76 (Abb. Kontemplation)
Aus: M.-D. Chenu, Thomas von Aquin, Rowohlt Taschenbuch Verlag GmbH, Hamburg 1960, S. 36; © Gallimard, Paris

S. 77 (Abb. Th. von Aquin)
Archiv für Kunst und Geschichte, Berlin

S. 86 (Abb. F. Nietzsche)
Archiv für Kunst und Geschichte, Berlin

S. 103 (Abb. Th Hobbes)
Aus: Dagobert D. Runes, a.a.O., S. 238

S. 106/107 (R.M. Hare)
Aus: R.M. Hare, Freiheit und Vernunft, Suhrkamp Verlag, Frankfurt am Main 1983, S. 109

S. 109 (Abb. D. Hume)
Archiv für Kunst und Geschichte, Berlin

S. 110 (Abb. J. St. Mill)
Aus: Dagobert D. Runes, a.a.O., S. 252

S. 131 (W.K. Frankena)
Aus: William K. Frankena, Analytische Ethik. Eine Einführung, S. 17, © 1972 für die deutsche Ausgabe: Deutscher Taschenbuch Verlag, München

S. 132 (Abb. Sokrates)
Archiv für Kunst und Geschichte, Berlin

S. 136 (Abb. I. Kant)
Archiv für Kunst und Geschichte, Berlin

S. 146; 149–150 (O. Höffe)
Aus: Otfried Höffe, Immanuel Kant, C.H. Beck'sche Verlagsbuchhandlung, München 1988, S. 191 und 200

S. 158 (Abb. K.O. Apel)
dpa, Stuttgart

S. 151 („Habermas")
Aus: Funkkolleg Praktische Philosophie/Ethik, Studienbegleitheft 5, S. 15 und 28; Studienbegleitheft 8, S. 59ff.; beide: Deutsches Institut für Fernstudien an der Universität Tübingen 1980

Klett LernTraining

das große Lernprogramm von der Grundschule bis zum ABI

Die Reihen, die allen Bedürfnissen gerecht werden, im Überblick

1. **Besser werden mit Training**

2. **Spielend Schulstoff üben mit AbenteuerTraining**

3. **Mit Abi-Training fit fürs Abi**

4. **Durchblick bei der Lektüre – Lektürehilfen**

5. **Abiturwissen – das geballte Wissen fürs Abi**

6. **PC-Training – Die Fitness-Programme**

7. **PC-Kurswissen – Pures Abi–Wissen aus dem Computer**

Mehr Infos erhalten Sie durch unser Lernhits Gesamtverzeichnis
erhältlich in Ihrer Buchhandlung oder direkt bei uns: Ernst Klett Verlag, Postfach 10 60 16, 70049 Stuttgart